低碳城市视角下的
汽车共享

汪鸣泉 著

同濟大學出版社
TONGJI UNIVERSITY PRESS

内 容 提 要

随着城市机动化进程的加速，汽车共享等各类创新低碳的交通模式不断涌现，也为新能源汽车和先进交通技术的应用提供了场景。

本书从低碳城市的视角出发，呼应碳达峰、碳中和的国家战略，结合实际的调查数据，对汽车共享模式潜在市场、用户偏好、车辆规模、站点布局、定价机制等进行了系统的定量化探讨，并对其低碳成本与收益进行了分析。

本书可供城市交通规划、设计、管理部门以及相关的市场主体和研究机构学者参考使用。

图书在版编目(CIP)数据

低碳城市视角下的汽车共享 / 汪鸣泉著. —上海：同济大学出版社，2021.5

ISBN 978-7-5608-8412-7

Ⅰ. ①低… Ⅱ. ①汪… Ⅲ. ①汽车—商业模式—研究 Ⅳ. ①F570.71

中国版本图书馆 CIP 数据核字(2021)第 084013 号

本书获得国家自然科学基金委面上项目《面向低碳城市规划的碳排放评价方法研究》(No.51778601)、国家自然科学基金委青年项目《低碳环境下的城市交通规划评价方法研究》(No.51308525)、国家住建部研究项目《低碳环境下的城市综合交通规划创新技术与方法》(No.2013-K5-11)、中国科学院青年创新促进会基金(No.2016265)、国家留学基金委项目(No.2009626085)等资助。

低碳城市视角下的汽车共享

汪鸣泉　**著**

责任编辑 陆克丽霞　　**责任校对** 徐春莲　　**封面设计** 陈益平

出版发行　同济大学出版社　　www.tongjipress.com.cn
(地址:上海市四平路 1239 号　邮编:200092　电话:021-65985622)
经　　销　全国各地新华书店
排　　版　南京文脉图文设计制作有限公司
印　　刷　常熟市华顺印刷有限公司
开　　本　787 mm×1092 mm　1 /16
印　　张　11.5
字　　数　287 000
版　　次　2021 年 5 月第 1 版　　2021 年 5 月第 1 次印刷
书　　号　ISBN 978-7-5608-8412-7

定　　价　58.00 元

序

为实现低碳城市的发展目标，我们面对的是一场涉及社会-技术系统的变革。新能源车辆的加速普及，为减少大气污染和碳排放展现了可预期的前景；智能驾驶技术的发展，带来了降低空间和能源消耗的希望。但仅仅凭借这些技术进步，还不能完全实现城市交通领域的低碳发展目标，城市管理者和技术人员还必须直面转变居民空间活动模式和车辆使用模式的挑战。

汽车共享（分时租赁）作为新交通模式，在我国的应用及推广值得思考和研究。汽车共享类似于会员制的汽车俱乐部，为居民提供短时的汽车租赁业务。对我国来说，汽车共享不仅可以在汽车未全面进入家庭时，缓解非理性的购车行为带来的诱增出行及城市蔓延问题，满足合理的用车需求，在中心城区替代一部分出租车的功能，并能够通过将汽车的拥有权转变为汽车使用权、将被忽视的车辆使用隐性成本转变为使用者敏感的显性成本、降低车辆停放的空间资源需求等，促使居民的空间活动模式趋于理性。

近年来，随着众多共享交通模式进入杭州、北京、上海等大城市并逐步推广到全国各主要城市，人们对汽车共享逐渐熟悉并形成了相对稳定的消费习惯。与此同时，也出现运营模式不规范所引发的混乱和争议。这本对汽车共享进行系统研究的专著的出版，不仅可以作为具有参考价值的研究成果，也可以为相关政府的决策人员、市场的操作人员以及相关领域研究者提供帮助。希望本书能够为推动汽车共享研究工作走向深入与广泛发挥其作用。

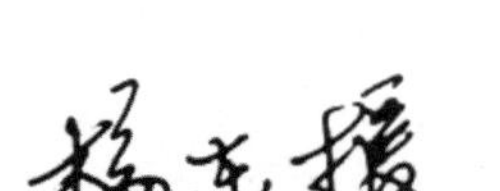

2021 年 5 月于同济大学

前　言

随着我国城镇化、工业化进程的推进，原本依赖非机动车出行的密集型城市格局逐渐发生着变化，机动化伴随城镇化的进程也在不断加速。随着小汽车逐步进入家庭，机动化出行方式逐步取代了原本无污染、无能源消耗的步行和自行车出行模式。

2020 年 9 月 22 日，国家主席习近平在第七十五届联合国大会上表示："中国将提高国家自主贡献力度，采取更加有力的政策和措施，二氧化碳排放力争于 2030 年前达到峰值，争取在 2060 年前实现碳中和。"这是中国首次在国际社会上提出碳中和承诺。2020 年 12 月中央经济工作会议指出：要抓紧制定 2030 年前碳排放达峰行动方案，支持有条件的地方率先达峰。

2019 年 9 月，中共中央、国务院印发了《交通强国建设纲要》（以下简称《纲要》），《纲要》明确指出，到 2035 年，基本建成交通强国。智能、平安、绿色、共享交通发展水平明显提高。到 21 世纪中叶，全面建成人民满意、保障有力、世界前列的交通强国。基础设施规模质量、技术装备、科技创新能力、智能化与绿色化水平位居世界前列。《纲要》还要求，建设交通强国，要注重绿色发展节约集约、低碳环保。

碳达峰、碳中和背景下的交通强国战略，势必将进一步强化绿色发展节约集约、低碳环保，从而也引发了低碳城市视角下对可持续交通模式的重新思考。

《低碳城市视角下的汽车共享》一书，即以低碳城市的视角，观察和分析汽车共享这种新交通模式在我国应用的可能性以及相关推广政策。本书集中对私人汽车购置数量和车型选择进行了探讨，以替代效用理论为着眼点，针对汽车共享模式对于私人汽车拥有模式的选择替代效用进行了研究，并重点对汽车共享在中国城市推广的主要用户特征、合理定价区间、节能减排效应等进行了定量化分析。

汽车共享又称汽车分时租赁，类似会员制的汽车俱乐部，为居民提供短时汽车租赁业务。随着互联网的普及，汽车共享、自行车共享模式逐渐进入北京、上海、杭州等城市，并逐步推广到全国。随着大众逐渐接受、熟悉和形成相对稳定的消费习惯，由汽车共享、自行车共享带动的低碳交通、共享交通正成为未来极具潜力的出行模式。

本书对于汽车共享的研究，旨在将政策引导和技术革新量化为影响汽车共享消费市场的价格因素，运用消费者选择的最高效用理论，开展汽车共享模式对居民的汽车购置计划和出行行为的影响，从而探究汽车共享消费者的选择偏好、意愿驱动下私人汽车的购车需求变化，以及替代传统交通模式的出行方式变化。基于统计、模型以及政策分析，开展汽车共享政策推广的力度和影响因素的定量化分析，并研究其带来的社会、经济、环境效益。

本书的观点之一：汽车共享有助于实现低碳城市对汽车总量有序、稳步的控制。汽车共享可以在汽车未全面进入家庭时，缓解非理性的购车行为所带来的诱增出行以及城市蔓延问题，满足合理的用车需求。对国内外汽车共享企业的调查研究表明，替代购车需求是汽车共享的主要作用之一。我国民用汽车（包含私人汽车）拥有量已从2000年的1 608.91万辆，增长到2019年的25 376.38万辆，增长了15.77倍，且增长量呈逐年提高态势，其中2000—2010年，民用汽车的年均增长量为619万辆/年，2011—2015年，民用汽车的年均增长量为1 732万辆/年，2016—2019年，民用汽车的年均增长量为2 276万辆/年。汽车共享可在一定程度上替代部分不合理的购车需求，并将有助于避免重蹈发达国家走过的小汽车无序增长再治理的过程，寻求适合我国实际情况的发展之路。

本书的观点之二：汽车共享有助于实现低碳城市中汽车的清洁化改造。汽车共享一般在固定地点取停车，这也为采用电动车为主力车型奠定了一个很好的应用场景。2018年，我国交通运输、仓储和邮政业总能源消耗量为4.36亿吨标准煤，占全国总能源消耗（48.7亿吨标准煤）的9.25%。此外2.25亿辆的私人汽车，按照单车年均行驶里程1.2万km，百公里油耗7 L计算，还将产生能源消耗量3.53亿吨标准煤，两项合计占比16.72%，接近国际能源署关于交通占总体能耗15%～17%的比例，是我国实现碳达峰、碳中和的重点关注领域。汽车共享的社会环境效应显著，若能广泛推广，则可以在未来全面降低机动车拥有量以及延缓汽车进入家庭的速度的同时，成为社会化推进新能源汽车普及的重要手段和方式。

本书的观点之三：汽车共享有助于实现低碳城市中汽车的高效利用。从全球各个都市区发展的经验来看，交通的低碳化水平总是与用地混合利用、居住地的公交便利程度、更少的汽车拥有量和使用及低碳化的城市和交通政策相关。目前，私人汽车的使用效率仍然很低，95%左右的时间处于停放状态，这也加剧了城市中心区的停车和拥堵等问题。根据国际能源署的报告：在欧洲，50%的里程不足10 km，80%的里程不足25 km；在美国，大约60%的车辆每日行驶里程不足50 km。因此，汽车共享作为可持续交通规划与政策的一种高效模式，可成为低碳城市的有机组成部分，替代公共交通与慢行交通的一部分灵活性需求，并成为私人汽车交通限制区域的一种交通替代方式，也可成为新型基础设施建设、新型城镇化规划布局和新能源汽车产业发展的一个典型案例，并着力提升小汽车的出行效率，推动低碳城市和可持续交通的发展。

本书的观点之四：汽车共享可能成为未来自动驾驶汽车技术的一个市场模式出口。2017年7月，国务院《关于印发新一代人工智能发展规划的通知》（国发〔2017〕35号）中首次明确提出“探索自动驾驶汽车共享模式”，并强调发展自动驾驶汽车和轨道交通系统，加强车载感知、自动驾驶、车联网、物联网等技术的集成和配套，开发交通智能感知系统，形成我国自主的自动驾驶平台技术体系和产品总成能力。这为远期可能采用自动驾驶车辆来实现汽车共享提供了一种国家层面的导向性意见，如果这一模式探索成功，则可以在更大范围内影响出行行为，甚至彻底改变对出行的认知。

本书试图通过两次调查收集到的现实出行偏好（Revealed Preference，RP）选择数据和设定模式下的出行偏好（Stated Preference，SP）选择数据来构建效用模型，配合调查数据的分析图表，并在对选择的效用进行定量分析的基础上从以下三个方面进行政策分析：

（1）政府通过补贴和政策引导企业进入汽车共享市场。

（2）个人得益于政府补贴和企业服务水平的提高，从而转移购车需求。

（3）企业通过个人需求的改变及时调整营销手段。

本书运用统计分析的定量结果和模型数据的总体分析来明晰这三者之间的关系，在厘清政府、企业、个人三者之间关系的同时，提出推广汽车共享可行的政策与举措，并计算相应的行程折减和能耗折减，为政府制定政策提供依据。

本书通过数据分析还发现，由于汽车共享可在中心城区替代一部分出租车的功能，所以从整体上减少了机动车的行驶里程，缓解了城市交通压力，降低了能源消耗和碳排放。同时，汽车共享也可作为轨道交通和普通公交之外的一种补充，弥补公共交通在通勤功能以外无法高效灵活满足的机动化出行需求。而对于汽车共享能够替代私人出行、出租车（包含巡游出租车）以及公共交通等方式的最主要因素正是其价格以及使用的便捷性。因此，本书基于相关研究也提出了一些值得各方共同探讨的观点。

第一，由于有关环境、能源的全民意识尚未普及，因此对环境、能源等问题的关注并不是驱动人们选择汽车共享的主要原因。

第二，经济性仍然是人们选择加入汽车共享、使用共享汽车模式的主要动机。

笔者的博士论文《基于消费者选择意愿的汽车共享推广政策研究》中的相关研究成果是在同济大学杨东援教授、张剑飞教授共同指导下完成的。而本书是笔者博士论文相关成果的延续，书中结合最新碳达峰、碳中和等政策规划以及利用了低碳城市数据对汽车共享进行了系统研究。本书不仅可以作为研究性的文献，也可以为相关的政府决策人员、市场操作人员以及部分用户提供帮助。本书在撰写过程中得到了国家自然科学基金委项目（No. 51778601，No. 51308525）、国家留学基金委项目（No. 2009626085）、国家住建部研究项目（No.2013-K5-11）和中科院青年创新促进会基金等资助。另外，笔者留学美国加州大学伯克利分校时，与汽车共享相关的研究也得到了 Daniel Kammen 教授、Susan Shaheen 教授和 Elliot Martin 博士等的指导。同济大学惠英老师及杨东援课题组的各位老师和同门、中国科学院上海高等研究院的相关领导和老师，以及中国城市规划设计研究院孔令斌教授、国家发改委综合运输研究所肖昭升教授等也给本书的撰写提供了许多非常有价值的帮助和指导，在此一并表示衷心的感谢。

汪鸣泉

2021 年 3 月

目　　录

第1章　低碳城市视角下的汽车共享概述

1.1　汽车共享的发展历程

1.1.1　何为汽车共享?

汽车共享源于20世纪40年代英国的汽车俱乐部(Car-club)模式,类似于会员制的汽车俱乐部,为居民提供短时汽车租赁业务,并于21世纪初在北美和欧洲等地快速发展。关于汽车共享有两种较为普遍的学术定义,一种为合用同一辆车出行,即合乘车(Carpool)或者拼车;另一种广为接受的学术定义是指在社区商业中心等人群活动聚集处,共用同一辆汽车的汽车共享(Car-sharing),并按照分时租赁的方式和多人共享汽车的创新交通模式,如图1-1所示。本书所指的汽车共享是后者。

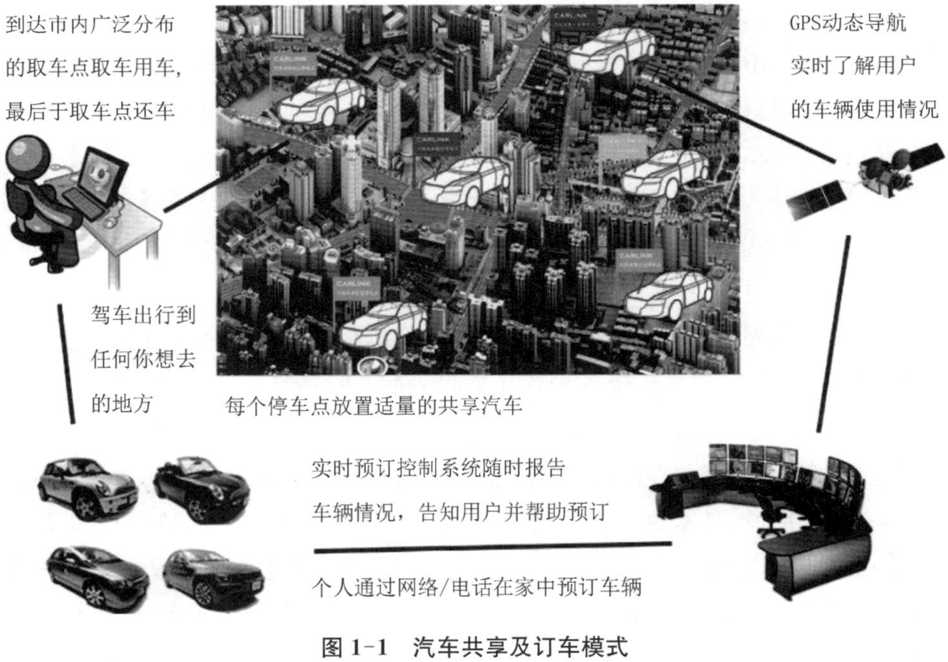

图1-1　汽车共享及订车模式

汽车共享的用户非常多元化,主要为用车频繁的公司和临时需要用车的个人。一方面,汽车共享可为已有汽车的家庭提供临时性用车服务,从而抑制中心城区的家庭购买第二辆车的行为。同时,对于无车家庭,可减缓用车频率不高、公交依赖性较大的那部分用户的购车进程，缓解因购车后的诱增出行所带来的交通压力；对于以公交出行为主的家庭，汽车共享则可替代一部分出租车的功能，并从整体上减少机动车的行驶里程，从而降低能源消耗和碳排放。另一方面，汽车共享也兼顾了一部分无车家庭的用车公平性问题。美国加州大学伯克利分校的 Susan Shaheen 教授对多个汽车共享企业的调查结果显示，个人因加入汽车共享而放弃购车后，每年可减少约 7 000 km 的行驶里程，节省用车费用 3 万元，并减少 2 000 kg 的二氧化碳排放。

1.1.2 汽车共享的发展历史

汽车共享最早于 20 世纪 40 年代出现在瑞士和德国，但这一概念直到 90 年代初才开始被大众接受。最早的汽车共享是由家人、朋友或邻居自发组织起来共同购买一辆汽车，需要时共用一辆车上下班、接送孩子、购物以及郊游等。由于当时汽车的价格不菲，这种共同承担养车、用车费用的方式很受欢迎。1948 年，在瑞士苏黎世诞生了一家名叫“Sefage”的住房合作社，它提出了一项小型汽车共享协议，而该合作社的业务一直开展到 1998 年。

20 世纪 80 年代末期，汽车共享在欧洲出现了加速发展的趋势。1987 年成立的瑞士 Mobility CarSharing，一开始设置在居民小区和公共交通枢纽站，以方便出行。德国柏林的 StattAuto Drive 汽车共享公司成立于 1988 年，被公认为是现代汽车共享的先锋。随后在德国的瓦邦、不来梅等纷纷出现了以城市为单位的汽车共享组织，构建无车城市；政府专门在城市中心区域划拨了许多停车位，供共享汽车使用，而所有建设费用均由政府承担，公司只需支付一小部分租赁费即可。这些专用停车位使得原本停车不便的问题得到了解决。同时，欧洲的汽车共享组织往往拥有政府、企业部分资金支持，且大多能利用最新技术为客户服务，如用智能卡自动预订用车、打开汽车、设置防盗密码，以及自动计算里程付款等，并于 1991 年成立了“欧洲汽车共享协会”，共同推广汽车共享服务。

北美的汽车共享服务发展得较晚，特别是早期北美都以试验性的运作为主。自 20 世纪 90 年代中期以来，北美汽车共享服务加快了发展速度，其中较为成功的有源于波士顿后来成为全球汽车共享组织的 Zipcar、旧金山湾区的 City Carshare、费城的 Philly Carshare、芝加哥的 Go2、不列颠哥伦比亚的 Victoria 和蒙特利尔的 CommunAuto 等。

亚洲国家如新加坡、日本的汽车共享始于 1997 年，并且大多采用站点车的模式。新加坡以高级公寓的业主作为服务对象，并将汽车共享网点设立在公交站点附近，会员用完公交车可以方便获得共享汽车。日本的本田、丰田公司等尝试了多种基于智能社区交通系统的试验项目。这种系统设有多个网点，每个网点有四辆电车供会员使用，会员通过使用智能卡来自动打开、使用、放回电车。2009 年，在东京运营的汽车共享企业(如 Mitsui 等)遍布东京都市圈，其基本收费高于美国和欧洲，对于共享车辆的类型进行了较细致的分类以供不同类别的用户使用。

1.1.3　汽车共享的全球发展规模

经过近 40 年的进化发展，汽车共享已由原先的非营利的自组织形式和试点模式演变成现今的商业运作模式，而运营的区域范围也逐渐扩大，市场主体逐渐转变为营利性的组织和公司，并且资源也逐渐向少数大规模公司和组织集中。

美国加州大学伯克利分校的调研数据显示，截至 2018 年 10 月，汽车共享已在 47 个国家运行，全球共有 19.84 万辆共享汽车和 3 181.3 万名汽车共享会员，如表 1-1 所列。

表 1-1　　全球汽车共享发展情况

时间	汽车共享运营覆盖的国家/个	全球汽车共享总会员数/万人	全球汽车共享总运营车辆/万辆
2006 年 10 月	18	34.80	1.17
2010 年 10 月	26	125.00	3.10
2012 年 10 月	27	178.80	4.35
2014 年 10 月	33	480.00	10.40
2016 年 10 月	46	1 505.00	15.74
2018 年 10 月	47	3 181.30	19.84

1.2　国内外汽车共享典型案例

目前，国际上汽车共享运营最具有代表性的企业是从美国波士顿起家的 Zipcar，其在经济危机前实现了 114%的利润增长，并因此和苹果等公司一同跻身 21 世纪十大最有潜力的公司，现已形成遍布全美、加拿大和欧洲的全球运营网络。此外，比较成功的汽车共享模式还包括法国巴黎的 Autolib 纯电动汽车共享，中国上海起家的 EVCARD、中国杭州的车纷享，以及日本、新加坡等地的电动汽车租赁和共享等，它们构成了不同类型的汽车共享发展模式。

1.2.1　美国 Zipcar 的全球运营

1. 运营情况

Zipcar 在全美、加拿大和欧洲兼并地区性的企业，形成全球网络化运营。业务覆盖美国、加拿大、英国、西班牙等国家，在近 20 个全球主要大都市区运营，并将取车点设置在人口众多、公交便捷的大城市（如华盛顿、纽约、伦敦、旧金山、芝加哥、西雅图等）的市中心。截至 2015 年年底，Zipcar 拥有 1 万多辆车，为 90 多万名会员提供方便的汽车共享服务，如图 1-2 所示。Zipcar 的费率情况见表 1-2。

图 1-2　美国 Zipcar 运营情况

表 1-2　　Zipcar 费率情况

会员卡等级	会员费用	第 1 个 30 min	第 2 个 30 min	其他时间（每 30 min）
年卡	40 元/月	38 元	38 元	38 元
月卡	300 元/月	38 元	38 元	38 元

2. 效用特点

Zipcar 的会员调查数据显示，每辆 Zipcar 约能替代 20 辆普通车辆，个人加入 Zipcar 后，卖出已有车辆的比例达 32%，延缓购车计划的比例达 39%，相应地减少了 79.8%的行驶里程，如表 1-3 所列。

表 1-3　　汽车共享综合得益汇总

汽车共享项目	作者，年份	替代私人汽车拥有量/辆	卖出车辆比例	放弃购车比例	减少行程比例	减少每月交通开支费用/美元	步行增加比例	公交增加比例
旧金山短租	Walb and Loudon，1986	—	15.4%	43.1%	—	—	—	—
阿灵顿试点	Price and Hamilton，2005	—	25%	68%	−40%	—	54%	54%
阿灵顿共享	Price et al，2006	—	29%	71%	−43%	—	47%	47%
波特兰共享	Katzev，1999	—	26%	53%	—	154	—	—
波特兰共享	Cooper et al，2000	—	23%	25%	−7.6%	—	25.8%	13.5%
旧金山第 1 年	Cervero，2003	—	2.5%	60%	−3[a]/−58[b]	—	—	—
旧金山第 2 年	Cervero and Tsai，2004	6.8	29.1%	67.5%	−47[a]/−73[b]	—	—	—

（续表）

汽车共享项目	作者，年份	替代私人汽车拥有量/辆	卖出车辆比例	放弃购车比例	减少行程比例	减少每月交通开支费用/美元	步行增加比例	公交增加比例
旧金山第 4 年	Cervero et al，2006	—	—	—	−67[a]/24[b]	—	—	—
费城共享	Lane，2005	10.8[c]	24.5%	29.1%	−42%	172	—	—
TRB 专题报告	Millard-Ball et al，2005	—	—	—	−63%	—	37%	40%
Zipcar	Zipcar，2005	20	32%	39%	−79.8%	435	37%	40%
AutoShare	Autoshare，2003	6～8	15%	25%	—	392	—	—
AutoShare	Autoshare，2005	8～10	—	—	—	—	—	—
CommunAuto	CommunAuto，2000	9.1	21%～29%	55%～61%	—	—	—	—
CommunAuto	CommunAuto，2006	4.6[c]	24%	53%	—	492	12%～13%	26%～34%

注：① 空出部分表示缺乏数据，具体参考 Shaheen 2009。
② a 表示会员在公里数上的减少，b 表示被调查的会员在公里数上的减少，c 表示会员卖掉车辆的数目。

根据美国国家交通研究协会对 Zipcar 在内的多个汽车共享项目的分析可以看到，每辆由社会运作的共享汽车平均可以替代 6～7 辆私人汽车，会员因加入汽车共享而减少的行程数比例甚至超过 70%（平均比例为 50%），从而减少了每月的出行成本（154～492 美元不等）这在一定程度上减少了总体能耗和碳排放量。研究还表明北美用户中 2.5%～32%的会员选择出售私家车（平均比例为 20%），2.3%～26.2%的会员推迟购车计划（平均比例为 20%）。由于卖出了不需要的车辆，以及减少了购车需求，因此会员减少了机动化出行的距离（平均比例为 50%）。而这种新的生活和出行方式增加了人们步行和乘坐公共交通的比例（平均约为 40%）。33%的会员选择使用汽车共享进行购物出行，41%的会员为个人事务和娱乐出行，通勤出行仅占所有汽车共享出行目的中的 2%。根据会员调查（仅有 20%拥有车）反映，38.3%的被调查者认为购买私人汽车后保险费用和维护费用过高，而 28.8%的被调查者反映私人汽车的维护和使用过于烦琐，这些都构成了用户加入汽车共享的动机。

3. 布点模式

美国 Zipcar 等一系列汽车共享，其弱势在于无法为没有驾驶能力的人提供服务，此外对当地路况不熟悉以及居住时间较短的人也很难被吸引加入，因此还需要考虑用户驾照和居住地的问题。但总体来说，将服务点设置在非商业区、非轨道交通站点且停车费用低廉的居民区，更利于扩大用户规模，提高汽车的利用效率，尽管居住区模式、商业区模式、站点模式、校园模式等都是政府或企业可以尝试的支持方式。居住区之外的模式限制条件还包括停车费用，例如洛杉矶部分停车位的费用大概是 130 美金/月，旧金山市区建设一个停车位可能需要5 万美金，这使得相应的成本提高，从而减少了用户的使用行为。

1.2.2 法国巴黎的 Autolib 纯电动汽车共享

Autolib 汽车共享项目，曾经被公认为全球影响最大的纯电动汽车共享项目，但目前进展缓慢。该项目由成功运营巴黎自行车共享 VELIB 项目的 Bolloré 集团投资。截至 2016 年 4 月，Autolib 已拥有 3 000 辆续航里程为 130 km 的纯电动汽车，其费率见表 1-4，运行照片如图 1-3 所示，在巴黎 64 个市镇政府的支持下，协助建设了近 1 200 个共享运营站点。Autolib 的运行至少替代了巴黎市区约 2.25 万辆汽车，相应地，燃油汽车的行程减少量达 1.64 亿 km。

表 1-4　　Autolib 费率情况

会员卡等级	会员费用	第 1 个 30 min	第 2 个 30 min	其他时间(每 30 min)
年卡	100 元/月	41 元	33 元	49 元
月卡	500 元/月	58 元	49 元	66 元
周卡	125 元/周	58 元	49 元	66 元
天卡	80 元/天	58 元	49 元	66 元

图 1-3　巴黎 Autolib 汽车共享项目

从法国巴黎 Autolib 汽车共享项目和自行车共享项目 Velib 的联合运营情况来看，其主要的运营模式呈现出以下三个特点。

1. 政府的大力支持

尽管共享汽车进入巴黎市中心后使得中心区的小汽车出行量增加了，也挤占了部分出租车市场，同时减少了私人车辆的停车位，但巴黎和 64 个市镇政府支持并协助建设共享汽车站点，为每个站出资 5 万欧元，全市总计投入建站开支 3 500 万欧元。而 Velib 推广时也同样得到了支持，虽然其前期投入巨大(约 9 亿人民币)，每年的营运收入仅为 2 600 万人民币，但巴黎政府还是每年为每辆车补贴运营费用 3 100 元人民币，以便更好地为市民和游客提供服务。

2. 公众利益与投资收益的平衡

在 Autolib 和 Velib 运营前期，Bolloré 集团与巴黎政府签署了“公共服务委托合同”，承诺实现公共服务功能。尽管如此，运营公司还是从两个项目里获得了大量收益，以保证其对公共产品的推动作用。Velib 项目可从 1 600 多块街边广告牌的每年广告收益中获利，而 Autolib 除广告收益外，还可以从纯电动汽车的推广中获益，通过设置非共享车辆的充电系统，为普通电动汽车和摩托车充电，实现了能源网络的初步建设，Autolib 的成功运行使得法国 2012 年电动汽车销售量增长了 115%。

3. 成立专业公司运营

共享交通的运营管理除了成本较高外，还需要配合完整的管理运营团队，包括维护和保养站点及车辆的成本。一般来说 Autolib 和 Velib 这类共享项目都是建立在智能化管理信息系统之上的。同时，公司可以通过对运营数据的长期维护、整理和分析得到站点和车辆调度管理的优化策略，以改善运营方式。

对巴黎这样的国际大都市来说，Autolib 的运行和服务覆盖了 403.6 万的巴黎居民和大巴黎区的 700 万人口，以及每年 2 700 万的游客和 1 800 万的外宾。特别是中心城区，地铁和巴士等公共交通被证明是有效缓解交通负荷的可持续发展之路。而作为公共交通的有效补充，巴黎政府将 Autolib 与 Velib 相结合，以便更好地服务居民和游客。

1.2.3　中国 EVCARD 等电动汽车的租赁和共享

EVCARD 由上海国际汽车城新能源汽车运营服务公司负责运营，面向新能源汽车的租赁和共享，打造按分钟和小时收费的电动汽车租赁模式，以解决城市居民“最后一公里”的出行问题。

1. 车型特点

目前，车型既包括适用于短程的荣威 e50、奇瑞 eQ1、北汽 EV 等，又包括适用于长距离车程的宝马 i3 等，如图 1-4 所示。

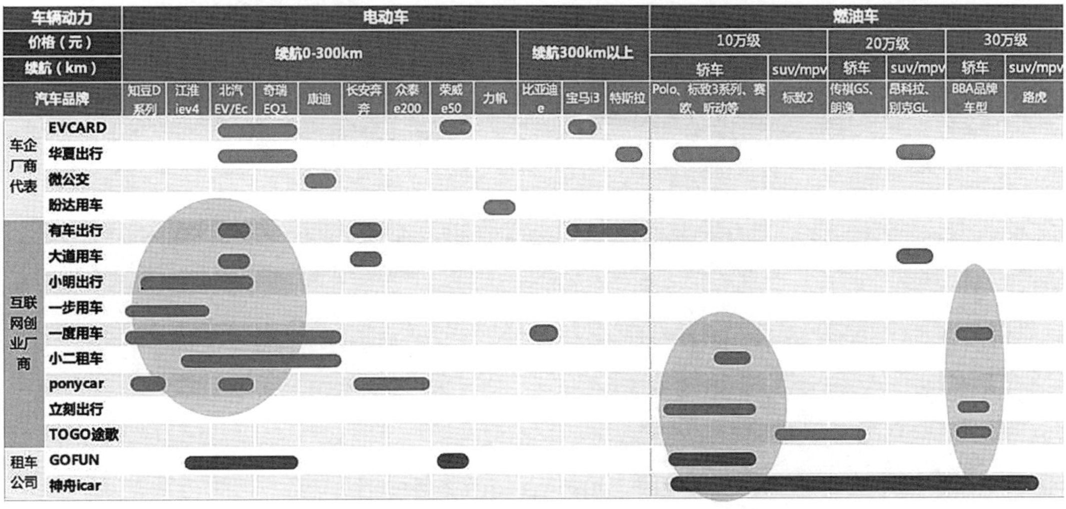

图 1-4　中国 EVCARD 等汽车共享企业使用的车型情况

2. 全国网络

截至2020年12月，EVCARD业务已拓展至浙江、江苏、四川、海南、重庆等地，整体上在39个国内城市设立了13 000个网点，投入运营的新能源共享车数量达50 000辆，每月产生订单184万次，全国累计注册会员人数达7 800 000人，EVCARD的费率情况如表1-5所列，运营情况见图1-5。

表1-5　　EVCARD费率情况

会员卡等级	会员费用	第1个30 min	第2个30 min	其他时间(每30 min)
次卡	20元/月	15元	15元	15元

图1-5　中国EVCARD运营情况

EVCARD 以上海为主要运营地，在市域范围内设立 3 673 个取车点，配备 5 000 多辆车，并进驻上海六大交通枢纽（浦东机场、虹桥机场、虹桥火车站、上海火车站、上海南站、上海西站）。根据 EVCARD 规划，未来将重点覆盖上海市区多个重大交通枢纽、CBD 商圈和人口密集的住宅小区，并将构建一个覆盖全国多个城市的汽车共享运营网络。

1.3　汽车共享的运营模式

1.3.1　会员制

汽车共享类似于会员制的汽车租赁和中频度的准汽车拥有，汽车共享多采用会员制形式，即每个会员需要取得会员资格并定期缴纳会费才能使用车辆。采用会员制的原因是通过较低的收费来促使会员用车，也可便于运营方有效设置用户信用门槛，免去每次预订和取车时烦琐的手续，同时通过每月会员费的缴纳情况，动态掌握用户的活跃度。

1.3.2　预订方式

用户可以通过网络、电话等方式预订并取用附近的共享车辆，早期的汽车共享需要提前 2～3 个小时进行车辆预订，但目前已基本实现了实时预订。用户生成订单后，可通过 RFID 或二维码进行会员卡和预订号识别，通过 GPS 等地理信息系统找到并实时追踪车辆位置。运营商通过强大的互联网信息技术、个人信用体系和全球定位系统来更好地为零担/个人的汽车共享业务提供服务。

1.3.3　网络布局

汽车共享最主要的网络节点是社区。从国外的经验来看，购物、社交、接送孩子或病人等日常性需求是汽车共享用户的主要出行目的，而这些需求的起点往往是居住地。但使用该模式进行通勤会产生总用时和停车费用过高的问题，因此并不是主流的出行目的。基于此，汽车共享基本有社区型、商业中心型、轨道站点型及校园型四类。相对来说，欧美等国更青睐于社区型，而商业中心型和轨道站点型在新加坡和日本等亚洲国家应用更为普遍。

1.4　汽车共享的定位

1.4.1　公共交通与私人交通的耦合模式

随着城市公共交通系统的优化，以轨道交通为骨干、普通公交为补充的系统正逐步成型。汽车共享可以作为理想化的综合交通系统中衔接公共交通与私人交通的纽带。磁悬浮、城际铁路和地铁轻轨系统的单轨容量可达 3 万～4 万人/h，出行距离可超 50 km。中运量、快速公交和普通公交车的单轨容量约为 1 万人/h，出行距离一般为 10～20 km。私人汽车、出租车和租赁汽车的单车运行人数一般不超过 5 人，最佳出行距离则可超 50 km，是汽车共享的主要替代模式，特别是长距离出行费用较高的出租车。从以上分析可以找到汽车共享的基本定位，如图 1-6 所示。

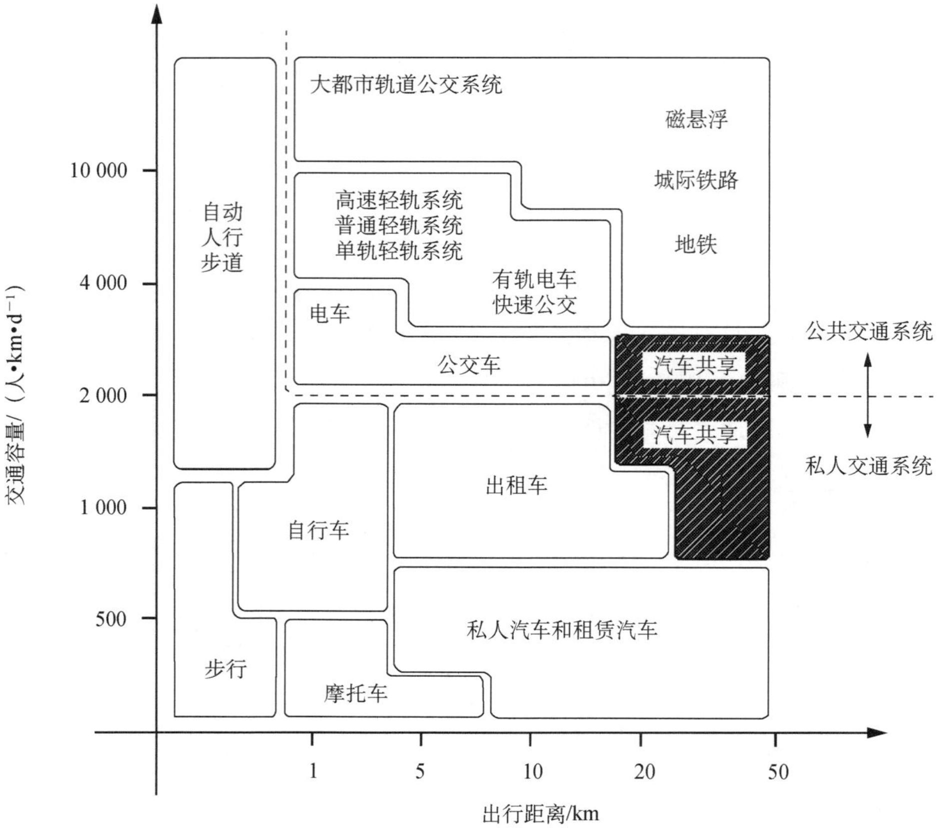

图 1-6　理想化的综合交通系统框架及汽车共享的定位

在我国大力发展高速铁路和城市公交客运系统的大背景下，汽车共享作为公共交通和私人交通相结合的一种模式，可以解决公共交通无法提供的门到门的问题。同时，相比私人汽车使用后需要长时间停放，汽车共享可提高单车的使用效率。引入汽车共享如能充分发挥其替代汽车拥有的作用，一方面可以减少购车后的诱增交通，另一方面则能减少因家庭车辆数增长过快而产生的交通、环境和能源风险。因此，汽车共享作为公共交通、出租车的一种合理补充，是值得鼓励的汽车交通的替代模式。

我国已从原本轨道交通线路少、建设长度短以及运营轨道交通城市少的情况逐渐发展成全球最长的轨道交通网络，如图 1-7 所示。截至 2020 年年初，我国拥有轨道交通的城市已达 46 座，内地开通的轨道交通线路长度达 6 730.27 km，其中地铁 5 187.02 km、轻轨 255.40 km、其他轨道交通 1 287.85 km。

特大型城市的轨道交通更是以极快的速度在增长。以上海为例，2010 年世博会后全市通车运营的地铁线路仅为 11 条，轨道交通客运量 514.9 万人次/d。到 2018 年，全市通车运营的地铁线路就达到了 17 条，总的轨道交通运营里程超过 700 km，轨道交通客运量达

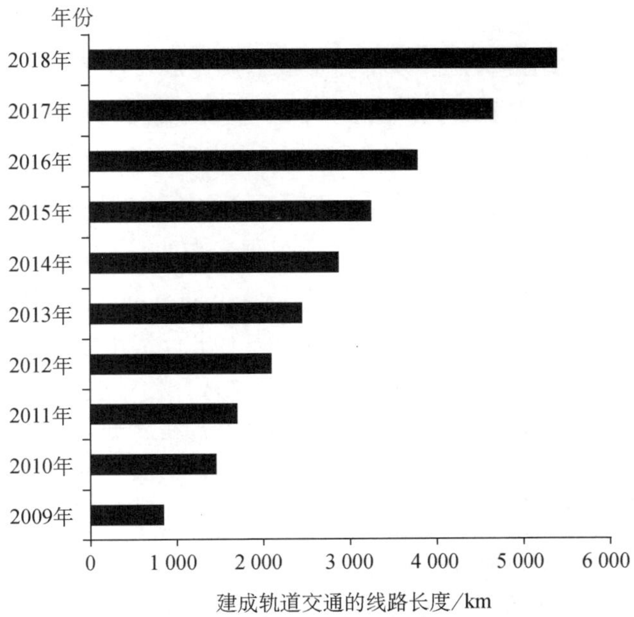

图 1-7 我国城市轨道交通发展情况(2009—2018 年)

1 064.2万人次/d,占整个公共交通客运量的 67.2%。但东京等城市的经验表明,完善的公共交通系统并没有阻碍汽车进入家庭。尽管通勤及其他主要交通方式可以由公共交通加以解决,但由于轨道交通和普通公交无法解决门到门的“最后一公里”问题,因此合理的小汽车交通需求仍然存在,特别是在鼓励自行车、步行等绿色交通模式的基础上,有必要寻求私人小汽车出行之外的合理替代模式,而汽车共享正是其中一个选择。

1.4.2 城市间到达交通的衔接模式

中国的大城市之间已建立起快速、便捷、安全的航空和高速铁路系统,航空和铁路在国内外长途客运中的分担比也在不断提升。截至 2019 年年底,全国铁路营业里程达 13.9 万 km,其中高速铁路营业里程超过 3.5 万 km。民用航空颁证运输机场 238 个,飞机的航速约为 700 km/h。高铁的平均速度约为 250 km/h,京沪高铁、京津城际铁路、京张高铁等更是实现了世界最高时速 350 km/h。因此,在长距离出行方面,公路出行的比例近年来逐步下降,但旅客通过航空、铁路到达特定城市后仍存在市内交通的衔接问题。相对来说,通过枢纽与地铁等公共交通可以基本解决集中性的出行需求,但仍有因公交不便或行李过多而产生的小汽车出行需求,这也意味着,用户通过高铁、飞机等实现跨城市出行后,仍有使用汽车共享来实现目的地城市出行的需求。

1.4.3 汽车拥有的理想替代模式

汽车共享用户共享的是汽车的“使用权”,而非“拥有权”,这使得汽车共享具有减少私人汽车拥有量的特点。根据美国加州大学伯克利分校的研究,汽车拥有所带来的固定折旧成本和保险养护成本使得用车的总体成本较高，但边际成本较低，而较低的边际成本诱发了更多不合理的汽车出行。汽车共享则可以将固定成本换算成每次的用车成本，从而有效地引导用车需求，侧面鼓励公共交通出行和非机动车出行。以美国为例，由于油价攀升和就业重新回归市中心，很多美国家庭重新回归城市，但市中心停车费用高、拥堵严重，致使许多居民不得不卖掉私家车而转为使用公共交通或者步行等交通模式，但仍存在长距离驾车出游、购物或看病等需求，汽车共享正是在这样的背景下发展起来的。

汽车共享对汽车拥有行为的影响可以看作是汽车拥有的一种特殊方式。选择汽车共享，前提是其提供了最大的效用，这种效用包括经济上出行费用的节省、出行的便利性与舒适性等。个人根据汽车共享与购车之间的效用之差来选择购车或是加入汽车共享。影响这些效用的因素是本研究的重点，也是决定未来中国若开展汽车共享成功与否的关键。

1.4.4 出租车的错位补充模式

根据 2020 年《中国交通的可持续发展》白皮书（正式发布稿），截至 2019 年年底，网约车覆盖了全国 400 多座城市，平台日均使用量达 2 000 万人次。共享单车有效解决了出行“最后一公里”难题，日均使用量约 4 570 万人次。目前，汽车共享的价格基本与出租车持平，高峰时段则要高于出租车，本书将二者的价格进行对比（出租车行程 8 km，30 min），全球各大城市的比较结果如表 1-6 所列。

表 1-6　世界各大城市出租车与汽车共享的价格比较

全球主要城市	中心城区及都市区人口/百万	私人汽车拥有量/百万	拥有车的人口比重	家庭可支配收入/万美元	10 km 出租车费用/元	汽车共享的收费标准/(元·h^{-1})	汽车共享小时价格/10 km 出租车价格
北京	21.5	4.79	22.3%	2.7	29.8	30	0.98
上海	24.3	3.21	13.2%	2.6	30.8	30	0.95
东京	13.0	2.71	20.8%	5.8	176.2	130.0	0.74
新加坡	5.1	0.61	12.0%	7.6	42.9	97.5	2.27
华盛顿	0.6	0.36	60.0%	5.9	85.5	48.8	0.57
芝加哥	2.7	1.19	44.2%	4.6	88.1	48.8	0.55
纽约	8.2	3.86	47.2%	5.6	97.5	55.3	0.57
旧金山	0.8	0.35	43.8%	5.5	109.3	48.8	0.45
巴黎	2.2	0.32	14.6%	5.8	117.0	45.5	0.39
伦敦	7.8	1.88	24.0%	6.0	118.3	41.6	0.35
柏林	3.5	1.43	41.4%	6.8	171.6	48.8	0.28

注：表 1-6 中数据整理自北京(2019)、上海(2019)、东京、新加坡、华盛顿、芝加哥、纽约、旧金山、巴黎、伦敦、柏林统计报告及出租车出行费率，其中除北京、上海外，其他国际大都市因历年变化不大，故参照 2011 年的数据来预估。

从全球各大都市区的价格来看，新加坡、北京、上海的出租车价格较低，因此汽车共享的价格竞争力不强，相比来说，柏林、伦敦、巴黎、旧金山、芝加哥、华盛顿、纽约、东京的汽车共享在价格上则更具竞争力。

1.5　汽车共享的效益及共享模式

根据国外多位学者的研究，汽车共享将通过缓解汽车进入家庭的速度，来缓解石油依存度的安全性问题，并寻求机动化与道路、停车设施的建设及环境保护之间的平衡，如图 1-8 所示。

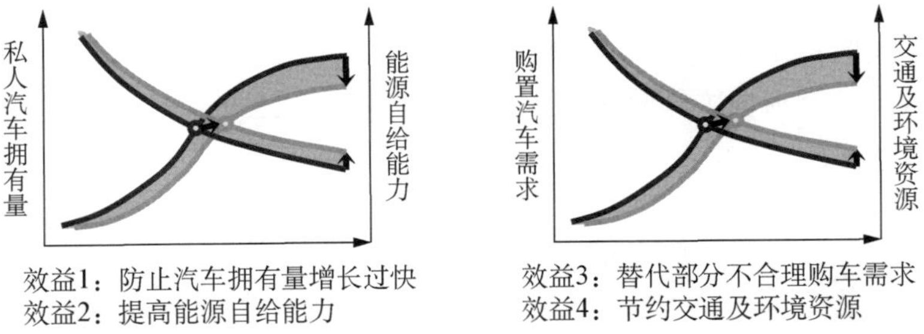

图 1-8　汽车共享的效益

1.5.1　助力城市交通碳达峰与碳中和

2020 年 9 月 22 日，国家主席习近平在第七十五届联合国大会上表示："中国将提高国家自主贡献力度，采取更加有力的政策和措施，二氧化碳排放力争于 2030 年前达到峰值，争取在 2060 年前实现碳中和。"这是中国首次在国际社会上提出碳中和承诺。2020 年 12 月中央经济工作会议指出：要抓紧制定 2030 年前碳排放达峰行动方案，支持有条件的地方率先达峰。

2019 年 9 月，中共中央、国务院印发了《交通强国建设纲要》（以下简称《纲要》），《纲要》明确指出，到 2035 年，基本建成交通强国。智能、平安、绿色、共享交通发展水平明显提高。到 21 世纪中叶，全面建成人民满意、保障有力、世界前列的交通强国。基础设施规模质量、技术装备、科技创新能力、智能化与绿色化水平位居世界前列。《纲要》还要求，建设交通强国，要注重绿色发展节约集约、低碳环保。

2018 年，我国能源消耗中 57％为煤炭，19％为石油，而未来要实现碳达峰与碳中和，非化石能源比重有可能要超过 80％。因此，如何实现交通行业的新能源转型是一个需要重点思考的问题。在商用、民用、工业、交通四大类能源消耗中，交通在所有能源消耗中的占比为 15％～17％，在原油消耗中的占比约为 50％，在污染源中的占比约为 60％。根据中国 2020 年统计年鉴的数据，我国 2018 年的石油消费量为 9.2 亿吨标准煤，占总能耗（48.7 亿吨标准煤）的 18.9％，而 2018 年的原油生产量为 2.7 亿吨标准煤，占总产量（39.7 亿吨标准煤）的 6.9％，以此计算的石油进口依存度达 70％，而这一数字在 2006 年仅为 47％。此外，石油缺口近 6.5 亿吨标准煤，占总能源缺口 9 亿吨标准煤的 72％，因此交通可持续发展迫在眉睫。

碳达峰、碳中和背景下的交通强国战略，势必将进一步强化绿色发展节约集约、低碳环保，由此也引发了在低碳城市视角下对于可持续交通模式的重新思考，而汽车共享有望成为这一模式转型的抓手之一。汽车共享若能延缓汽车大范围地进入家庭的进程，将成为新能源汽车推广的一个重要助力，也将有利于交通行业的整体节能减排目标达成，同时助城市交通早日实现碳达峰与碳中和。

1.5.2 低碳城市单元及零碳社区汽车共享模式

随着汽车逐步进入家庭，机动化交通方式逐步取代了原本无污染、无能源消耗的步行和自行车出行模式，同时也带来了国内大部分城市不同程度的交通拥堵。机动化所带来的交通、能源、环境问题不断加剧。因此，大量学者从交通的本源入手对机动车及城市格局进行了研究，图 1-9 为中国科学院上海高等研究院提出的低碳城市单元及零碳社区汽车共享模式。

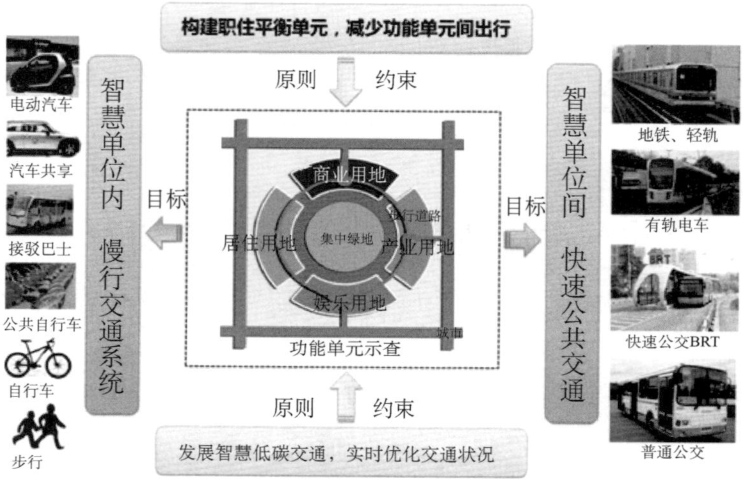

图 1-9 低碳城市单元及零碳社区汽车共享模式

低碳城市单元及零碳社区汽车共享模式强调了在城市中构建功能相对齐全的单元社区，并在单元内鼓励非机动车出行，形成单元型的零碳社区，将汽车共享作为机动出行的一种选择。从 Mobility 2030 中对未来汽车和交通发展的展望来看，所采用的政策可以集中在以下两方面：一是推广电动汽车和混合动力汽车；二是通过智能交通引导控制机动化出行的规模，并通过公共交通来满足道路出行需求。同时，汽车共享作为推广新能源车的一种手段，也可以被用来作为后续推广纯电动汽车的一种过渡手段，但首先需要解决的是，在我国这样的机动化发展情况下，引入汽车共享是否能真正缓解交通拥堵、降低能源消耗和碳排放？

1.5.3 新能源汽车共享模式

纯电动汽车共享有利于充电运营产业链的发展。从新能源汽车产业的角度来看，纯电动汽车共享的推广，可以带动电动汽车充电运营、智能一体化路灯系统等相关产业，并与城市轨道交通相结合，形成整合站点信息、充电停车位、综合体节能减排项目的车路桩一体化运营平台，带动城市及交通节能以及智慧城市交通的发展，如图 1-10 所示。

图 1-10　纯电动汽车共享的市场潜力与综合效益

目前，中国 EVCARD 的主力车型全部采用纯电动汽车或者混合动力汽车，为新能源汽车共享模式的推广找到了一个方向。而全球范围内新能源汽车的发展也反过来带动了汽车共享的普及，如图 1-11 所示。

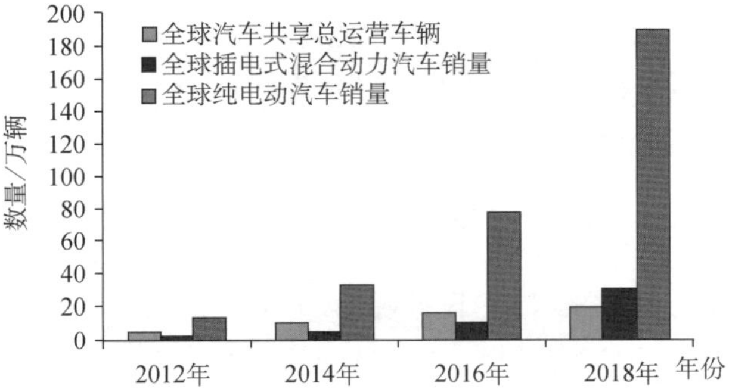

图 1-11　汽车共享与全球新能源汽车销量增长情况

汽车的燃料革新技术主要包括混合动力技术、纯电力驱动技术以及燃料电池技术。以电动汽车为例，若全面发展，则可能全面摊薄电力企业的减排成本，并利用多种能源方式支持车辆出行，从而减少碳排放和能源消耗。如美国的特斯拉，从 2020 年年底最新国产特斯拉 Model 3 高性能版来看，其搭载了双电机全轮驱动、19 in(1 in=25.4 mm)零重力高性能轮毂和高级制动系统，碳纤维扰流板可提升高速行驶时的稳定性，百公里加速性能达到 3.3 s。单次充电续航里程最高可达 605 km，日常只需夜晚在家中充电，第二天即可满电出行。长途驾驶时，可通过公共充电站或特斯拉充电网络来补充电量。特斯拉在全球范围内拥有超过 20 000 个超级充电桩，平均每周新建 6 个站点，在超级充电站充电 15 min，即可补充最多约 279 km 的续航电。其中，605 km 续航里程的高性能版基础售价为 34 万元，而 468 km 续航里程的标准续航升级版基础售价为 25 万元。相比传统燃油汽车，纯电动车的能耗费用要便宜很多。普通家用车平均每年的行驶里程大约为 20 000 km，每年的燃油费约为 13 000 元(按照百公里油耗 10 L，平均油价为 6.50 元/L 计算)。相比之下，特斯拉 Model 3 行驶相同距离的电费开销仅为 1/9(按照车辆使用家庭充电桩充电，家庭用电价格为 0.50 元/度计算)。如果换车周期为 5 年，则估算5 年共能节省的费用约为 57 500 元。

混合动力汽车涉及轿车、客车、多用途汽车(MPV)和运动型多用途汽车(SUV)等多种车型，其中以比亚迪的秦、宋、元、唐等主力混合动力汽车为代表的新能源车已实现量产。

2019 年，全球新能源车销量中，比亚迪共售出 22.95 万辆，仅次于特斯拉的 36.78 万辆。混合动力技术为发动机设置石油和电力两个能量系统，通过刹车等动能消耗来为电池充电，在拥堵的市区行驶，可以避免近 40%的能源浪费，极大地提高效率。但是汽车系统的更新仍有待发展，且混合动力车的生产成本相比纯电动车要高，因此近年来以特斯拉为代表的纯电动汽车的销量已远超混合动力汽车的销量。

根据 Mobility 2030 对未来汽车工业以及交通产业的发展预测来看，为了应对能源危机，需要在改变道路交通模式、转移汽车出行的同时，对汽车产业本身的燃料技术进行革新。在商业推广模式上，汽车共享(分时租赁)模式可以使新能源的使用率提升 2～3 倍。国际能源署电动汽车技术路线图表明：在欧洲，50%的里程不足 10 km，80%的里程不足 25 km。在美国，大约 60%的车辆每日行驶里程不足 50 km。因此，汽车共享(分时租赁)可使得车主的使用成本降至传统汽车的 20%，汽车共享(分时租赁)模式逐渐成为新能源车企普遍采用的推广方式。汽车共享一般在固定地点取/停车，若使用纯电动车作为主力车型，则可以基本解决电池的更换问题，若结合使用混合动力车，则可以在纯电动车推广后满足部分周末远行的需求，以弥补纯电动车的距离限制。因此，汽车共享还可以作为新能源汽车推广的一种辅助模式。

1.5.4 自动驾驶汽车共享模式

2017 年 7 月，国务院《关于印发新一代人工智能发展规划的通知》(国发〔2017〕35 号)中首次明确提出"探索自动驾驶汽车共享模式"，并强调发展自动驾驶汽车和轨道交通系统，加强车载感知、自动驾驶、车联网、物联网等技术的集成和配套，开发交通智能感知系统，形成我国自主的自动驾驶平台技术体系和产品总成能力。这为远期可能采用自动驾驶车辆来实现汽车共享提供了一种国家层面的导向性意见。图 1-12 为自动驾驶车辆共享模式的可能图景。如果自动驾驶汽车共享模式探索成功，则可以在更大范围内影响出行，甚至彻底改变民众对出行的认知。

图 1-12　自动驾驶汽车共享模式的可能图景

1.6　研究思路

1.6.1　已有研究方向

汽车共享的社会效应显著，若能广泛推广，则可全面降低未来机动车的拥有量以及汽车进入家庭的速度。但目前环境、能源的全民意识尚未普及，因此对于环境、能源等问题的关注并不是驱动人们选择汽车共享的主要原因，经济性仍然是人们选择加入汽车共享、使用共享汽车模式的主要动机。

从以往的研究来看，大部分是建立在已有系统的分析基础上，研究大致可分为两类，一类是对于汽车共享本身的社会功效的研究，另一类是基于用户特征的行为研究。其中，社会功效的研究包括：①综合得益研究，强调汽车共享与社会、个人之间的关系；②社会公平研究，强调汽车共享对于无法购置汽车且无法享受便捷公共交通的居民的作用；③交通系统性研究，强调汽车共享作为交通系统的一个组成部分，其桥梁、纽带的作用。行为研究包括：①出行行为研究，强调汽车共享消费者的出行行为特征和效用；②汽车拥有量研究，即从汽车拥有量的多少来考虑是否可以用汽车共享加以替代；③汽车车型选择研究，即把汽车共享当成一种可选车型，并量化选择该模式的效用，以分析其替代作用；④出行距离分析，即根据拥有量以及替代效果的不同，分析出行距离的折减和增加，这对于汽车共享的替代效果分析较为有用。

对于北京、上海等特大型城市而言，引导互联网＋汽车共享等服务健康有序的发展，以实现中心城区在停车、通行等资源受限条件下的共享汽车，将有利于城市碳达峰、碳中和等目标的达成。人们选择汽车共享的基本出发点是其费用较低。此外，与其他交通模式相比，使用汽车共享的效用优势和经济性成为人们选择汽车共享的主要动机。

汽车拥有行为与土地利用、经济发展及交通紧密相关，这种行为本身将影响居住地变化、用地空间和道路资源，从而成为城市结构、交通能源消耗、机动车拥有量和销售量、空间地理与交通机理等发生变化的潜在原因。一些欧美国家由于过度机动化，使得人们不得不搬离停车和居住成本较高的中心城区，向广大的郊区发展，从而又增加了对机动化的需求。而我国无法承担如此巨大的机动化所造成的城市蔓延和能源消耗，因此为了能定量化分析这一过程，可建立一个较为理想化的线性或非线性模型，并用回归模型来描述汽车共享的替代效用，以及将其与土地利用等因素和使用成本放在一起进行综合分析。

目前，关于汽车拥有学者们已提出了多种理论模型。佐佐木等引入了家庭的生命周期阶段；小宫-久保田引入了停车场约束；K. Train 对车辆购置费用和汽车维持费用、公共交通的使用可能性及家庭就业人数等进行了建模；Ben-Akiva 的模型中使用了平均费用。为了分析汽车拥有行为和车辆种类的关系，预订反馈 Logit 模型［Ordered-Response Logit（ORL）Model］和多项 Logit 模型［Multinomial Logit（MNL）Model］被广泛应用。ORL 模型假设家庭感到了拥有汽车的潜在必要性，当其感到的潜在必要性越高时，拥有的车辆就越多。MNL 模型则假设不同拥有车辆数对应的效用不同，通过比较不拥有、拥有 1 台、拥有 2 台等情况下的效用，根据效用最大来确定车辆拥有数量。

通过个人交通选择行为模型得到非集计数据，并对其进行扩样集计，从而可以分析市场规模、市场分布等较为主体的问题，当设施拓展无法满足需求，而生态、环境、能源可持续的理念不断普及，人们逐渐意识到抑制汽车拥有量过度快速增长的必要性，并注意到通过交通需求管理（Traffic Demand Management，TDM）等政策来引导其他交通方式转移的问题，比如汽车共享、新能源汽车的推广问题，限制中心城区汽车使用的问题等。而想要对这些政策效果进行定量解析，可使用非集计模型对要素进行标定，以综合评估汽车购置、汽车拥有数量等长期交通行为。

1.6.2 本书研究思路

本书从共享经济出发，试图从理论上探索共享交通对现有交通模式的影响，以及目前实际开展的一些交通探索及其影响，并以诺贝尔经济学奖 Mcfadden 教授的车辆拥有替代效用理论为着眼点，探讨了汽车共享对汽车拥有的替代选择效用。

本书将集中对影响汽车共享发展的三个维度（政府、企业、个人）进行分析。其中，政府通过补贴和政策引导促使企业进入汽车共享市场；个人得益于政府补贴和企业的服务水平提高从而转移购车需求；企业通过个人需求的改变来及时调整营销手段，从而推动了汽车共享的落地。

本书立论的基础即是将公共部门政策引导和私人部门技术革新量化为影响消费市场的价格因素，根据消费者选择的最高效用理论，针对居民的汽车购置计划及未来可能通过汽车共享减少的购车需求，进行基本的消费者选择偏好及意愿分析。

本书主要的研究内容有三个方面：第一，汽车共享是否值得政府扶持；第二，汽车共享在我国是否存在合理的市场区间，它的可行性如何；第三，影响汽车共享加入的因素有哪些？本书需要重点解决的是后两个问题。通过比较和分析北美与中国的交通情况，可以大体明确汽车共享的市场规模以及相应的推广政策，而建立非集计行为模型则有助于了解影响汽车共享加入意愿的因素。

本书选取最可能进行汽车共享的上海作为研究城市，对个人的汽车拥有及汽车共享加入意愿的选择效用进行分析，并建立非集计离散选择模型来反映政府补贴对个人选择的影响。作为中国超大型城市之一，上海拥有2 400多万人口以及超过 320 万辆私人汽车。大部分的办公楼和工作岗位集中在 100 km^2 的中心城区（外环线以内地区）。同时，近半数的城市人口居住在公交价格低廉且便捷的中心城区。根据上海 2020 年的综合交通调查报告，33.1%的居民日常出行方式采用公共交通，6.4%采用出租车，20.5%使用自驾车、摩托车等个体交通模式，而其他 40%采取步行或自行车等非机动方式，如图 1-13 所示。上

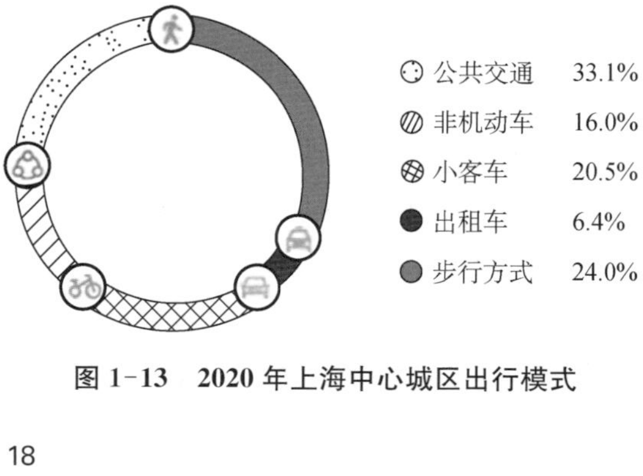

图 1-13　2020 年上海中心城区出行模式

海可以说是中国大中城市的扩大版。上海的情况虽然特殊，但与我国城市发展的实际相同，因此可以作为我国汽车共享研究的范例。

本书借助非集计模型等从用户的实际出行偏好（Revealed Preference，RP）和设定模式下的出行偏好（Stated Preference，SP）出发，评估实际出行效用和预期出行效用。通过对上海市民汽车共享选择意愿进行分类建模研究，从而对影响汽车拥有和汽车共享选择意愿的影响因子进行深入分析，以明确收入、出行目的、出行时间和费用等个人特征及服务水平因子在个人选择意愿中占的地位以及其影响权重。

本书主要的两个模型分别为单次出行选择汽车共享的多项 Logit 模型和因汽车共享而放弃购车的多项 Logit 模型。由于 RP 数据即显性偏好数据难以描述其未来特性，因此本书运用的模型将采用 RP 数据来基本定位个体特性，并假设未来值的 RP 数据不会发生变化，从而使用未来语态的 SP 数据即隐性偏好数据来描述汽车共享的潜在用户的基本特征以及影响其加入汽车共享的主要因素。

19 世纪 70 年代，Daniel Mcfadden 在预测美国旧金山湾区 Bay Area Rapid Transit（BART）轨道交通系统的客流时，采用离散选择模型对湾区地铁的客流进行预测且取得了成功，并因为其贡献而获得诺贝尔经济学奖。本书的预测方法与此类似。通过构建上述两个模型，可以基本描述汽车共享对出行以及汽车使用市场的影响，及其潜在的市场群体和市场规模。通过调整各个影响因素的数值，还可以得到不同政策作用的大小以及相应的政策结果从而得出不同的政策方案，以供决策者选择。

采用选择效用理论来描述汽车共享市场的另一个优点是其问题的广泛拓展性。采用 SP 数据来分析购车行为，其系统误差较小，但是更进一步的，用这部分数据来描述是否因为汽车共享而放弃购车，则存在双重误差。此外，交通行为理论中对汽车交通使用的研究区别于一般的公交、出租车和自行车出行。汽车本身作为家庭资产被列为消费品，决定是否购车是一个长期的消费选择行为，其成本很少被人精确计算过，特别是要将其列入一次出行的选择时，对出行成本的忽视将导致选择的非理性。基于这种非理性的选择行为，使得对购车或汽车共享的加入意愿的描述缺乏可信度。Logit 模型的优势即可以通过对人的本身特性进行建模，避免仅以经济性来考量选项效用带来的误差，此外以汽车共享的选择作为直接选项避免了过程误差。因此，可以认为本书的理论方法和方法论基础不存在明显偏差。

综上所述，本书的主要研究内容集中在对汽车共享效用的理论探索和验证过程。围绕汽车共享推广后整体汽车出行的行程和能耗分析来解析其长期影响，从而厘清汽车共享运营企业、当地政府以及消费者之间的关系，为更好地应用和实践汽车共享做好基础工作。

1.7　章节安排

根据上述研究思路，本书共分为五章。

第 1 章为绪论，描述低碳城市视角下汽车共享发展的背景、定位、作用，以及研究的基本思路。

第 2 章为研究架构，结合汽车共享研究理论进展，基于汽车共享的可用理论，提出本书的理论体系和理论假设，及汽车共享成本效益的分析方法。

第 3 章为基于调查的汽车共享市场特征研究，通过调查数据，从家庭经济能力、相关费用、用车需求、个人特征以及出行特征五个方面论述和定量描述了各因素对个人选择行为的影响。

第 4 章为基于消费者选择行为的政策分析，首先构建离散选择模型，其次对模型的各因变量和自变量进行细分，并对各参数进行了标定。基于此从政府、企业、个人三者角度来探讨汽车共享在我国推广的可能性。

第 5 章为总结，即对本书整个构建分析过程进行总结，并提出本书主要的创新点和不足。

第2章 研究架构

未来我国汽车交通的发展将受制于人口、土地、能源、环境等因素，无法走发达国家的老路。从 Mobility 2030 关于未来汽车交通发展的战略来看，汽车共享可以满足两大类需求，即转移道路交通出行的需求，以及助推新能源汽车发展的需求。通过本书第 1 章的分析，可以得出几点基本结论：

（1）汽车共享是汽车市场成熟的产物，可以有效替代汽车拥有，减少不必要的汽车出行，鼓励公共交通及其他非机动化出行。

（2）汽车共享的发展得益于当地政府的支持，通过税收、停车补贴等手段可以有效降低运营成本，吸引更多的人加入。

（3）政府支持下的汽车共享可以扩大社会影响，减少环境影响，降低社会总成本，减少能耗和碳排放，是一种可持续的交通发展模式。

针对以上三点，要正确分析汽车共享对我国可持续发展的效用，关键问题如下：

（1）政府是否需要发展汽车共享？引入汽车共享是否可以有效抑制未来汽车拥有量的增长？汽车共享可否减少未来不必要的汽车出行？

（2）如果政府需要鼓励和发展汽车共享，那么通过税收补贴能否吸引更多的人加入？补贴的力度如何才能发挥最大效用？与汽车共享相关的停车政策如何制定？

（3）对应不同的政策手段，汽车共享的大致规模如何？其社会影响和环境影响如何？是否能真的减少能耗和碳排放？

2.1 汽车共享的理论研究背景

2.1.1 共享经济理论

马克思在其《资本论·政治经济学批判》中曾对共享经济做过阐述。马克思认为，用唯物史观来看待社会的生产关系，可以将其提升到生产力的高度，生产关系和分配关系决定剩余价值的分配，劳动者得到的报酬如果低于他们所生产的价值，剩余价值如果被拥有生产资料的雇主获得，生产资料的个人占有与生产产品的社会化矛盾必然会导致周期性的经济危机发生。共享经济强调共同享有生产资料、剩余价值的分配权，而汽车共享本身正是汽车这种生产资料的共享。

2.1.2 理性经济人假设

用户选择汽车共享，或选择公共交通、出租车等出行方式，其主要原因还是价格。理性经济人假设认为，经济可行性是选择的判断标准。举例来说，如果将汽车交通模式分类，这些模式则可以根据固定成本和可变成本做一个基本排序，可以认为选择购置价格较高但使用成本较低的新能源汽车是一种长期投资，选择使用成本较高、有会员约束但无购置费用的汽车共享是一种中短期投资，选择出租车、汽车租赁或者一次出行的交通方式和出行线路则是一种更为离散的短期投资。由此产生了不同类型的经济选择假设，可将交通问题与居住和商业用地的交通产生吸引问题、城市基础设施的交通影响分析问题以及各种模式交通费用的分担问题联系起来。

理性经济人假设将交通出行的成本和效益进行定量化分析，从个人选择的角度去理解交通拥堵的产生机理以及交通的速度和舒适性等服务水平，等等。但作为公共支出的能源环境损失，往往不在个人经济选择的范畴之内。因此，在制定补贴政策时，需要在用户的经济选择之外，纳入因减少了能源/环境这类公共品支出所带来的经济收益，以及针对增加了能源/环境损失所做出的惩罚，从而形成一种良性循环，以促进合理模式的发展。汽车共享与城市公共交通类似，其单纯的经济性受制于停车费用、场地费用、车辆购置和运营成本等，国内外的案例均表明，成功的汽车共享往往需要政策倾斜，这就要通过在理性经济人假设中加入更多的政策因素来进行全面评估。

2.1.3 选择效益分析理论

经济学上认为最大化效用的选项是个体选择的目标，但影响个人最终选择汽车共享的因素非常复杂，需要通过定量和定性方法进行分析和标定。如果把汽车共享、出租车、汽车拥有进行横向比较，并作为商品供理性经济人选择，那么实际的选择过程是一个基于对预期回报率的分析过程，类似股票投资、房屋购买与租赁等。在分析需求的过程中，经济学家往往会引入弹性值(elasticity)作为评价指标，即假设 i 选项对于 j 选项的弹性是对于 i 选项的单位变化率的 j 选项的变化率。同时，选项又受到多种资产需求的制约，因此往往在“直接弹性值(direct elasticity)”之外，考虑设定其他需求变化所引起的“交叉弹性值(cross elasticity)”，即存在：

$$E_{x_{jnk}}^{P_n(i)}=\frac{\partial P_n(i)}{\partial x_{jnk}}\times\frac{x_{jnk}}{P_n(i)}=-\beta_k P_n(i)x_{jnk},\ \forall j\neq i \tag{2-1}$$

式中　$P_n(i)$——第 n 个决策者选择 i 选项的概率；

x_{jnk}——j 选项的自变量；

β_k——该自变量的统计参数；

$E_{x_{jnk}}^{P_n(i)}$——第 n 个决策者选择 i 选项对选择 j 选项的交叉弹性值。

以此类推，可以求得各个选项之间的对应交叉弹性值和边际投入的收益比。需求理论揭示的是一种商品之间相互协调的关系，而这种关系的评价标准是根据选择的收益和投入之间的差异来决定的。这种差异导致 i 选项和 j 选项之间转移关系的替代效应。

2.1.4　可替代性理论

经济学意义上的可替代效应理论是指给定支付能力（通常指货币），以购买不同的 i 选项和 j 选项，那么人们会倾向于选择一个使 i 选项和 j 选项发挥最大功效的平衡点，在这个平衡点上个人的满意度是最高的。如果这样的点存在两个或两个以上，则可以认为 i 选项和 j 选项的作用可以互相替代。以拥有汽车与使用出租车分别作为 i 选项和 j 选项来进行分析。

假设购置一辆 20 万元的汽车，每年的折旧、养护、保险、停车等固定成本按 15%来计算，即为 30 000 元，同时按照每天行驶 35 km，使用时间 220 d/a，每百公里的油耗为 10 L，平均油价为 6.50 元/L，则每年的使用成本约为 5 000 元，总成本约为 35 000 元。

同样的，假设同一位用户每天使用出租车来代替购车，即每天乘坐出租车 35 km，单价按照 2.5 元/km 计算，成本为 87.5 元，一年使用出租车的时间为 220 d，那么一年的成本约为 19 000 元。

从经济评价来看，出租车对汽车拥有的替代作用是明显的，然而近年来购车需求与日俱增，与此理论并不成正比，一方面说明收入增长是汽车进入家庭的主要因素之一，另一方面也可以看出便利性以及其他非客观因素可以影响汽车拥有行为。

同样的推算也可以应用于汽车共享与购车、出租车等的比较。以美国的汽车共享来说，如果年平均使用汽车共享的距离少于 8 000 km，那么购车的成本要高于汽车共享。根据经济学理论中对替代效用的描述，这三种模式之间可以相互转移，根据经济性的权衡作用，个人的最大效用点将有所不同，如果仅考虑汽车共享和出租车，并将这两种模式的最大效用点描绘成一条无差异曲线，如图 2-1 所示。图中无差异曲线上的各个点的切线称为预算限制

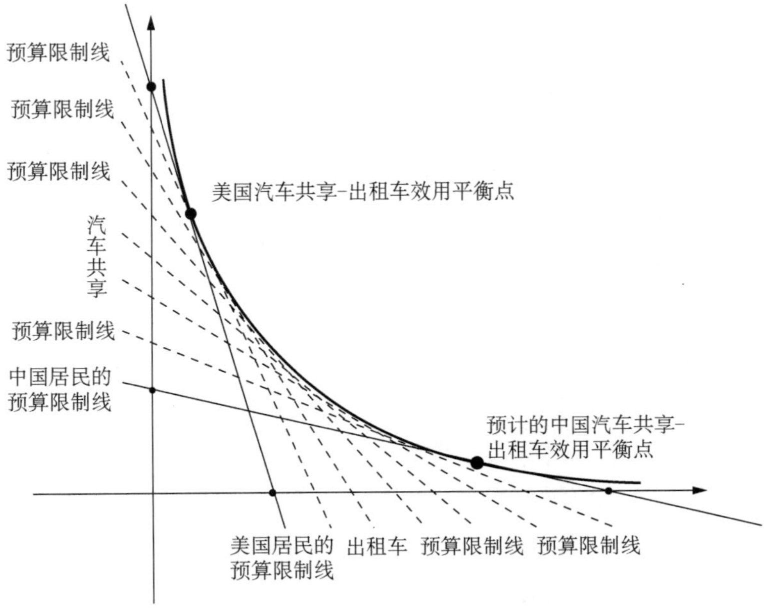

图 2-1　出租车对汽车共享市场的替代作用

线，各条切线与坐标轴的交点所对应的选择倾向与 i 选项和 j 选项的乘积即为用户的支付能力极限。

在图 2-1 中，汽车共享与出租车的用户正是在不同的预算限制下，寻求最大效用的点。这些点所代表的是不同用户在该点上对选择汽车共享和选择出租车都没有偏好，即达到了选择平衡。相对来说，美国的汽车共享-出租车的预算限制线较陡，说明美国的汽车共享相对出租车来说较为便宜，具有一定的价格竞争力，因此汽车共享在一定程度上替代了出租车的功能。也就是说，同样的预算选择汽车共享这种模式的效用大于出租车，要实现效用最大化，人们倾向于选择汽车共享。实际的情况是美国的纽约、华盛顿等大城市的出租车也非常发达，但出租车相对汽车共享的优势在于可以有效地服务对路况和共享汽车停车点不熟悉的非常住居民。在我国，由于出租车的价格较为便宜，实际上较多地是为本地居民服务，且数量也远远多于美国，上海 2019 年共有巡游出租车 4 万辆，日均 154 万乘次，网络预约出租车工作日日均上线车辆 7.9 万辆，日均客运量 170 万乘次，且我国出租车的单价是美国出租车单价的 1/5～1/4。因此，图 2-1 中所描绘的预期的中国汽车共享和出租车的替代作用与美国是不同的，由于汽车共享的费用在我国反而高于出租车，因此其遇到的价格阻力将大大提高，显然完全以经济性作为考虑因素，则会出现选择出租车的效用较高的趋势。因此，我国的汽车共享-出租车的预算限制线较为平缓。图 2-1 中所描述的问题还可用于对个人购车、个人购买新能源车、租赁车等交通方式之间的简单定性描述。

2.1.5 引导型可替代理论

尽管经济性是人们选择购置汽车的主要原因，但是对于汽车共享这种模式来说，其选择还和服务水平、出行目的、个人和家庭的收入条件以及个人偏好等有关，要简单地描述这些影响因素并不容易，因此还需要专门设计相关的问卷来对影响个人选择的因素进行分析，从而可以为不同补贴力度下的需求市场提供依据。

由于汽车共享本身的社会效应突出，在满足个人最优的同时也实现了一定程度降低社会成本的作用。但目前来看汽车共享与出租车还无法实现价格上的竞争，亟须补贴政策的扶持。渐进政府理论认为，政府新的财政预算和规划往往与去年相同，因此权衡新项目时另一个需要考虑的因素是财政政策平稳，即尽量避免与原有预算和规划方案的冲突。相对来说，汽车共享要想获得政策上的扶持，一方面可以和推广新能源汽车政策相结合，另一方面也要和交通行业碳减排、碳达峰等结合起来。

汽车共享可以与出租车进行价格对比。目前，北京、上海等大城市的出租车（含巡游和网约）规模已接近 10 万辆，由于出租车存在高峰出行小时，部分区域的空驶率可能高达 50%，对交通拥堵、交通环境等均造成了负面影响。因此，按需出行的汽车共享在空驶率方面具有绝对优势。但目前短距离出行的出租车价格仍然低于汽车共享的价格，同时出租车不存在停车等问题，在便利性上也同样占优，因此通过补贴来降低汽车共享的价格，从而吸引更多用户转为使用汽车共享将是一个可选的途径。同时，采用新能源汽车作为汽车共享的主力车型，由此也可以在新能源汽车的政策上获得补助，这也是可选途径之一。

在图 2-1 的基础上，图 2-2 进一步深化对问题的解析，汽车共享若能取得政策支持，其效用的平衡点将有可能因为补贴、政府推广、与公交企业合作等政策作用向上向左移动，政府有意引导需求即可实现发展。与此同时，还必须承认，长期来看汽车共享必将与出租车并存，除非后续自动驾驶普及。图 2-2 显示的斜率变化即是政府对预算限制线的扶持。根据渐进政府理论和交通行为理论，政府更关注交通系统的正常运行、改善环境、降低能源风险等保证现行政策的效果，而汽车共享只有与这些效应匹配方能获得支持。

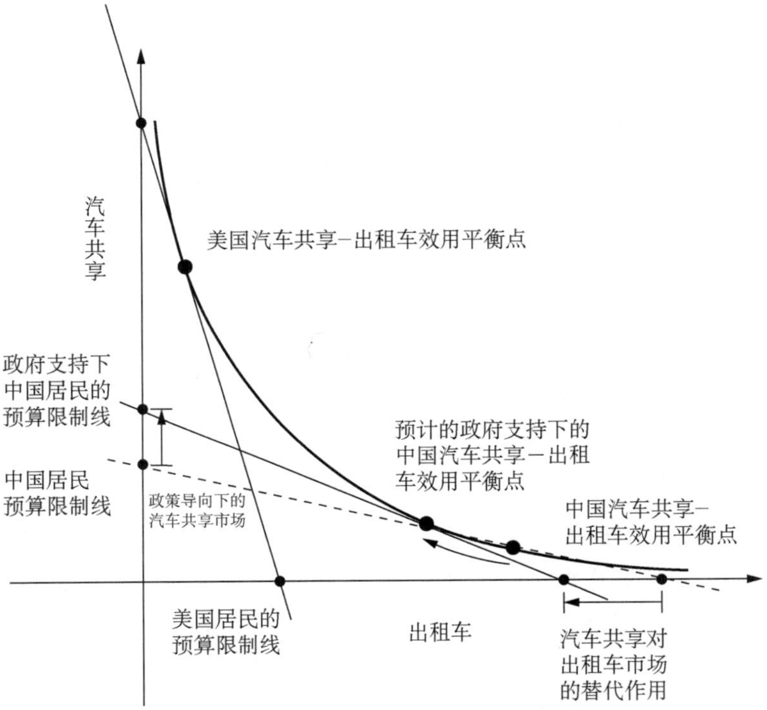

图 2-2　渐进政府理论支撑下取得政府支持的汽车共享发展模式

本书探讨渐进政府理论支撑下取得政府支持的汽车共享发展模式，并通过定量分析汽车共享的能源和环境效益以及能耗、碳排放折减效应等，来评估补贴等政策的正负效应，以及在此框架下汽车共享的社会总效用。

2.2　汽车共享的成本效益分析方法

根据北美汽车共享用户信息，其社会影响包括：①社会成本折减，即每辆共享汽车对网络上车辆的替代数量，会员因为汽车共享而放弃购车计划或卖出现有汽车以及相应减少的行车里程（包括因为卖出和放弃购车计划所产生的折减）等；②个人生活方式的改变，即每月出行开支减少，而步行和公交使用增加等。

这些汽车共享导致的出行行为变化是本书的理论基础。考虑如下几点：

(1) 针对尚未普及的汽车共享，开展潜在客户选择效用，具有未来政策预期作用，但这一作用的准确性尚待时间考量。对于是否选择汽车共享而放弃购车或已有车辆的选择行为进行模型研究，首先需要对调查主体进行巧妙设计，以便能从事实推定效益，特别是准确描述汽车共享替代购车需求的问题。

(2) 目前对于汽车拥有量的分析以及车型选择分析主要考虑不同油耗、不同燃料技术以及不同车型大小对购置选择的影响，很少关注汽车使用方式对类型选择的影响，尤其是很少关注汽车租赁、出租车等对汽车拥有本身的影响，而租赁、出租车、汽车共享都包含了服务水平等的影响。

(3) 对于汽车拥有的交通行为分析，目前的研究主要关注收入、居住条件对汽车拥有的影响，但国内外居民的收入、居住条件、交通条件等关键影响因素的差距是较大的，因此还需要结合居民实际的出行习惯、消费结构、价格水平等进行综合分析，才能确定市场的基本定位，从而进一步分析潜在市场的效应。

本书将构建一个系统理论，从汽车共享自身的理论和汽车拥有行为理论出发，建立离散选择模型，分析购车和汽车共享的效用差异，确定影响选择的参变量及其权重，定量分析个人的长期汽车拥有行为，并将这种行为产生的能耗和碳排放折减，量化为对应市场规模的社会效应，为政策方案的制定提供依据。

2.2.1 总体研究架构

同时，本书认为政府、企业、个人三者均发挥了重要作用，个人因需求效用变化选择汽车共享、企业通过调节价格和市场来扩大用户、政府通过补贴等手段改善交通和环境，综合起来形成汽车共享政策剖析策略。图 2-3 为共享经济理论支撑下的汽车共享成本效益分析方法与技术。

从图 2-3 可以看出，本书需要重点解决的问题有三个方面，即个人需求的影响因素及其权重问题，企业运营的价格及市场定位问题，政府投入与政策推进问题。

相应的关键技术有基于消费者选择效用理论的长短期交通选择行为模型，基于意愿和态度倾向的市场调查技术，以及基于集计模型的能源消耗、碳排放分析等。

1. 长期和短期交通选择行为模型

长期交通选择行为理论认为人们选择何种交通方式与居住用地、城市格局、经济水平等因素有关，交通选择问题带来了城市格局、土地利用、收入状况等变化。汽车共享的选择问题可以看成是汽车拥有的一种替代模式，因此可以将长期交通行为理论中关于汽车拥有量、车型选择、行程分析中的内容与汽车共享的服务水平因素相整合来考量其选择行为的效用。短期交通选择行为理论主要关注人们的单次出行，认为价格、时间、距离等量化因素是区别各种交通方式效用的主要依据，根据不同收入、年龄等指标建立模型来描述单次出行选择的效用。汽车共享可以看成是中频度的汽车租赁业务，计费方式以单次使用时间和距离为准，因此通过单次出行的价格、费用、距离等因素，可以考察不同费率水平下汽车共享的潜在转

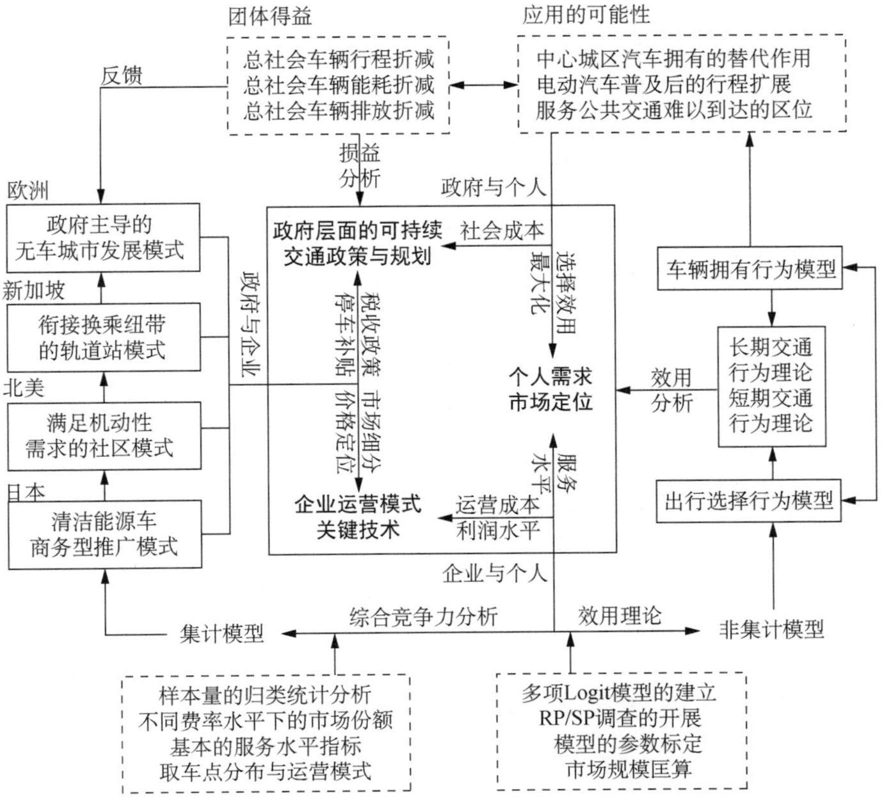

图 2-3　共享经济理论支撑下的汽车共享成本效益分析方法与技术

移比例。通过对效用模型的建立并标定各个指标参数，可以基本圈定汽车共享在不考虑布点问题基础上的市场规模，从而明确因为汽车共享而减少的购车需求所产生的能耗及行程折减，这样就可以计算出基本的社会成本得益，以此作为政策制定的依据。

2. 基于意愿和态度倾向的市场调查技术

通过对不同服务水平的重视程度，以及加入汽车共享的意愿调查，可以更加明确运营中需要关注的问题。区别于定量化的分析，意愿调查所反映出来的问题更加具体也更加直接。此外，我们还针对不同费率水平对出行的汽车共享转移可能性进行了调查，得到不同出行目的、不同费率水平下使用汽车共享的可能性，从而明确了由于价格上升和下降所带来的市场需求下降和上升的比例。通过这种方法还可以描绘基本的市场需求和费率曲线，从而为企业定价问题提供依据。此外，通过不同定价下的市场分析，还可以对企业在不同利润目标下的市场规模进行分析，以此来明晰基本的布点数量和车队总量问题。

3. 基于集计模型的能源消耗、碳排放分析

汽车共享的主要作用有：①对汽车拥有的替代作用，即抵消一部分购车需求从而减少因购车带来的诱增交通以及停车位紧张等问题；②扩展电动汽车推广后的长距离出行能力，即在电动汽车受限于出行距离的情况下，满足部分家庭有计划的长距离出行的需求；③服务公共交通难以覆盖的区域，即扩展公交的服务范围并争取一部分长距离出租车出

行市场。集计模型主要用于计算各个参数的权重，来作为非集计模型的初始标定值。针对不同的汽车共享的作用，对运营模式和扶持政策进行考量，从而对不同的发展政策进行评估。

2.2.2 汽车共享的经济性选择假设

本书从汽车共享用户的消费倾向角度进行分析，结合个体的微观决策效用，分析宏观运营和规划层面的市场和能耗变化，并提出两点假设：

(1) 经济性是吸引个人参与汽车共享的最大动机；

(2) 汽车共享可以有效减少未来汽车交通产生的能源消耗，降低环境污染。

要证明以上两点假设，需要设计问卷开展调研，量化加入汽车共享的意愿程度，以及加入汽车共享对汽车购置计划的影响，将用户个人特征、用户平时出行行为等客观和主观因素作为变量，建立效用最大化的汽车拥有量离散选择偏好模型来解析汽车共享影响因子的权重。在这里汽车拥有量和车型选择是出行的长期和短期行为综合，要理解其影响因素至关重要，它们不仅包括出行的费用、时间等出行特征，也包括可使用的汽车数量和是否拥有驾照等个人属性，以及保险费用、停车成本等外部因素。

2.2.3 随机离散交通行为选择模型的设定

随机离散交通行为选择模型假设存在一个决策者，以 n 表示，面临 J 个对应不同效用的选择方案，本书构建两个基本选择方案即加入汽车共享放弃购车和加入汽车共享继续购车。决策者 n 以选择效用最大化来规划他未来的购车行为，不同的选择方案有不同的效用，以 U_{nj}，$\forall j=1, 2, \cdots, J$ 表示。我们定义总体效用由显在效用(也称可量化的系统效用)和随机效用(不可量化的随机效用)组成，即

$$U_{nj}=V_{nj}+\varepsilon_{nj} \tag{2-2}$$

其中，ε_{nj} 为总体效用中不包含在显在效用 V_{nj} 中的随机效用。根据对随机效用 ε_{nj} 分布的不同假设还可以推导出如 Nest-Logit 等多种 Logit 模型。MNL 模型假设 ε_{nj} 对应的每一个概率效用项 n 独立且服从同一耿贝尔分布，其中耿贝尔分布是二重指数型的极值分布。同时，我们还定义决定显在效用 V_{nj} 的各个主要变量 X_{njk} 以及对应的各个变量的参数项如下所示：

$$V_{nj}=\sum_{k=1}^{K}\theta_k X_{njk}\text{，其中 }\theta_k\text{，}\forall k=1, 2, \cdots, K \tag{2-3}$$

式中 V_{nj}—— 显在效用；

X_{njk}—— 决定显在效用的变量；

θ_k ——各个主要变量的系数。

因此，即存在选择方案 j 和选择方案 i，而决策者 n 选择方案 j 放弃方案 i 的原因在于方案 j 的效用较高，即 $U_{nj}>U_{ni}$，而该选择的可能性即为

$$P_{nj}=Prob(U_{nj}>U_{ni},\forall j\neq i) \tag{2-4}$$

式中 P_{nj}—— 决策者 n 选择方案 j 的概率；

$Prob(U_{nj}>U_{ni},\forall j\neq i)$—— 方案 j 与方案 i 不同时，方案 j 效用高于方案 i 的概率。

而转化为与 ε_{nj} 相关的概率即存在 $P_{nj}=Prob(\varepsilon_{nj}-\varepsilon_{ni}>V_{ni}-V_{nj},\forall j\neq i)$。因此，我们可以根据对 ε_{nj} 独立同分布的假设，推导出 Logit 的计算公式：

$$P_{nj}=\frac{\exp(V_{nj})}{\sum_{j=1}^{J}\exp(V_{nj})}=\frac{\exp(\sum_{k=1}^{K}\theta_k X_{njk})}{\sum_{j=1}^{J}\exp(\sum_{k=1}^{K}\theta_k X_{njk})} \tag{2-5}$$

式中 $\exp(V_{nj})$—— 方案 j 的显在效用；

$\sum_{j=1}^{J}\exp(V_{nj})$—— 所有方案显在效用的集合；

P_{nj}—— 决策者 n 选择方案 j 的概率。

从以上公式的分析来看，如果能准确描述影响消费者选择购车和选择汽车共享的因素即变量 X_{njk}，并求出各个 X_{njk} 对应的权重指标 θ_k，就可以求出基本选项的概率值 P_{nj}。尽管对家庭是否购置新车来说，普遍的研究表明其主要影响因素是收入，但汽车共享本身是一种服务，其不可避免地会存在服务水平问题，如网点的布置、各个网点的车辆数、车内是否清洁、保险如何设置、责任如何承担、预订便利程度、企业信用、个人信用等，均体现了服务水平的高低，但是服务水平很难衡量，因此我们采用变通的方法，即从消费者的个人特征入手来寻求选择偏好的影响因素。

影响因素权重的分析是制定相关政策的主要依据。通过改变不同的权重和可变因素，可以提供不同的政策选项，并给出相应的政策预期，从而为政府决策提供方案。通过对影响因素的分析，可以基本明确汽车共享的潜在用户特征，并有针对性地探讨相应的推广政策。根据不同的市场规模，对应不同的出行距离，计算基本的行程距离折减以及不同的能耗和碳排放。在得到行程和能耗数据之后，便可得出基本的经济优化指标，相对不同的政策投入，做一个横向价值比较之后，便可对各种不同的政策组合方案进行预测和评估。

为了记述家庭汽车的使用情况，将一年或者一个月的出行距离作为被说明变量来构建模型。汽车使用行为是每天交通行为中的一个环节，出行距离是一定时间内交通发生、目的地、交通方式多种选择行为所产生的汽车使用综合结果。因此，出行距离模型可以将这些行为简化。采用出行距离模型可以预测燃油价格高涨或者低燃料消耗车辆的引入对于出行距离的影响，以及预测由于出行距离变化所造成的燃料消耗量的变化。

在出行距离模型中，既有将家庭拥有的各辆车的出行距离分别作为被说明变量的，也有将家庭总出行距离作为被说明变量的。大多数的分析工作是基于各个车辆的出行距离来建立模型，因为能够显在地处理拥有车辆数与出行距离之间的相互作用，或者导入车辆类型属性、主要驾驶者属性等作为说明变量加以约束。同时，由于出行距离一般采用正值，所以有些研究也会采用出行距离的对数代替出行距离。作为说明变量，除了车种属性、驾驶员属性以外，也可以采用体现公共交通便利性的至最近车站的距离、所需时间等因素。

对于各辆汽车出行距离建立模型的情况，由于将本车以外的其他车辆的出行距离作为说明变量，根据车辆拥有数进行分类，对于各分类分别构建模型。例如，对于拥有 2 辆车的家庭应用式(2-6)和式(2-7)。

$$VMT_1 = \alpha_1 VMT_2 + \beta_1 X_1 + \gamma_1 Y_1 + \delta_1 Z + \varepsilon_1 \tag{2-6}$$

$$VMT_2 = \alpha_2 VMT_1 + \beta_2 X_2 + \gamma_2 Y_2 + \delta_2 Z + \varepsilon_2 \tag{2-7}$$

式中 VMT_i—— 第 i 辆车的出行距离；

X_i—— 第 i 辆车的属性向量；

Y_i—— 第 i 辆车主要驾驶者的属性向量；

Z—— 家庭属性向量；

ε_i—— 误差项；

α_i—— 未知参数；

β_i，γ_i，δ_i ——未知参数向量。

同时参变量还包括：出行目的、出行距离、出行费用、出行时间等与出行相关的特征参数。

由于误差项 ε_1，ε_2 并非相互独立而是具有相关性，所以采用考虑误差相关性的估计方法。最初的研究工作采用了 3SLS(three-Stage Least Squares)方法。随着统计分析方法的发展以及计算技术的高速化和信息的网络化，在近年来的研究工作中采用了结构方程式模型(Structural Equation Model, SEM)。在拥有多辆车的情况下，需要对于车辆进行一定的排序，例如在拥有 2 辆家用车的情况下，把哪一辆车作为第 1 辆车。在排序的时候可以根据车龄，当然在多数情况下不得不依赖于分析者的主观意志，也可将多辆拥有车辆设置为同一参数($\alpha_1 = \alpha_2$，$\beta_1 = \beta_2$，$\gamma_1 = \gamma_2$) 的方法来加以回避。

第 3 章　基于调查的汽车共享市场特征研究

影响汽车拥有和汽车共享加入意愿的主要因素包括家庭的经济条件（如家庭收入、家庭车辆拥有数、家庭房屋拥有情况、家庭成员及个人驾驶经验）、相关费用（如现有汽车的使用费用、计划购车的费用、汽车共享的使用费用）、用车需求（如汽车使用频率、家庭未成年人数量、居住地公共交通条件）、个人特征（如个人通勤及其他出行特征、个人环境意识、个人年龄、个人职业及受教育程度），以及出行特征（如通勤出行、购物出行、机场出行以及旅游出行等）。

本书基于 2009 年和 2010 年两次对上海市汽车共享用户开展的调查研究，对调查问卷进行了精心设计，同时对调查数据进行了详细解析，为后续市场分析奠定了基础。其中，第 1 次调查主要为熟悉程度的调查，共回收问卷 1 311 份，其中有效问卷 1 254 份，我们根据年龄段、知识水平、收入等大体选取 833 份。从第 1 次上海市汽车共享潜在市场的调查结果来看，仅有 8%的被调查者了解或熟悉汽车共享的概念（调查问卷及结果见附录 A）；42%的被调查者从未听说过汽车共享，其他的则是听说过但并不了解。因此，本书对于汽车共享的研究所采取的第 1 次调查更多的是关注潜在市场。第 2 次调查则是关注用户潜在的替代汽车拥有和潜在的出行行为变化。因此，本章重点介绍第 2 次调查的设计思路和数据分析结果，同时结合第 1 次调查结果进行了交叉分析，相关调查问卷见附录 A 和附录 B。

3.1　总体特征

第 1 次调查主要关注的是汽车共享的潜在市场，其中针对汽车共享的主要用户进行了相应调查，图 3-1 和图 3-2 显示被调查人员在了解了汽车共享的基本概念之后，对这种新交通模式的加入意愿及其认为的主要吸引点。

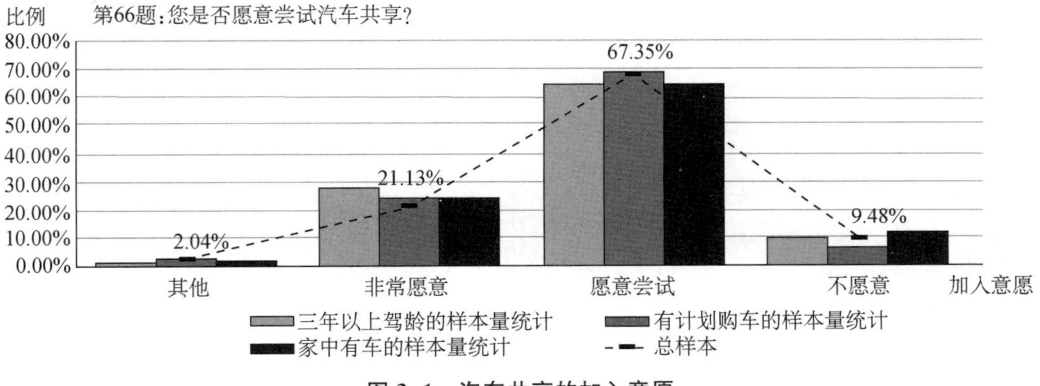

图 3-1　汽车共享的加入意愿

从图 3-1 可以看到，不愿意加入汽车共享的样本比例约为 10%，尤其是有购车计划的样本中，愿意加入汽车共享的比例约为 90%，相对而言有车家庭愿意加入汽车共享的程度较低。这一点较为符合汽车共享无车者加入意愿强烈的特征。从我国整体的汽车市场情况来看，大部分人仍然属于无车者。如果仅以无车但持有驾照的这类人作为潜在用户，这部分人的数量也占到近 8 000 万，因此汽车共享的引入在市场人群上具备较明显的优势。

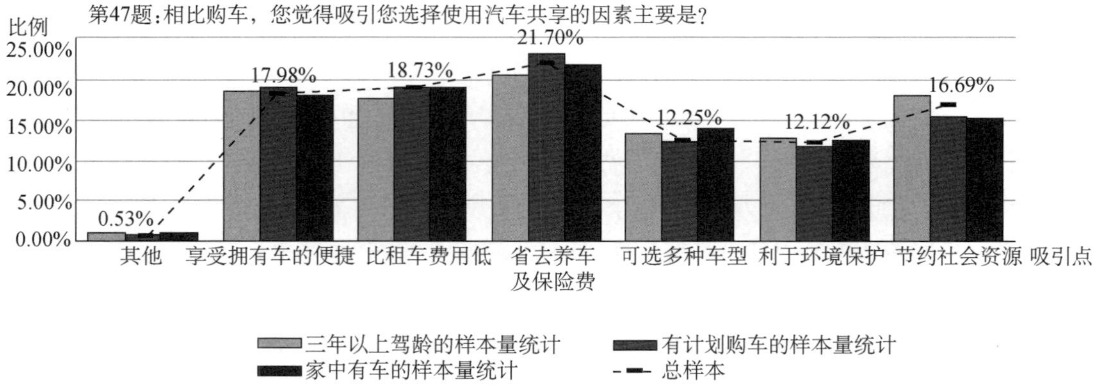

图 3-2　汽车共享的主要吸引点

从图 3-2 可以看出汽车共享的几个优点分布比较均匀，说明人们对于仅从书面了解汽车共享这种新概念从而产生的印象并不明显。但可以看出，省去养车及保险费、比租车费用低、享受拥有车的便捷是其主要原因，即价格仍然是人们选择出行方式的主要原因，相对欧美来说，我国居民的收入水平仍然较低，这部分特征也符合汽车共享用户的基本特点。

从图 3-2 还可以看出，可选多种车型的比例约为 12%，说明车子本身的多样性并不是吸引人们加入汽车共享的直接原因。而利于环境保护的比例约为 12%、节约社会资源的比例约为 17%，说明人们有保护环境及节约资源的意识，但是价格和费用这些直接关系用户使用的因素才是影响其选择的主要指标。这一点我们还可以从表 3-1 即上海市居民认为的购车主要制约因素中得到进一步的确认。

表 3-1　上海市居民认为的购车主要制约因素(第 1 次调查数据)

选项	总样本	三年以上驾龄	家中有车	有计划购车
停车困难且费用高	17.15%	18.89%	18.61%	18.16%
交通拥堵	15.29%	15.81%	15.91%	14.21%
养护及出行费用高	13.79%	14.70%	13.82%	14.12%
购车费用高且车辆贬值快	10.12%	9.40%	9.96%	11.40%
牌照费高	7.89%	8.63%	8.73%	8.68%
对环境造成污染	6.99%	6.32%	5.95%	5.61%
通行限制(单双号、公交专用道等)	5.94%	6.07%	6.49%	5.26%
驾驶压力大	5.94%	5.73%	5.48%	5.61%

（续表）

选项	总样本	三年以上驾龄	家中有车	有计划购车
汽车闲置时间较长	5.20%	4.62%	5.56%	5.00%
公共交通便捷	5.11%	4.53%	4.32%	5.70%
步行及自行车便捷且利于健康	4.18%	3.33%	3.47%	3.25%
不安全	2.20%	1.71%	1.54%	2.72%
其他	0.20%	0.26%	0.16%	0.28%

从上海市居民认为的购车主要制约因素可以看出，停车困难且费用高列首位，占 17%～19%，其中有三年以上驾龄者的体会较深。此外，交通拥堵（约 15%）、养护及出行费用高（约 14%）、购车费用高且车辆贬值快（约 10%）、牌照费高（约 8%）是其次的制约因素。从以上数据还可以反映出，购车、养车和用车的费用依然是制约消费者购置车辆的原因，换句话说，只要收入水平高于一定程度，就不必为这些费用过于烦恼，这些制约因素的权重便会降低，购车的动机就会增强，同时也可以理解为能通过其他更加经济的替代方式来满足用车的需求。此外，值得注意的是公交便捷程度对购车的影响较小，调查中认为公交便捷是购车的制约因素的样本比例仅为 5%左右，可见公共交通的完善并不能很好地抑制汽车消费。

表 3-1 显示的费用、拥堵等特征正是购车的主要制约因素，而汽车共享在这方面表现出色，另外也可以看出收入确实是人们选择汽车共享与否的主要因素。相对而言，低收入者是汽车共享的主要用户，其对价格的敏感程度也较高，对购车的费用也有较为清楚的认识，因而吸引其选择汽车共享是较为容易的。

从汽车共享用户的使用特征来看，其主要用于时间较长、距离较远的出行。从 City Carshare 的数据可以看出，用户汽车共享单次用车时间平均接近 4 h。此外，购物出行的比例为 30%，购物出行的平均时间为 3 h 25 min。从上海市的调查数据可以看到，在这部分出行特征上，存在一定的差异性。

图 3-3 和图 3-4 所示为上海市居民认为的汽车共享合理的使用距离和频率。

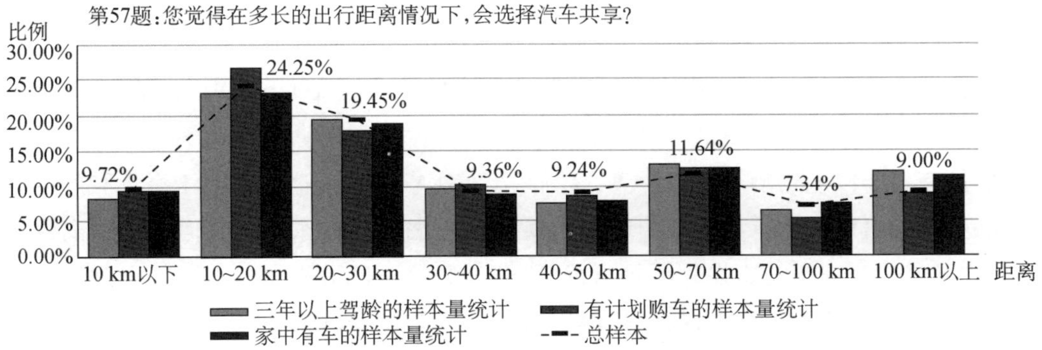

图 3-3　上海市居民偏好的汽车共享使用距离

从图 3-3 可以看出，选择汽车共享的意愿出行距离主要集中在 10～30 km/次，比例约为 43%。以上海市中心汽车出行的速度 30 km/h 计算，不考虑在目的地的停留时间，这部分出行应该在 1 h 内完成。因此，可以预计上海市汽车共享的平均使用时间在 2 h 左右，低于欧美水平。这部分出行需求可以和出租车的短距离出行特征形成交叉，从而吸引一部分因长距离出租车出行觉得费用较高的客流。此外，上海市的中环线单边距离为 12 km，那么如果单次出行均超过 10 km，则说明其以进出内环、中环的出行为主，这和国外汽车共享主要客流的分布特征相似。

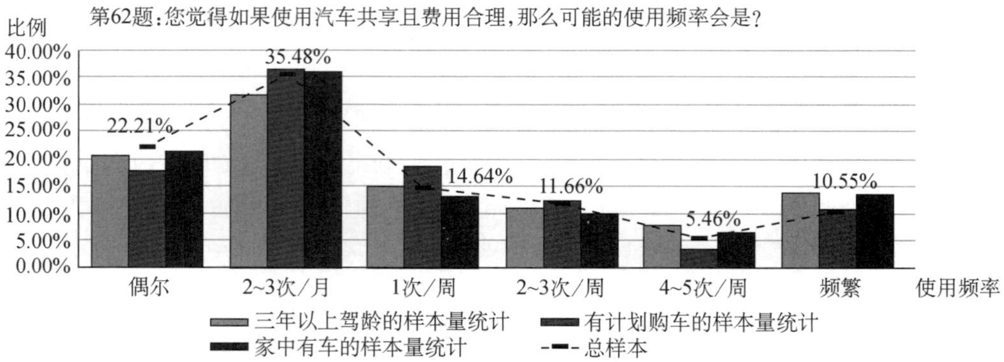

图 3-4　上海市居民偏好的汽车共享使用频率

从图 3-4 中可以看出，使用频率集中在 2～4 次/月，比例约为 50%。若按每月的会员费 50 元来计，假定每次使用时间平均约为 1 h，每月平均使用 3 次即 3 小时，行程平均值 80 km，每公里收费 1 元，每小时收费 28 元，则这部分家庭的月使用额度为 214 元。如果这部分出行以出租车替代，以每公里 2.5 元计，则为 200 元。如果以自己购车使用计，则为 2 000元基本费加上 40 元燃油费。因此，从这一部分的比较来说，汽车共享服务这部分人群的费用接近出租车，但是远远优惠于自驾车。当然，价格接近出租车也从一方面反映出人们比较乐意接受的汽车共享价格是接近出租车的价格。当然，如果把每次出租车的出行距离缩短，214 元可以使用近 20 次起步距离内的出租车，因此尽管价格和出租车持平，但是这部分需求若直接进入市场，则很可能在短时间内缺乏竞争力。从数据中还可以看出，由于和出租车出行在距离上形成分离，中心城设置汽车共享对出租车的业务并不会造成太大影响。

此外，图 3-3 和图 3-4 还显示了 30 km/周以上的分布以及 1 次/周以上的分布，这部分的需求较为平缓和均匀，每一部分的需求比例都在 10%上下波动，但从几种不同特征的样本比较来看，有三年以上驾龄者的长距离、高频率出行需求较大。这说明对于有驾驶经验且有车的家庭成员而言，一般有长距离出行需求时才会考虑使用汽车共享。但是长距离的出行需求往往又是较有准备的非临时性的出行，这部分的数据显示要在中心城区通过汽车共享减缓家庭第二辆车的购车需求，仅凭降低价格是难以实现的，还需要优化服务，做到随用随取，才能在一定程度上减缓中心城家庭第二辆车的购车需求。

3.2　关于第2次调查的说明

3.2.1　调查方法及问卷设计

本次调查对被调查者的出行选择以及提供汽车共享之后的出行选择进行分析，并对其购车计划以及汽车共享对购车选择的影响情况进行了调查。这些数据将分别组成显性偏好数据[Revealed Preference(RP) data]和设定偏好数据[Stated Preference(SP) data]。SP数据是基于对汽车共享可行性的假设，而假定被调查人可以随时加入汽车共享。这些数据经由特定变量的组合应用到汽车拥有量模型和出行选择模型中去。两个模型都应用MNL模型来构建基本框架。模型的最终目的是明确市场的基本规模、潜在会员的基本形态，以及不同政策制定后的基本结果。本书更加关注的是交通行为，尤其是汽车拥有行为对环境和能源的影响，以及通过共享出行来缓解矛盾的可能性。调查的基本问卷见附录A和附录B。

问卷调查分为三个部分：①介绍部分；②基本情况调查部分；③设定型场景的偏好试验。信件中会告诉人们如何使用免费的信封寄回调查问卷，以及填表的基本说明，附带网上调查的地址等信息。为了提高回收率，我们还会告之其填写准确的地址以及在规定时间内寄回。地址仅作为基本信息是连接其他调查数据的主要纽带。远期若考虑进行长期的跟踪调查，还可以为该次调查建立数据库以备下次使用。由于被调查者对汽车共享本身并不熟悉，我们首先给定汽车共享的基本定义：汽车共享类似于会员制的汽车俱乐部，它为人们提供了一种替代购买私人汽车的选择，将汽车购置及使用的费用转化为按照使用时间和行驶距离计费的一种模式。通常来说，汽车共享在美国的收费标准折合人民币为40元/h，外加1.5元/km。当你成为汽车共享的会员时，你只需交纳每年500元的会员费就可以随时上网或电话预订车辆，并从距离最近的停车点开走你需要的共享汽车。假设上海市试点的项目预计收费标准较美国要低，为28元/h，夜间(晚11点至早5点)五折优惠，即14元/h，外加1.0元/km。每年的会员费为500元。

在基本调查部分，我们首先将对被调查者的个人和家庭情况做一个了解。这部分的内容主要是建立个人属性以及日常的出行情况(尤其是通勤交通)。此外，我们还设计了针对被调查者家庭结构、收入情况等内容的调查，并对其家庭拥有的车辆数进行了调查。该部分的内容包括工作性质以及基本的职位情况、个人的年龄、性别、年收入以及受教育情况。对于每天都需要出行的人来说，我们还将对其基本的出行行为进行调查，如出行频率、工作地点、通勤基本时间、通勤时一般选择的交通方式、是否需要换乘、换乘时间、通勤平均成本等。由于本书主要还是关注汽车使用这种模式，因此对通勤使用汽车影响较大的因素也进行了调查，如被调查者工作地以及居住地的停车费用、每月的交通补贴(尤其是相关汽车使用的补贴)、是否具有公司汽车的使用权以及是否有其他交通的优惠条件等。之后，我们还将问及关于其家庭的基本情况，尤其是家庭的汽车拥有情况。对于汽车拥有情况，细分为生产商及年限，目前的公里数以及平均油耗水平。通过年限和生产商，我们可以大体推算出每辆车的销售价格，以及其是否是新能源汽车。此外，我们还问及家庭车辆基本的保险费用，从而大体了解汽车的固定成本和平均的出行边际成本。

调查的第二部分则由设定偏好的三个出行试验组成，以构建出行选择行为模型。根据这些问题，被调查者需要在假设的出行情景下考虑现在和汽车共享成为可选后的出行方式。三个试验对应不同的出行目的和出行目的地，被调查者除了需要选择出行的基本方式之外，还需要估算目的地离开家的距离以及出行的基本时间和费用。根据调查所得的各个出行基本特征，本部分调查的主要目的是构建出行选择模型来分析选择汽车共享的可能性以及这种选择所带来的基本能耗和碳排放的变化。在试验开头，我们告诉其基本场景，然后根据已知信息被调查者在现有模式的情况下选择出行方式，并同时给出出行时间和费用，以及预期的目的地停留时间。然后，我们需要被调查者回答其是否愿意选择价位合理的汽车共享，如果汽车共享成为可能且被调查者已加入会员。不同的汽车共享小时单价被列出，从 20～50 元不等，被调查者根据不同的价位选择“绝对参加”“非常愿意”“基本会”“可能不会”“绝对不会”等态度选项。从综合数据可以得到不同人群对不同价位的偏好差异，从而为我们制定汽车共享的合理单价提供依据。最后，根据不同模式计算出的时间和费用来构建出行选择模型，由于 3 次试验产生 3 组数据，那么 450 份问卷则有 1 350 组数据，符合出行选择 Logit 模型的样本量。3 组场景分别设置如下：

（1）出行至浦东机场接送。浦东机场距市中心 60 km，而汽车共享被认为在机场接送方面具有较大的市场。根据前文对汽车共享和出租车的价格分析可知，假设接送时在机场停留1 h，往返各 1 h，那么该距离的汽车共享在价格上将具有很大的竞争性，且往返距离越长，费用越低。本场景设置的主要目的是探索人们选择汽车共享用于出行距离较长但时间较短的私人出行，尤其是机场接送时的使用倾向。

（2）出行购买日常所需。这一场景的设置目的是探寻汽车共享是否适合日常购物、接送孩子与老人等需求。日常生活用品和食物的购置虽然不同于接送孩子、老人，但其频发性和计划性相同，因此可以作为其他出行目的的参考。根据国外的研究，购物是汽车共享使用的主要出行目的。大部分的中国人习惯每天购买新鲜的蔬菜水果和肉制品等，并且一般购置日常用品的出行距离不会超过 8 km。如果是在上海，由于设施完善，可购物的超市和市场布置得较为均匀，那么一般居住在市中心的人不会到外围或者更远的地方去购物，而外围城区的人可以在居住地附近的商业中心购物。但这就带来目的地停车的问题，在商业中心和菜场等地，停车费固然不会很贵，但集中性导致其稀缺性，停车位不足是主要问题。而这一问题在欧美等国恰恰相反，以美国为例，几乎所有的大型超市都配备了足够的免费停车位。本场景的设置目的正是通过调查来研究在这些出行目的以及出行目的地的情况下，汽车共享会有多大的市场，以及与欧美等国的比较。上海市中心是娱乐、消费、购物的集中地，本场景设置的目的也是探寻这些出行目的是否适合汽车共享的开展。汽车共享为人们提供可替代的出行模式，但是停车时间越长收费越高，因此实际的情况是汽车共享并不适合通勤交通使用，而是比较适合零散的短时出行。如上所述，购物是欧美等国汽车共享会员使用汽车共享的主要出行目的，而在我国不同，因此本场景的设定对明确市场具有一定的作用。由于购物等活动是较为弹性的出行需求，因此对价格比较敏感，出行者将对出行的费用和时间较为关注。

(3) 家庭出游至崇明岛。崇明岛距离上海市中心 100 km，是长江口上的重要岛屿，规划为低碳型的生态岛。目前已有隧道贯通崇明岛与上海市区，远期规划有地铁线路连通崇明岛与市区。根据低碳生态岛的规划文本，我们发现未来非本岛居民汽车的使用将受到限制，尤其是非节能型高排放的车辆将受限。换句话说，可以通过轨道交通或者自驾车到达崇明岛，但是假设岛内的游览以及出行不能使用汽车。但是对于我国第三大岛屿来说，崇明岛的出游特别是深度游览如果仅靠公共交通势必难以满足。因此，为崇明岛设置汽车共享，以提供新能源型的机动化出行方式，可以在低碳岛进行试验的同时也为岛屿的未来发展做出一定的贡献。

根据不同被调查人员填入的选项我们能将其转化为可以设计用来描述各种不同交通行为的数据。尽管公交、出租车以及自行车等交通方式的出行时间由被调查者自行估算，这样便会存在偏差，但作为其中一个变量，我们基本可以接受其差值。同时，我们还可以假设自驾车和汽车共享用户的进入时间较出租车长，介于 5～10 min。此外，我们设定自行车的速度为 16 km/h，步行的速度为 5 km/h。通过这些假设，我们不仅可以大大缩减调查的篇幅，而且又能有效地从侧面获得各种模式的出行距离和出行时间。当然，出租车和公交车的价格根据不同的换乘和路况会有所不同，被调查者将估算基本的该种模式的出行价格。而根据汽车共享以及自驾车的基本油耗和行驶距离，我们也可以得出这两种方式的出行价格。

当被调查人员完成问卷的第二部分时，我们会问及他们近期或远期的购车计划以及其是否愿意购买新能源汽车。此外，我们还会根据不同的回答来询问在汽车共享成为可能之后，被调查者是否会因为汽车共享而放弃购车计划(是否愿意放弃购车计划，以及是否愿意加入汽车共享)。等收集到足够的数据，我们可以通过 BIOGEME 1.8 等分析和计算软件来计算这些变量相应的参数以及 T 检验的置信区间，从而进一步为后期的政策和市场规模分析打下基础。

3.2.2　样本量的确定

根据调查的手段和目的，其样本量的确定主要依赖于离散选择模型对基本样本量的要求。严格来讲，样本量的确定过程应选择应变量较少的那一类，然后将该数值除以 10，这就是模型中可以分析的自变量数。例如有 100 条记录，其中选择加入汽车共享的有 70 条，30 条为不选择汽车共享，则模型中可分析的自变量数为 30/10＝3。然而，目前我们希望分析的自变量较多，甚至超过 10 个，而调查到的样本量较少，如此可以通过减少部分选项的自变量因素来控制，原则上如果有 16 个自变量，至少需要 160 个样本，预估可以收集到的样本量为 280 个左右，实际取得 271 个有效样本，因此基本符合样本量的要求。当然想要做到精确预测，则需要通过 Logit 的标定来精简自变量。

3.2.3　调查的实际开展及调查片区的选择

本书中构建模型所需的数据均由针对上海市民中潜在用户市场的调查得到。本次调查的是以街边问询式的调查为主。由于汽车共享主要针对有能力买车，但是可能没有车，或者有第二辆车需求但是可能停车不便等问题造成机动化需求暂时被抑制的人群，因此可以采用选点的形式来进行调查。初步确定如下小区：

(1) 浦东联洋社区一块，民生路，罗山路交界。100 份问卷。

联洋社区位于中心城内环线浦东段以内区域，具备较好的规划基础，停车位及公共设施配备齐全。由于本区域内小区单价较高，因此可以认为小区内居民家庭收入较高。该社区分布类似于国外规划，居住在此社区的居民中外籍人士占比较高，且设计之初多采用西方建筑社区的风格，配置的公交线路较少，居民对小汽车出行的依赖性较高。社区内居民家庭的总体收入水平也与国外普通家庭收入持平，因此可以与国外的数据进行一定程度的对比。

(2) 虹口山阴路社区一块，鲁迅公园西南，巴黎春天以北，100 份问卷。

山阴路片区位于中心城核心区域，拥有较好的轨道交通配套设施，片区内公共交通发达，但由于其内部居住密度较高，故停车位较为紧张。片区内小区层次分布不均，因此收入水平各有差异。本地区地价较高，但大多为二十世纪一二十年代兴建的民宅，因此人均家庭使用面积较小，综合考量后可以认为其居民平均收入为中等水平。由于地处市中心，购车后使用的便利程度不高，且需要在拥挤狭小的空间中寻找相应的停车位，停车压力较大。本案例可作为中心老城区的典型样本。

(3) 长宁虹桥 2 号线沿线，100 份问卷。

天山虹桥片区位于中环线沿线地区，轨道交通穿行而过，公交较为发达，且该片区与虹桥机场及综合枢纽的距离为 10 km，因此既接近于该枢纽又没有因为枢纽带来的集中效应而造成交通拥堵隐患与噪声等影响。该片区价位较高，因此可以认为其居民收入总体处于中高层次，且停车位配备较为齐全，接近户均 1.0 个车位，但小区居民进入中心城开车较难，相比发达的轨道和公共交通，可以预计进入中心城的客流更倾向于选择公共交通，但这部分居民的收入又足以满足其购车需求，因此会存在购车、养车成本过高但使用效率不高的可能性。该社区较为典型，因此可与山阴路片区和联洋社区形成对比。

3.2.4 调查的基本流程

调查的方法为问询式，调查过程中调查人员先表明身份，出示证件，递交调查手册询问被调查者是否愿意接受调查，是非营利性质，且受到国家自然科学基金资助的一项调研，每份调查问卷会给予一份小礼物以表谢意。对于愿意参与调查的被调查者，在调查人员的指示下简单阅读和了解一下关于汽车共享的费率、基本的订车与用车流程、优缺点等知识，然后以调查人员询问的方式回答，或者由调查人员简单提示每一道题的内容后，被调查者自行回答。之后，回收调查问卷及告知函，给予被调者答谢小礼物，写上问卷编号，并记录地址。

3.2.5 其他说明

在问卷调查的过程中我们对被调查人员的年龄有意进行了挑选，选取 30～50 岁年龄段为主要被调查人员的年龄范围，是因为本调查中所涉及的购车等行为均为家庭行为，而有意控制年龄是试图将样本选取在具有家庭决定权的人群范围内。整个调查于 2010 年 10 月 30 日和 11 月 6 日两天进行，这两天均为周六。预期样本数量为 300 份，实收样本 280 份，其中有效问卷 271 份。

3.3　家庭经济条件影响权重分析

3.3.1　家庭收入

收入水平是衡量一个家庭经济承受能力的最主要指标之一。图 3-5 展示了样本的年收入分布情况。总体上年收入在 5 万～7 万元，这之前呈增长趋势，之后缓慢下降。从收入的基本情况来看，有车者收入少于 4 万元的比例为零，而超过 10 万元后达到高峰，在 15 万～30 万元达到峰顶。从有购车需求的样本收入分布来看，4 万～7 万元的购车需求递增，超过 7 万后维持在一个较为稳定的水平，并至 30 万元后下降至低点。相对购车需求，有汽车共享加入意愿者的比例在收入水平 5 万～7 万元明显超过平均水平，而当大于 30 万元时明显低于平均水平，总体来说汽车共享加入意愿强烈的人群收入相对较低。

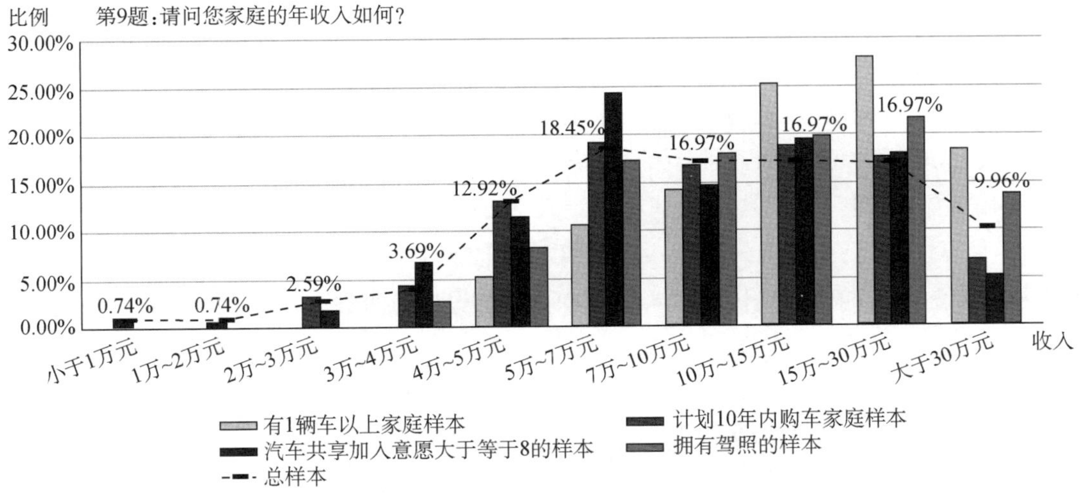

图 3-5　收入分布情况

家庭年收入是影响购车的最主要原因之一。要推广汽车共享，最佳地点是新建的城市区域，且在人们尚未形成既定的出行模式之前。如果用户已经购置了汽车，则很难吸引其加入汽车共享。参与汽车共享意味着接受了多模式出行的生活方式，而这点在欧美等汽车交通普及的地区推广起来具有一定的阻力，但这却恰恰是我国的优势所在。通过对家庭年收入和家庭车辆拥有情况的综合考查可以基本确定未来购车的需求。如图 3-6 所示，年收入从 4 万～5 万元之后，家庭购车的数量开始增加，此后有车者的比例也不断增加，在 30 万元以上达到顶峰。30 万元以上收入者中无车的仅为 1 人，因此在可以预见的将来，若不对汽车总量进行控制，随着收入增加，我国的汽车保有量将会持续增长。此外，家庭对于第二辆车的需求也从年收入 7 万元开始增长，可见收入增长后家庭对于第二辆车的需求也同样在增加，这部分闲置的车辆同样也会造成不同程度的浪费和能源消耗。

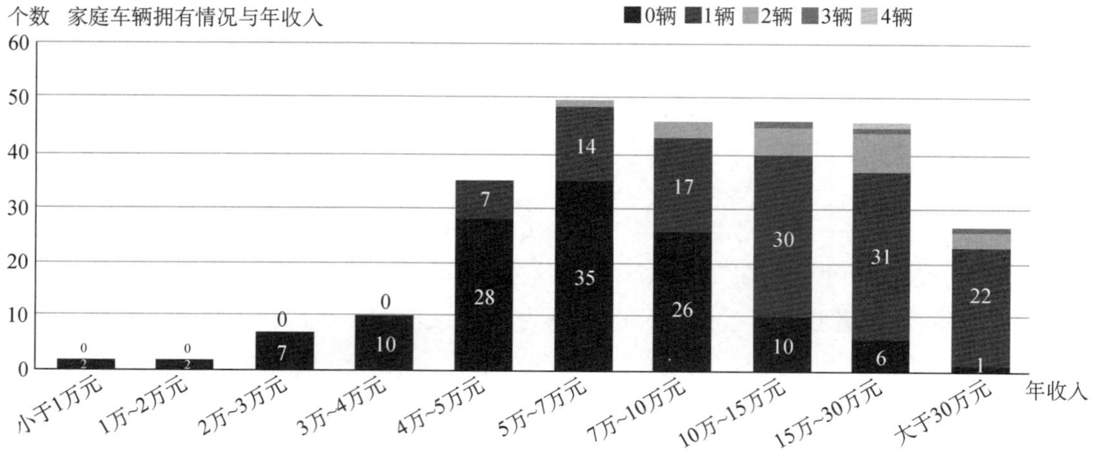

图 3-6 家庭车辆拥有情况与年收入

根据 2020 年中国统计年鉴的数据，2019 年我国约有 2.54 亿辆民用汽车，人均民用汽车拥有量达 18.125 辆/百人，这一数字相比美国的 70～90 辆/百人、欧洲部分国家的 100 辆/百人来说还比较低，从人均来看，我国的汽车拥有量还处于发展的初步阶段，但由于我国人口基数大，车辆的每年销售量已位居世界首位。另外，从与人均居民可支配收入的比较来看，人均民用汽车拥有量与其比值基本稳定在 3.41～8.24，且 2015—2019 年，比值均值为 5.72，比值区间稳定在 5.39～5.90，且呈逐年增长的态势，也就是说人均居民汽车拥有量相比人均可支配收入的增长更快。表 3-2 为中国人均民用汽车拥有量及人均居民收入变化。

表 3-2 中国人均民用汽车拥有量及人均居民收入变化

年份	民用汽车拥有量/万辆	总人口/亿人	人均民用汽车拥有量/(辆·百人)	人均居民可支配收入/万元	人均民用汽车拥有量/人均居民可支配收入
1978	136	9.63	0.14	0.02	8.24
1980	178	9.87	0.18	0.02	7.33
1985	321	10.59	0.30	0.05	6.33
1990	551	11.43	0.48	0.09	5.33
1995	1 040	12.11	0.86	0.24	3.63
2000	1 609	12.67	1.27	0.37	3.41
2005	3 160	13.08	2.42	0.64	3.78
2006	3 697	13.14	2.81	0.72	3.89
2007	4 358	13.21	3.30	0.86	3.84
2008	5 100	13.28	3.84	1.00	3.86
2009	6 281	13.35	4.71	1.10	4.29
2010	7 802	13.41	5.82	1.25	4.65
2011	9 356	13.47	6.94	1.46	4.77
2012	10 933	13.54	8.07	1.65	4.89

（续表）

年份	民用汽车拥有量/万辆	总人口/亿人	人均民用汽车拥有量/（辆·百人）	人均居民可支配收入/万元	人均民用汽车拥有量/人均居民可支配收入
2013	12 670	13.61	9.31	1.83	5.08
2014	14 598	13.68	10.67	2.02	5.29
2015	16 284	13.75	11.85	2.20	5.39
2016	18 575	13.83	13.43	2.38	5.64
2017	20 907	13.90	15.04	2.60	5.79
2018	23 231	13.95	16.65	2.82	5.90
2019	25 376	14.00	18.13	3.07	5.90

汽车大量进入家庭导致石油消耗增长，使得我国的能源结构和对外来石油的依存度大大提高，能源安全问题突出。如果我国家庭汽车拥有量按照美国的方式增长，那么石油价格问题将使得用车成本大大增加。根据美国能源信息署（U. S. Energy Information Administration，EIA）的报告，美国家庭年均车行驶里程 1.6 万 mile（1 mile＝1 609.344 m），如果按照每百英里 16 L 油（每百公里油耗 10 L）计算，3.8 美元/gal（1 gal≈3.8 L）即1 美元/L 价格计算，每年每辆车的用油成本为 16 640 元[16 000（mile）×16（L/mile）×1（美元/L）＝2 560 美元，按 1 美元≈6.5 元计]。

从图 3-7 可见，收入低于 2 万元者对汽车共享的加入意愿并不强烈，而在收入超过 2 万元以后，兴趣指数增加，但比例并无特别大的变化，而在收入超过 7 万元后出现另一个拐点，加入汽车共享的热情逐渐消散，并呈现无规律变化。

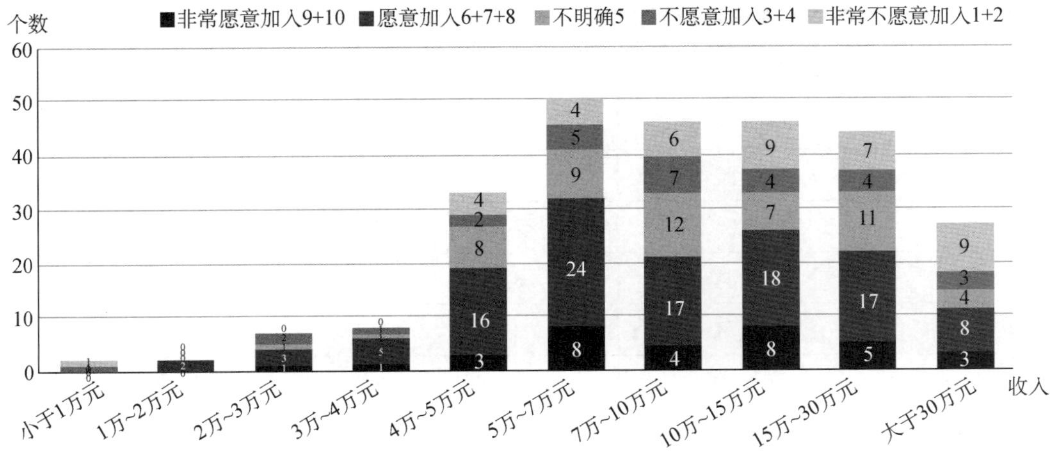

图 3-7　不同经济收入的汽车共享加入意愿

3.3.2　家庭车辆拥有量

从图 3-8 中，我们可以看到有购车计划的样本中无车者的比例较高，接近 52%。值得注意的是，约 42%有购车计划家庭来自已拥有 1 辆车的家庭。有意愿加入汽车共享的样本特征与此类似。相对来说，车辆拥有与驾驶经验的关联性较强，有驾照但家中无车的比例为28%，是平均水平的一半，而有1辆车以上的比例均高于平均水平且接近1/2。

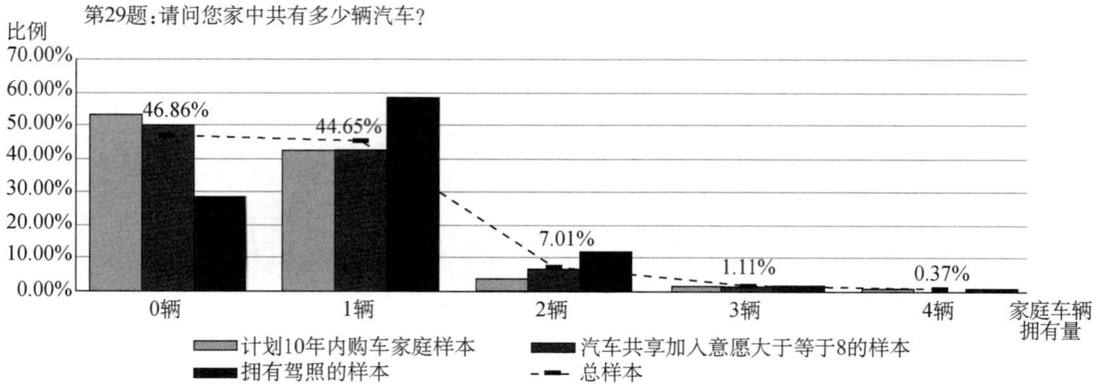

图 3-8 家庭车辆拥有情况

从全球各个都市区的发展经验来看，交通的低碳化水平总是与用地混合利用、居住地的公交便利程度、更少的汽车拥有量和使用以及低碳化的城市和交通政策相关的。然而，北京、上海、广州等大城市的汽车出行比例已从1990年的1%增长至2019年的近20%，且不同城市均出现了一系列交通拥堵、停车、能耗环境等问题。特别是浙江、北京、江苏、山东、宁夏、内蒙古、河北、广东等省/区/市的人均民用汽车拥有量超过20辆/百人。山东、广东的民用汽车总量超过2 000万辆，江苏、浙江、河北、河南的民用汽车总量超过1 500万辆。表1-3为2019年中国各省/区/市民用汽车拥有量及人均民用汽车拥有量。

表 1-3 2019年中国各省/区/市民用汽车拥有量及人均民用汽车拥有量

地区	民用汽车拥有量/万辆	总人口/万人	人均民用汽车拥有量/(辆·百人$^{-1}$)
北京	590.32	2 154	27.406
天津	308.88	1 562	19.775
河北	1 647.85	7 592	21.705
山西	710.55	3 729	19.055
内蒙古	576.74	2 540	22.706
辽宁	861.09	4 352	19.786
吉林	451.11	2 691	16.764
黑龙江	516.11	3 751	13.759
上海	413.82	2 428	17.044
江苏	1 912.66	8 070	23.701
浙江	1 661.27	5 850	28.398
安徽	907.83	6 366	14.261

（续表）

地区	民用汽车拥有量/万辆	总人口/万人	人均民用汽车拥有量/(辆·百人$^{-1}$)
福建	680.33	3 973	17.124
江西	601.21	4 666	12.885
山东	2 333.73	10 070	23.175
河南	1 612.09	9 640	16.723
湖北	861.06	5 927	14.528
湖南	870.59	6 918	12.584
广东	2 326.38	11 521	20.193
广西	673.94	4 960	13.588
海南	137.24	945	14.523
重庆	461.60	3 124	14.776
四川	1 196.95	8 375	14.292
贵州	532.15	3 623	14.688
云南	742.09	4 858	15.276
西藏	55.88	351	15.920
陕西	675.96	3 876	17.440
甘肃	343.30	2 647	12.969
青海	119.61	608	19.673
宁夏	157.91	695	22.721
新疆	436.13	2 523	17.286

注：数据来源于 2020 年中国统计年鉴，不含港澳台地区。

从图 3-9 可以看出，已有两辆车的家庭，其购车需求较已有 1 辆车和无车者弱，其中无购车计划的比例超过 60%。1/3 的有车家庭并无购车计划，另外 1/3 的有车家庭有 3 年内的购车

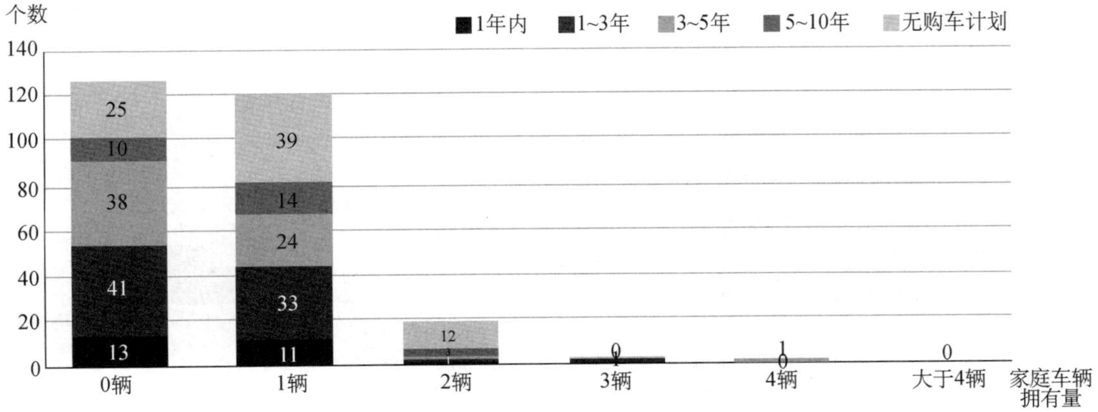

图 3-9　不同家庭车辆拥有量下的购车计划

需求。这部分需求若不加以控制，未来汽车拥有量将呈非良性增长。无车家庭中有 3 年内购车需求的比例超过 40%，而无购车需求的仅为 1/5，说明无车家庭的购车欲望依然是最高的，汽车共享本身是一种汽车拥有的替代模式，因此有购车计划且无车的群体是其最主要的受众。

从图 3-10 中可以看出，无车家庭的汽车共享加入意愿较其他情况强烈，随着家庭中车辆拥有量的增加，其加入汽车共享的意愿逐渐下降并呈现离散性。

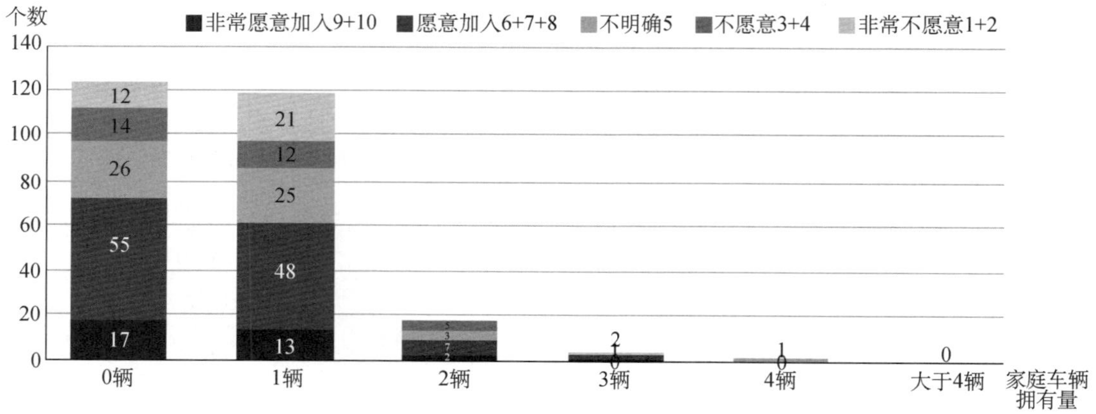

图 3-10 不同家庭车辆拥有量下的汽车共享加入意愿

3.3.3 家庭房屋拥有情况

从图 3-11 可见，家庭购房后对购车的需求会有所增加，家庭自付贷款且付清者的拥有车比例较高。家庭有车但仍然租赁的比例较低，仅 10%左右。相对的贷款购房者的购车需求较加入汽车共享的需求弱。相对来说，有车家庭的收入水平总体较高，而有三年以上驾龄者的收入水平又较有购车计划者的高。假设购入价值 10 万元的车辆，牌照费 3 万元，税费 1 万元，故基本的花费为 14 万元，如果计算银行利率，假设使用年限为 10 年，那每年的折旧费约为 1.6 万元，如果再加上保养保险维护等费用，基本的固定支出为 2 万元，实际的支出将超过 3 万元。因此，家庭月收入 4 000 元以上应该是购车的主体，且在家庭解决住房问题之后，超过 4 000 元月收入的家庭的购车需求将大大增加。但实际上，尽管月收入超过 4 000

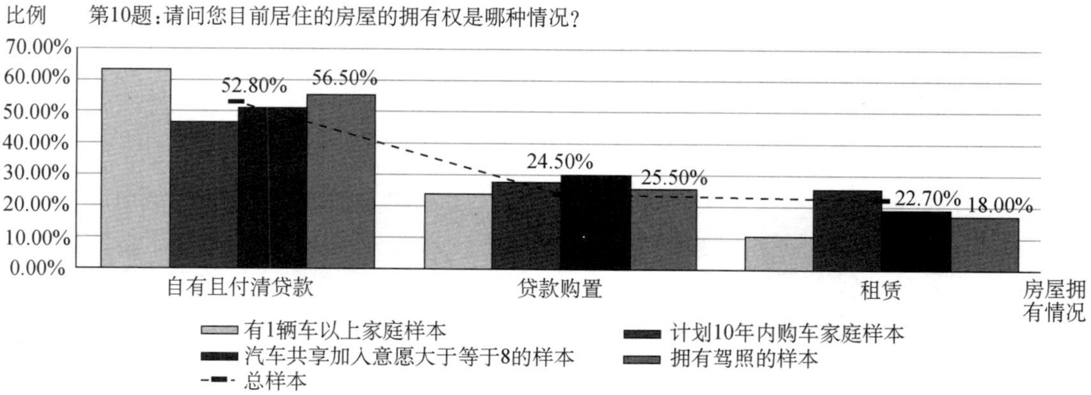

图 3-11 不同家庭购房情况

元，但汽车支出占家庭收入的比例仍然较高，因此这部分既有购车欲望又对用车的实际费用较为敏感的家庭可以作为汽车共享的主要用户群。

从图 3-12 来看，购房状况与其车拥有状况存在互补性，假设 1 年内有购车计划为实际性的购车需求，自有房屋者和贷款购房者购车的需求较租赁者大。但从整体分布来看，贷款购房者以及租赁者的购车需求相近，并大于自有且付清贷款者。

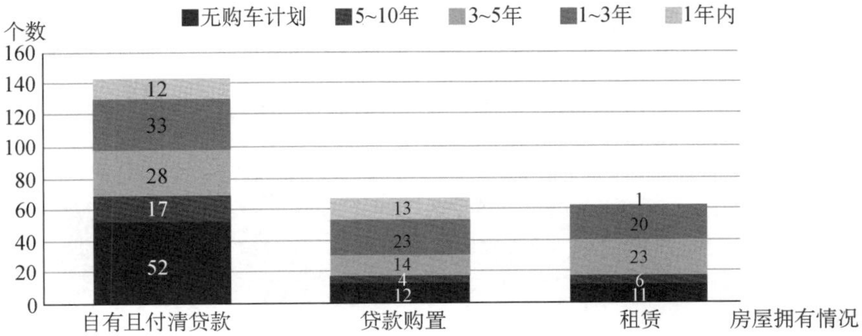

图 3-12　不同房屋拥有情况下的购车计划

3.3.4　家庭成员及个人驾驶经验

从图 3-13 不同驾驶经验与拥有车辆数量之间的关系可以看出，驾驶经验对拥有车的影响较大。尚未有计划参加驾照考试的人拥有车的比例较低，但也有 16 个被调查者家中有车，这部分被调查者可能是家中年长的成员或无须出行者。正在驾校参加培训以及那些 5 年内有驾照考试计划的人中车辆拥有比也非常低，计划 1 年内考驾照的人群中仅有 10 个人家中拥有车辆。相比之下，拥有驾照之后有车者的比例上升，有 6～10 年驾驶经验的样本数共有 49 例，其中 40 例家中有车，在这之中 6 例家中有 2 辆车，2 例家中有 3 辆车。家庭购置第二辆车的需求自有驾照后 1 年开始增长，并在驾驶经验达到 6 年后开始出现家庭想要第三辆车的需求，拥有 10 年以上驾龄后开始出现家庭计划购置第四辆车的想法。

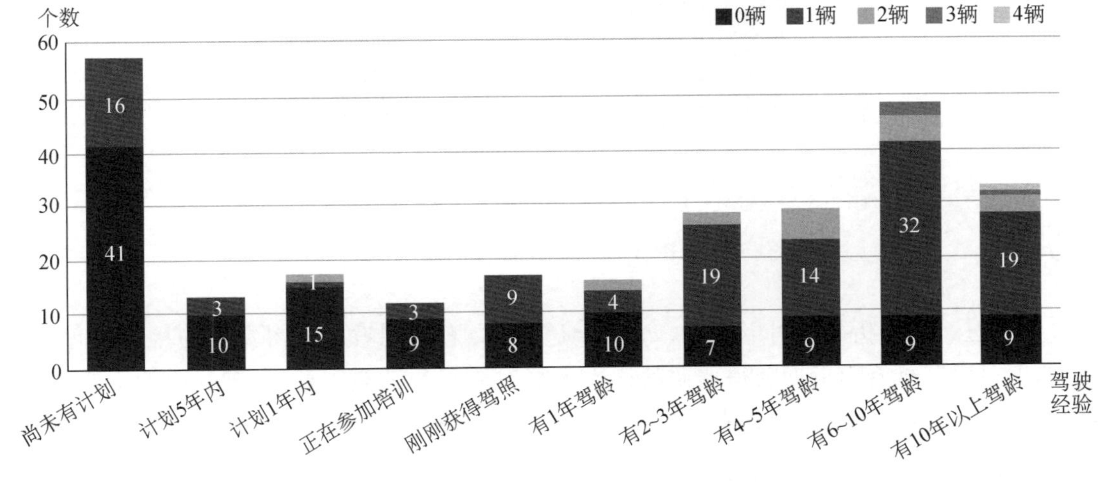

图 3-13　不同驾驶经验与拥有车辆数量的关系

从图 3-14 可以看出不同的驾驶经验对购车计划的影响。尚未有计划考驾照者的购车计划较弱，无购车计划的比例超过 40%。而有驾照考试计划但驾驶经验不超过 1 年的人，购车计划的比例远远高于无购车计划的比例，说明在准备考驾照以及驾驶经验较为薄弱时，购车的欲望是非常强烈的，但由于经济能力不够或驾驶经验不足，使得其购车的可能性下降。第三个阶段为有 2 年以上驾驶经验者，这部分人群实际拥有车的比例随驾驶经验的不断积累而逐步上升，但有车后购车比例明显下降，不过出现了一个特例即拥有 6～10 年驾龄者的购车欲望一度有上升的趋势，这部分人群的第二辆车购车需求增长说明汽车折旧等原因也导致购车欲望上升。

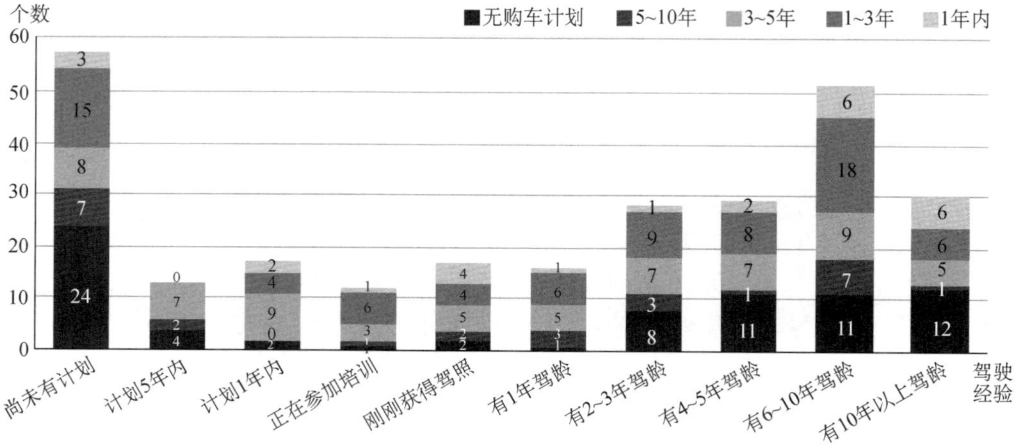

图 3-14　不同驾驶经验者的购车计划

综合考察第 2 次调查的个人驾照拥有情况，从图 3-15 中可以看出，家庭有车对是否有驾照影响较大，而有购车计划者中拥有驾照的仅有 60%，这部分人群虽然计划购车，但可能对汽车驾驶并不熟悉。同样地，对汽车共享有兴趣的人群中也有近 45%没有驾照。

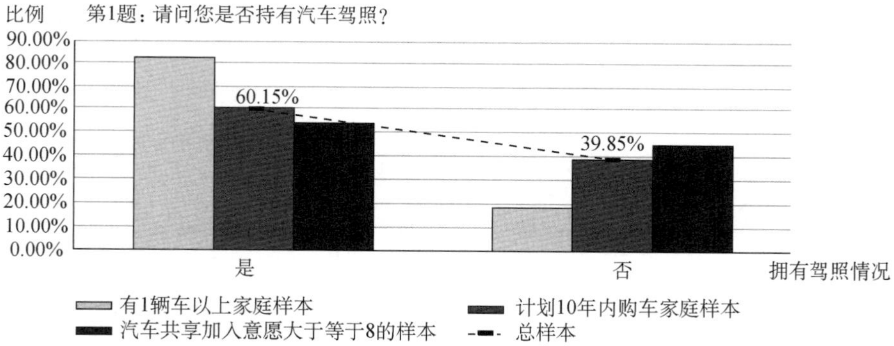

图 3-15　拥有驾照情况

通过进一步分析我们可以看到，如图 3-16 所示，有驾照者中获得驾照的年限分布较为均匀，但可以基本看出近期获得驾照的样本人群对购车的欲望较高，有车的比例则较低，特别是近两年考驾照的人家庭拥有车辆的比例低于一般水平的一半，而这一比例在驾照持有后三年开始接近总体比例，说明驾照拥有后 3 年内购车的可能性较大。

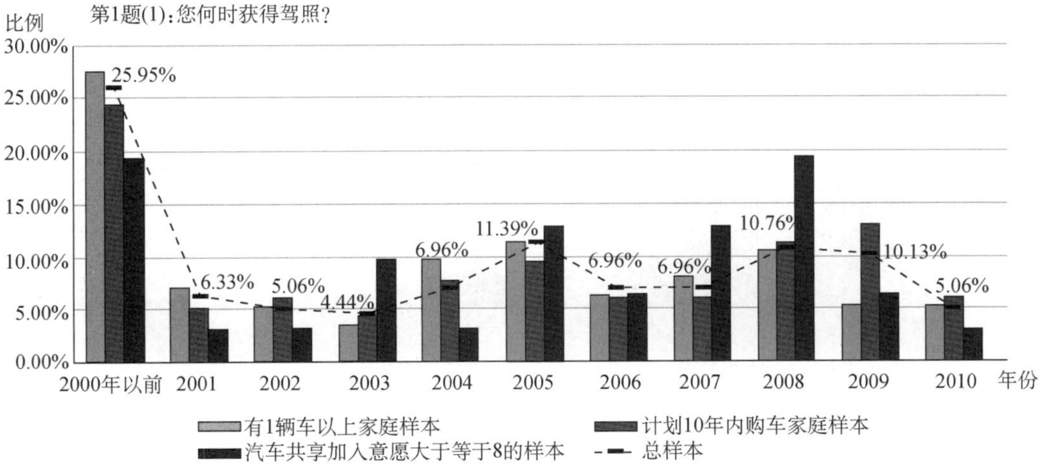

图 3-16　驾照持有年限

从图 3-17 中可以看出家庭有车者对报考驾照的需求各不相同，有车但无计划参加考试者的比例较高，主要是在家的老人。而有兴趣参加汽车共享的人里有 50%没有计划参加驾照考试。

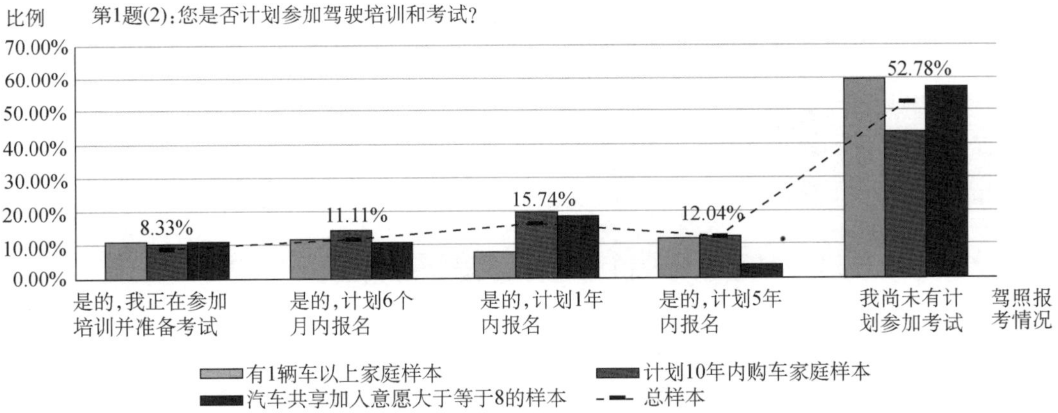

图 3-17　驾照报考计划

如图 3-18 所示，除了自身持有驾照外，对汽车共享使用倾向有影响的还包括家庭持有驾照的人数。本部分的数据表明，相比平均水平，拥有 1 辆车以上的家庭的持驾照人数超过 2 人的比例高于平均水平。此外，我们通过分析还可以得知，家庭购车后会使得其他成员的驾照持有比例上升，因此驾照数量和购车之间存在一定的联系。这部分拥有驾照但没有车开的人群应该是汽车共享发展的主要市场。

从图 3-19 中可以看出，不同家庭持照人数对购车计划的影响。总体来说，持照人数越多，家庭有购车计划的比例就越高。从计划购车的时间来看，当持照人数为 1～3 人时，购车的时间要求随有照人数的增加而递减，即持照人数超过 1 人后受家庭车拥有影响其 3 年内购车需求开始下降。此外，家庭中没有人持有驾照的，其购车计划也与总体相近，但基本可以确定这部分需求是硬性的第一辆车需求。

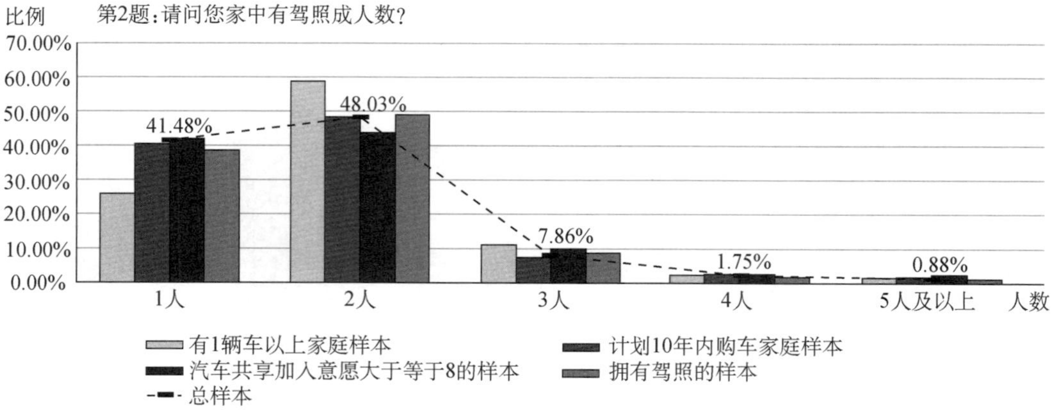

图 3-18　家庭持驾照的人数

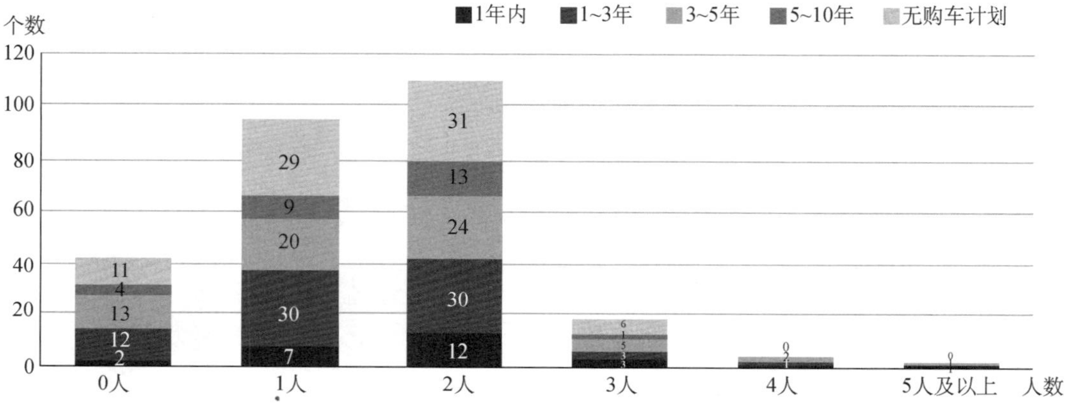

图 3-19　不同家庭持照人数下的购车计划

从图 3-20 不同家庭持照人数对应的汽车共享加入意愿来看，无驾照持有人的家庭对于汽车共享的加入意愿最强，这部分需求的强烈说明正在准备驾照考试者对使用汽车的潜在欲望。随着驾照持有人的数量增加，兴趣指数下降。

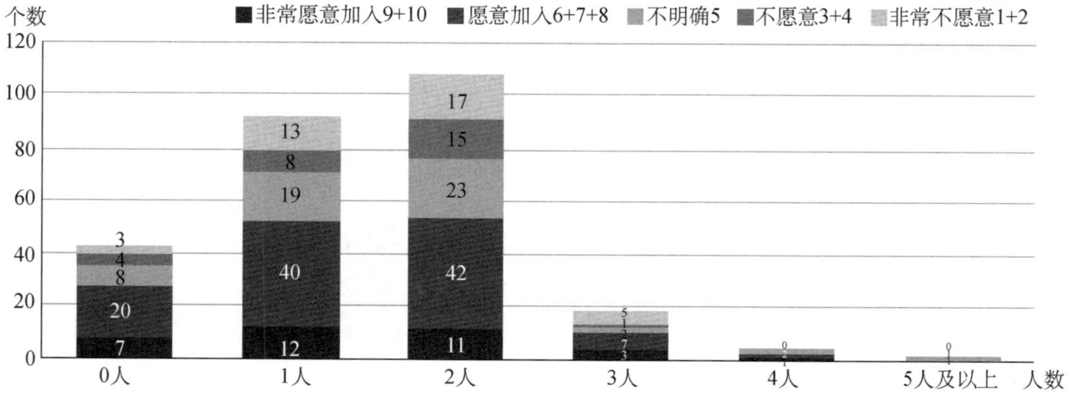

图 3-20　不同家庭持照人数情况下的汽车共享加入意愿

3.4　相关费用影响权重分析

3.4.1　已有汽车的使用费

图 3-21 是第 1 次调查中对于有三年以上驾龄且家中有车样本的月油费及开支调查。调查显示 39%的人认为其每月为车支出的费用小于 1 000 元，32%的人认为该费用为 1 000～1 500 元，另外选择 1 500～2 000 元的比例为 15%，2 000 元以上的比例为 14%。汽油费用则与行驶的距离有关，若以 0.5 元/km 计算，月行驶公里数超过 2 000 km 的被调查者占 13%，1 600～2 000 km 的为 17%，1 200～1 600 km 的为 27%。油费相对于使用费更为直观和准确，若以每月油费加其他费用共 2 500 元计算，假设汽车共享每小时计费 30 元，外加20 km（1 元/km），那么若放弃买车，则每月可使用 50 h 共享汽车，外加 1 000 km 的行驶里程。

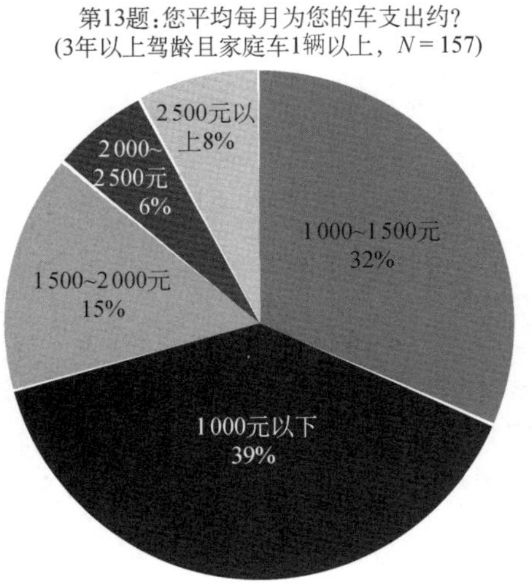

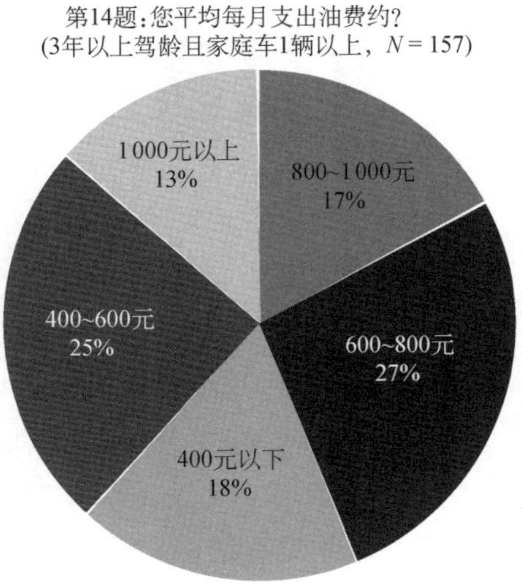

图 3-21　有车且有 3 年驾龄的样本每月油费及其他开支情况

从图 3-22 每辆汽车的实际年支出来看，主要的费用分布集中在 3 万～4 万元。实际支出可通过 10 年报废假设的年折旧成本以及油费保养费等开支综合后得出。从图 3-22 可以看出，超过 3 万元实际支出的比例超过 70%，仅有约 11%的比例少于 2 万元，而一个家庭的收入若少于 2 万元则很难支付这部分养车成本。

第 2 次调查中，我们为了对家庭购车情况做更加详细的分析，特别加入了购车价格因素以明确固定成本，加入型号品牌等以明确其油耗，加入了第 1 次调查时预计出行距离和费用以明确其养护和使用的成本。图 3-23 所示为有车家庭购车成本的基本情况，有继续购车计划者所选车辆在 13 万～14 万元之间有一个高峰，并在中高端车（车价超过 21 万元以上）的购置需求上呈现旺盛趋势。相对地，有汽车共享加入意愿的家庭购车成本集中在 21 万元以下。

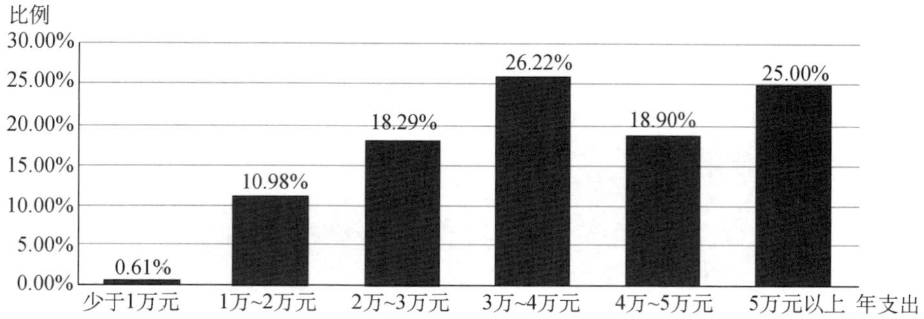

图 3-22 每辆汽车的年实际支出情况(第 2 次调查数据)

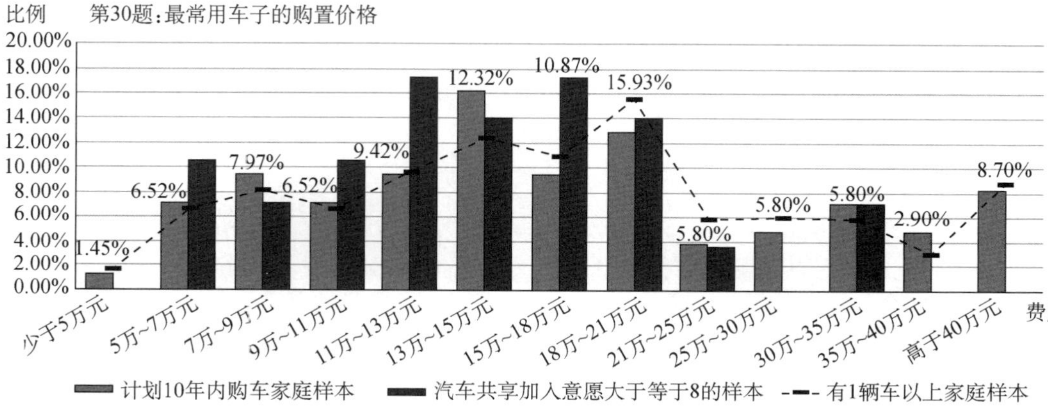

图 3-23 有车家庭购车成本情况

从图 3-24 中对行驶里程的预估结果可以看出,有购车需求的家庭成员的行驶里程分布情况与总体水平相近,并在较少和较多两极超过平均水平,说明价格对其购车的影响要大于行驶里程。换句话说,继续购车的需求来自收入的增长,而非必须。此外,有汽车共享加入意愿者的行驶里程也没有特别突出的特征,但总体上呈现两级增长的趋势,即有购车计划又有加入汽车共享意愿家庭的用车集中在短程或需要更多出行选择。样本中共有 144 名被调查人员家中有车,其中平均单车年出行的距离为 14 500 km。

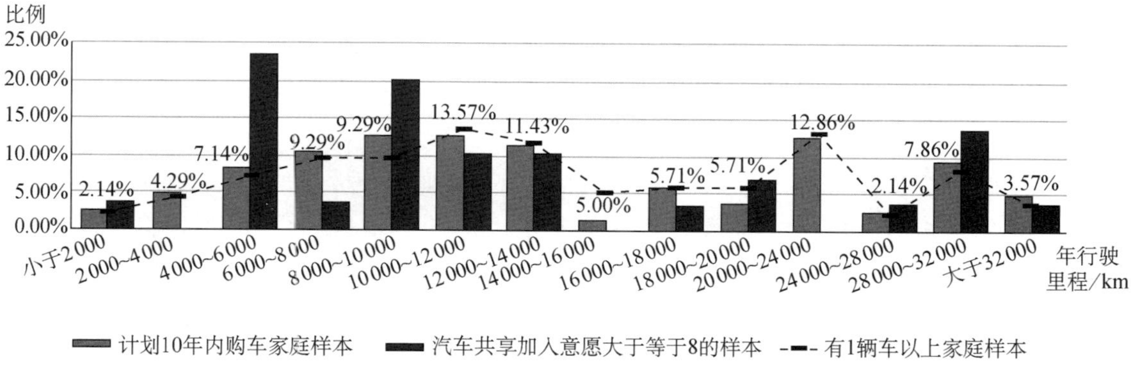

图 3-24 年行驶里程预估情况

结合第 1 次调查数据可以看出，实际有车但每月行驶 1 200 km 以下的比例为 43%，而相应的年行驶距离为 14 400 km，每年的有车家庭养车花费平均为 3 万元，而这 3 万元若能用于汽车共享，则可以使用 600 h，外加 12 000 km，而其他时间可以使用公共交通或步行等方式，既增加了机动性又能通过更加理性的汽车出行减少实际的养车费用。若以每天平均使用车辆时间为 2 h 来计算，那么一年汽车共享的使用时间和公里数接近 3 万元用车成本，而如果将每天用车的时间减少到每周末 3 h 外加平时 4 h，那么每年的用车成本将减至 1.5 万元。

这部分的用户若转移到汽车共享，对个人来说是经济的，也是汽车共享有可能转移的用户群。当然，购车之后的成本并非如此计算，且因为汽车共享而废弃现有车辆的计算又不同于此，购置二手车的用户也不能如此计算，因此考虑其折减可以预期近 30%的转移比例。若无车但有购车计划，或有车也有再购车计划的这部分用户能认识到养车的实际成本，则可以转移未来 30%的购车需求。

3.4.2　计划购置汽车的使用费

从图 3-25 的基本曲线来看，家中已经有车的购车价格在低端车上要显著小于平均水平，相对的超过 15 万元车辆中的比例显著高于一般水平，一方面说明已有车辆的家庭其收入相对较高，另一方面其对购车的整体费用有一个较为明确的认识(一般上海购置车后包括牌照的费用超过 15 万元)。有汽车共享加入意愿者的平均购车水平在 11 万元车价以下层次的比例较高，而由于其他未有购车计划者的数值并不能完全代表意愿，因此有购车计划者的选择意愿较为准确。从有购车计划者的选择情况来看，其购置新车的价格主要集中在 7 万～13 万元，比例达 44%，高于 13 万元后的接受程度随价格上升而下降。购车价格反映了购车者的心态，同时也反映了未来养车需要的费用，从基本的成本曲线可以看出收入之间的差距。

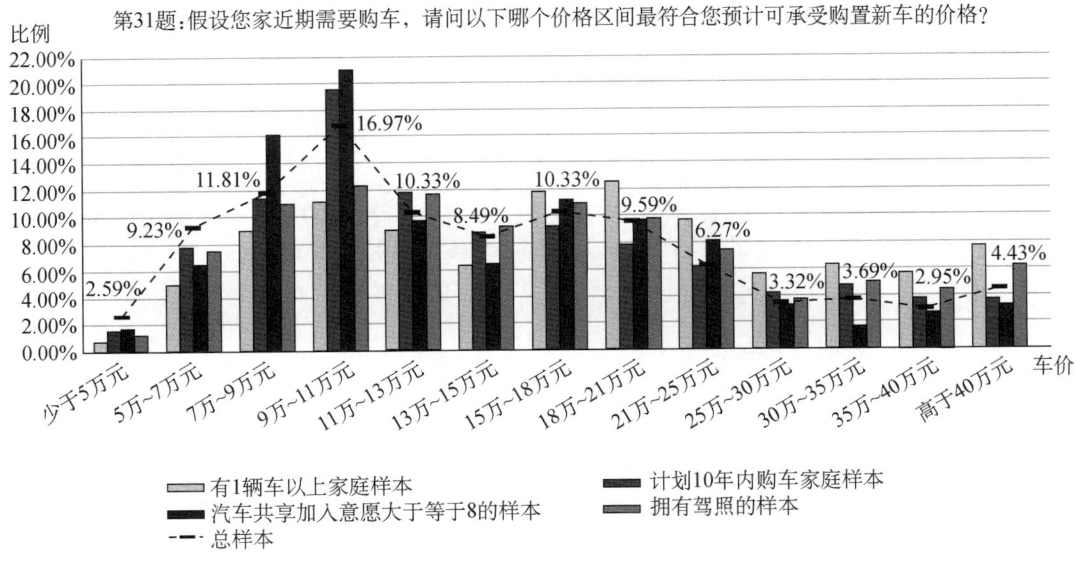

图 3-25　计划购车价格接受度情况

从图 3-26 预计的行驶里程来看，基本集中在 4 000～12 000 km。有车家庭成员的数值高于一般水平，而有购车计划者的平均行驶里程低于一般水平。行驶里程和购买费用是计划决定购车者年花费以及碳排放的重要指标，通过计算可以大体了解计划购车后用户的车辆使用情况，从而间接计算出因汽车共享减少的碳排放和能耗。

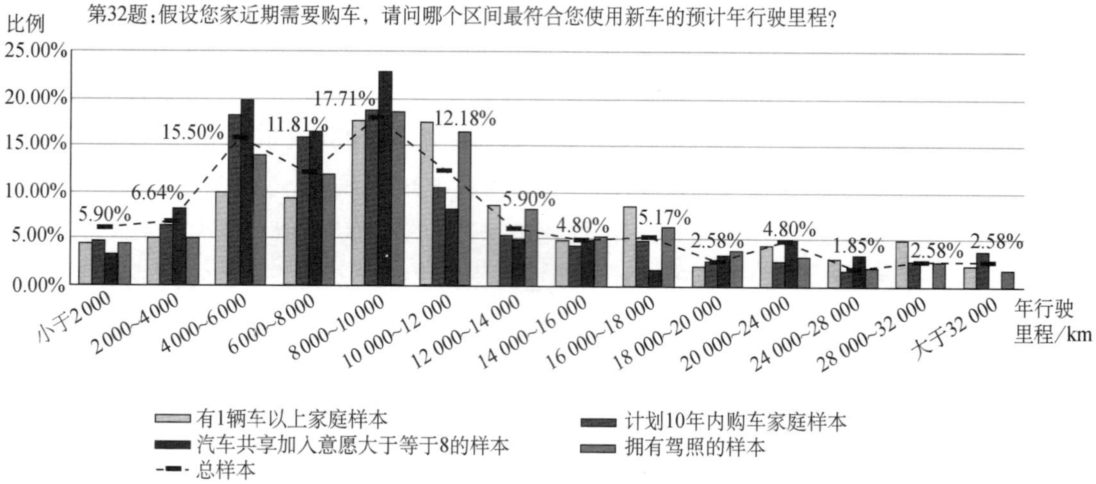

图 3-26 计划购车后的预计行驶里程

从图 3-27 计划购车后主要的用途来看，用于通勤和购物的比例高于其他水平，意愿加入汽车共享者的通勤需求较高，而有购车计划者的通勤与购物双重需求均较高。一般认为，通勤用途的使用率较高，但是从上海目前的停车状况来看，要想在工作地点周边找到合适的停车位是较为困难的。

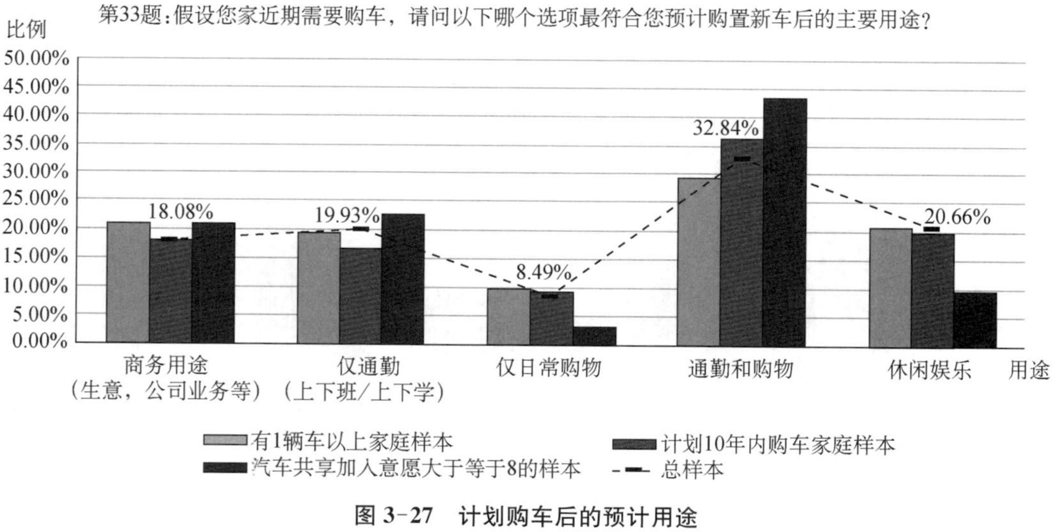

图 3-27 计划购车后的预计用途

根据 2020 年北京交通发展报告，2018 年北京综合出行时间指数（高峰时段交通综合出行指数）达 4.25 min/km，而道路交通指数（高峰时段平均道路交通指数）持平，拥堵时间（平均拥堵持续时间)却从 2017 年的 2 h 40 min,上升为 3 h 5 min。同时,根据 2020 年上海市综合交通发展报告,上海市目前共有机动车 444 万辆,如果按照标准的停车位面积13.25 m^2/辆(2.5 m×5.3 m/辆)计算,若要让所有机动车能够停放,至少需要 58.83 km^2 的土地,占约 120 km^2 总道路面积的一半。另外,中心城区的总停车位 144 万个,远远无法满足 444 万辆机动车的停车需求。由于购车后,折旧、养护和保险的成本几乎恒定,因此年行驶里程越大,其平均每公里的成本越低,这就使得购车后的诱增出行增加,从而进一步加剧了拥堵的产生。

对工作地点周边停车位的调查结果显示,超过 50%的样本选择在工作地点周边较容易找到停车位,那么根据这部分的比较来看,采用通勤作为主要目的的样本比例也占 50%左右,符合基本的停车情况。

根据图 3-28 对计划购置车辆的车型偏好情况可以看出,购车计划中选择轿车的仍然占大部分。仅有 0.37%选择皮卡,说明货运车辆在日常的购车需求中所占比重较小。小型车的占有量为 13%,且已有车辆的家庭成员对小型车的偏好比例明显小于意愿加入汽车共享的家庭成员。

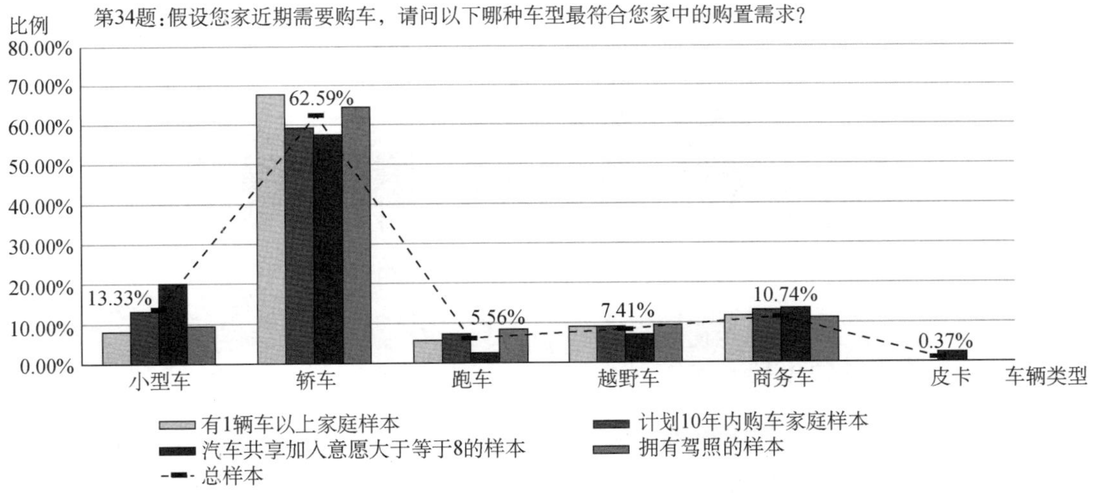

图 3-28　计划购置车辆的车型需求情况

从图 3-29 购车的燃料偏好可以看出,首先选择汽油的仍然占到大比例(约为 67%)。其次为混合动力车,约占 23%,电动汽车约占 8%。从各个样本之间的比较可以看出,有车家庭的混合动力车需求较一般水平高,而电动汽车的购车需求较一般水平低。汽车共享意愿强烈的样本对混合动力车和电动车的需求则都较高。

从图 3-30 可以看出,计划购车的实际花费集中在 2 万~4 万元之间。高于 4 万元的约占 23%,少于 2 万元的约占 22%。从与已有车辆的年实际支出相比,整体费用往低处倾斜。从实际有车者的花费来看,高于 4 万元的比例为 44%,超过计划购车的这一比例 21 个百分点。主要原因有二:一是因为汽车价格不断下降导致整体汽车价格下降,而车价是实际花费的主要部分,因此总体高费用比例下降;二是因为问及计划购车时对未来用度难以准确把握,造成心理和实际的落差,这部分价格的低估包括车价预估落差以及用度的预估落差。

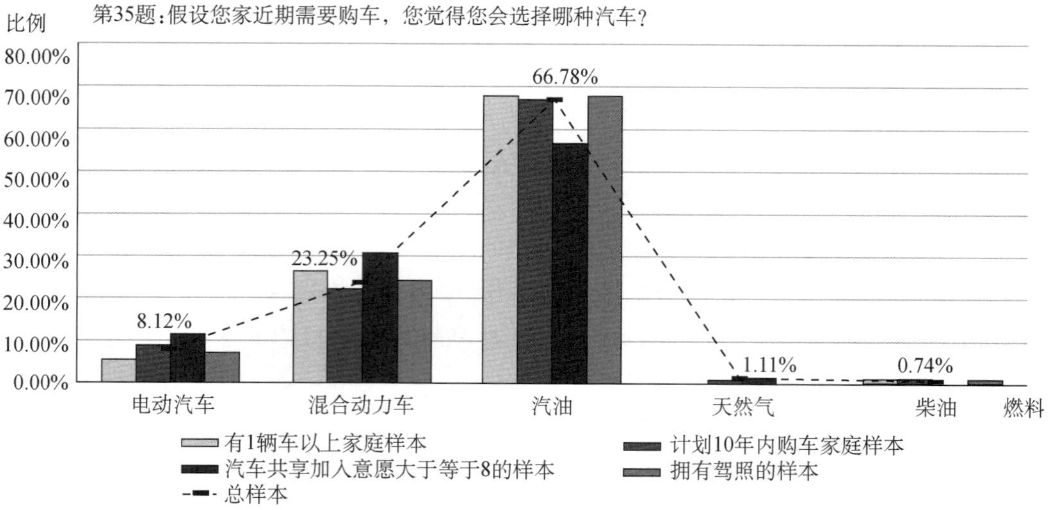

图 3-29　计划购车中的车辆燃料偏好

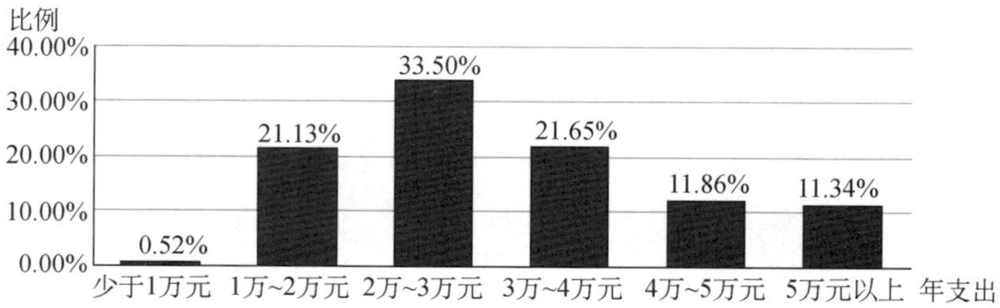

图 3-30　计划购车的年实际支出

3.4.3　汽车共享的使用费

从图 3-31 汽车共享的使用频率可以基本看出对汽车共享的用度，6～7 次/周即经常使用的人约占 8%，4～5 次/周者约占 14%，最多的比例集中在 1～3 次/周，约占 43%。总体来说，有车家庭用共享车的频率要低于一般水平，而有购车需求的家庭对共享车的用车需求较高，说明汽车共享确实替代了一部分的汽车出行需求，起到缓解购车的作用。

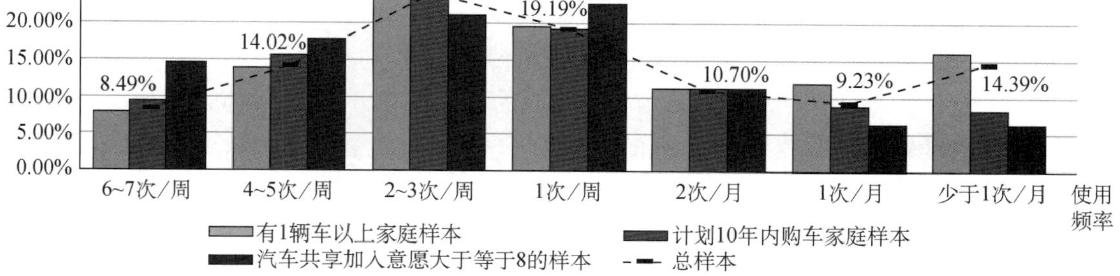

图 3-31　汽车共享的使用频率

从图 3-32 可以看到，大部分的比例集中在 600 km 以下，600 km 以上月行驶里程的比例占整体的 25%左右。从有加入汽车共享欲望的样本选择比例来看，其需求的集中性较高，即短距离（21～50 km）的使用，中等距离（150～600 km）的使用，以及长距离（1 200～1 800 km）的使用。实际情况是短距离的使用倾向最大，但中等距离使用的替代性最强。

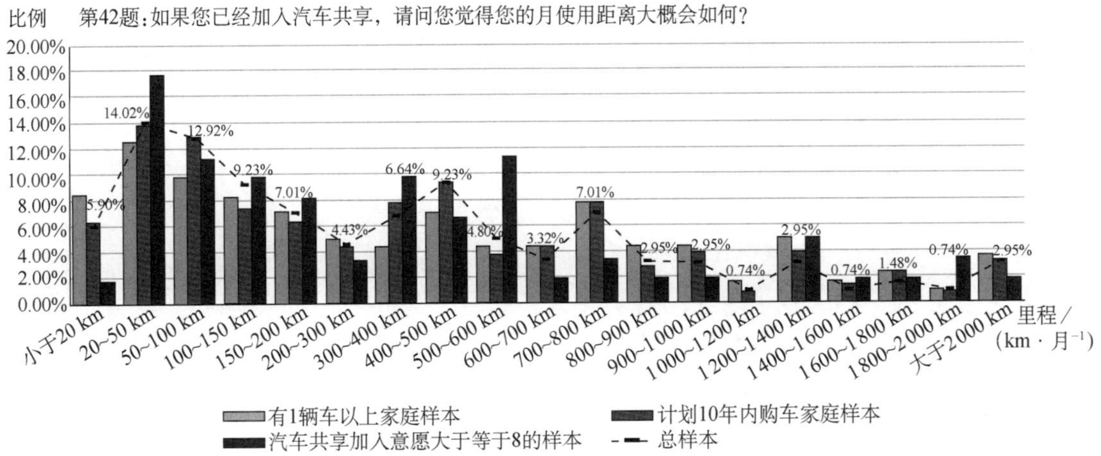

图 3-32　汽车共享的预计行驶里程

从图 3-33 汽车共享的出行目的来看，购物出行比例较低，约占 8.5%，而紧急情况出行的比例较高，说明了用车的离散性，此外周末家庭出游的使用需求也较高。从汽车共享的主要功能来看，周末的使用频率高于平日，而通勤基本不适合使用，接送小孩的需求较低，而单位公司出行、个人业务出行、社交娱乐可以被看作是不定期的用车，其比例约占 35%。因此，可以基本明确汽车共享的主要作用，即保证中频度的平时出行，满足较高频率的周末出游需求，临时性地解决部分紧急出行。从汽车共享的车型选择偏好来看，其中轿车的比例较高，小型车、跑车、越野车的选择偏好比例类似于购车需求，如图 3-34 所示。

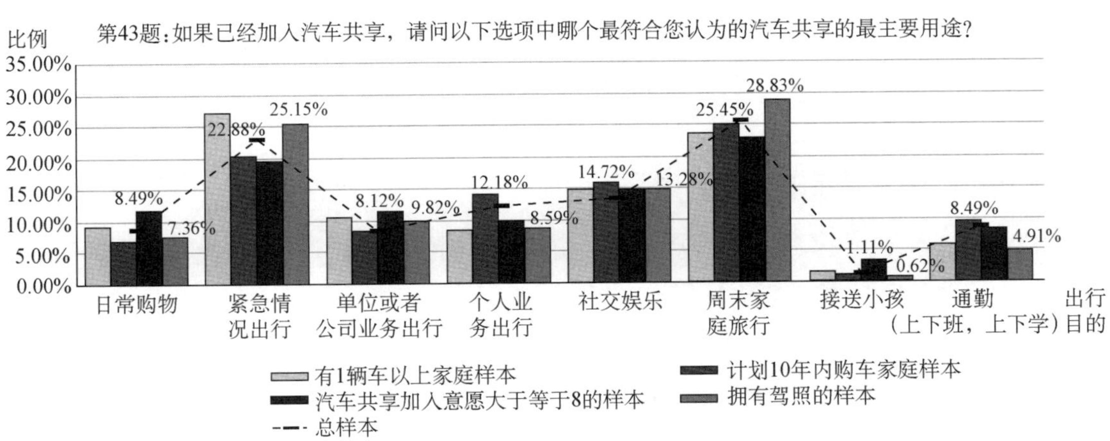

图 3-33　汽车共享的出行目的

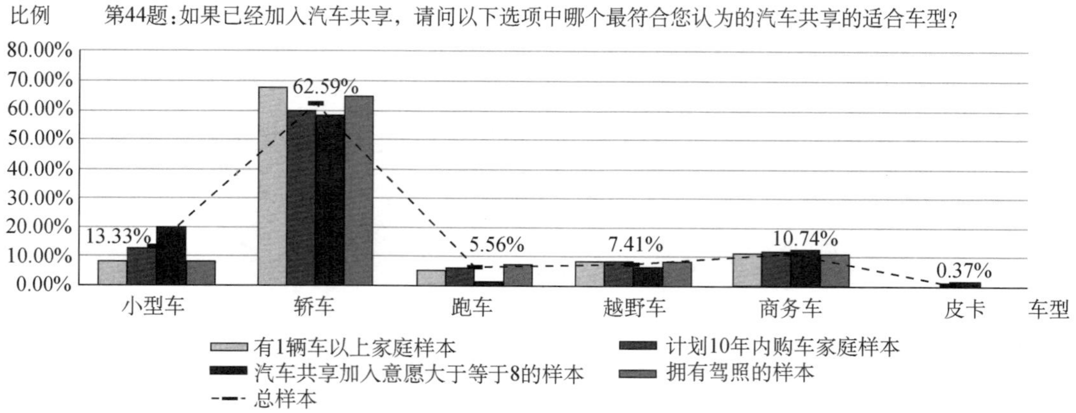

图 3-34　汽车共享的车型意愿

从图 3-35 汽车共享的车辆燃料技术偏好来看，汽油车的比例较高，混合动力汽车和电动汽车的比例次之，几乎没有天然气和柴油的选择。总体趋势类似于购车计划的比例。

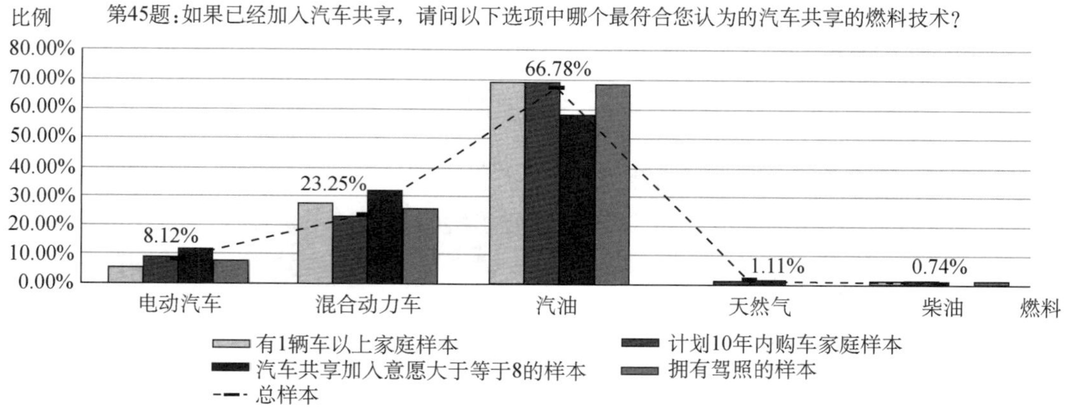

图 3-35　汽车共享的车辆燃料技术偏好

从汽车共享的车型和燃料技术偏好来看，其分布基本接近购车计划的选择偏好，因此可以认为人们对汽车共享的初步认识还是围绕着汽车拥有的替代模式上。

3.5　用车需求影响权重分析

3.5.1　汽车使用频率

从图 3-36 可见，在有车和有驾照的样本中，每周用车 6～7 天的比例较高在 35%以上，相对地，没有机会使用汽车者的购车欲望和汽车共享的加入欲望均较为强烈。此外，有车家庭的用车频率呈现两极分化，即用车频率较高，超过 1 次/周者比例超过 80%，或几乎没有用车频率。

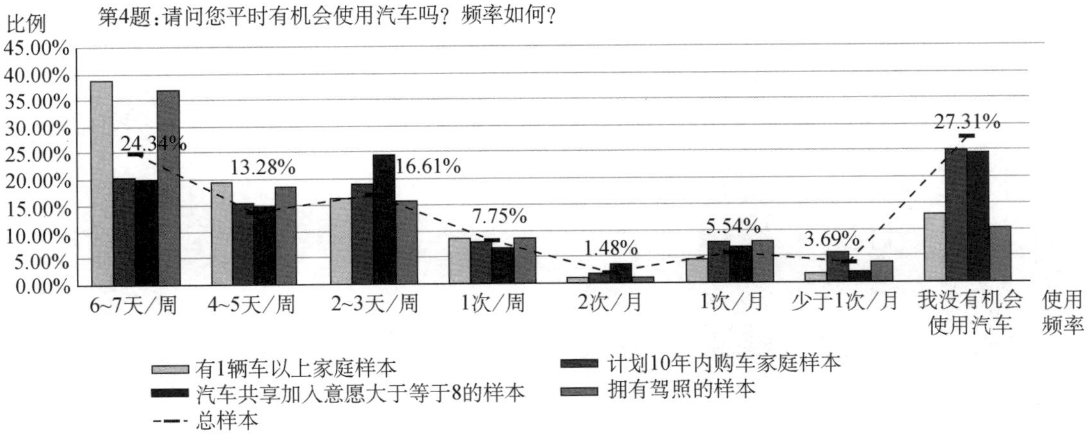

图 3-36　用车频率

从图 3-37 不同汽车使用频率的家庭车辆拥有情况来看，6～7 次/周的使用频率的样本其对应的车辆拥有率高而没有机会用车者的车辆拥有率低，因此购车需求受车辆拥有率大小的影响。用车频率较少者几乎都有购车计划，说明其偶尔会有机会开车，但是并无私家车，因此有强烈的购车欲望。但用车频率超过 1 次/周，这类的影响夹杂了已有车辆的用途，因此很难通过用车频率来判断其是否购车。

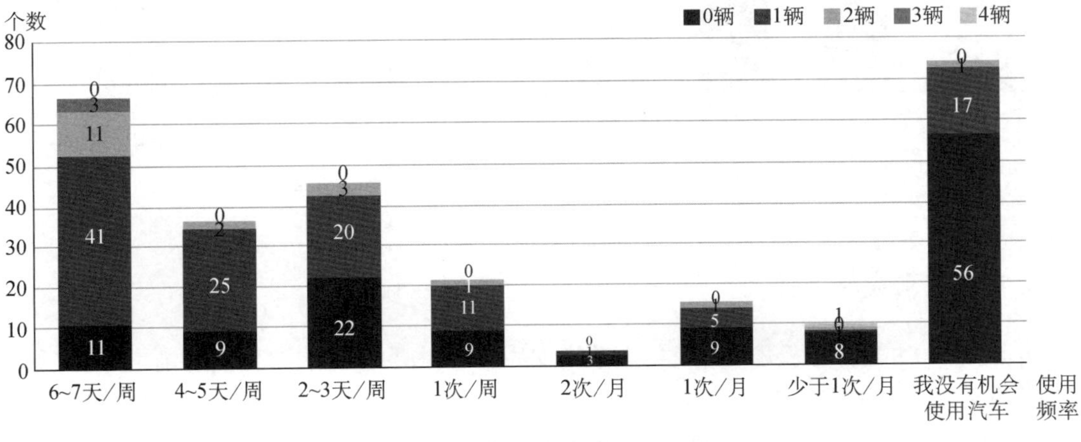

图 3-37　不同汽车使用频率的家庭车辆拥有情况

从图 3-38 可以看出不同汽车使用频率对购车的影响并不明确。没有汽车使用机会的和频繁使用汽车的样本中无购车计划的比重较高，占到近 40%，而其他情况的比重超过 60%。汽车使用机会包括自驾车以及单位用车，如果被调查者的职业本身就是司机还可能会有其他用车途径。但从用车的频率中仍然可以看出，用车越频繁其近期购车的欲望越强烈。

从图 3-39 可见，总体上用车频率越高其加入汽车共享的意愿越弱，每周用车次数少于 3 天之后的频率所表现出的汽车共享加入意愿开始呈上升趋势，并在 1 次/月阶段达到最高比例。汽车共享的中频度使用特点与此类似。此外，目前还没有机会使用汽车的群体中，对汽车共享的加入意愿较为强烈，这一点和购车的计划形成反差。

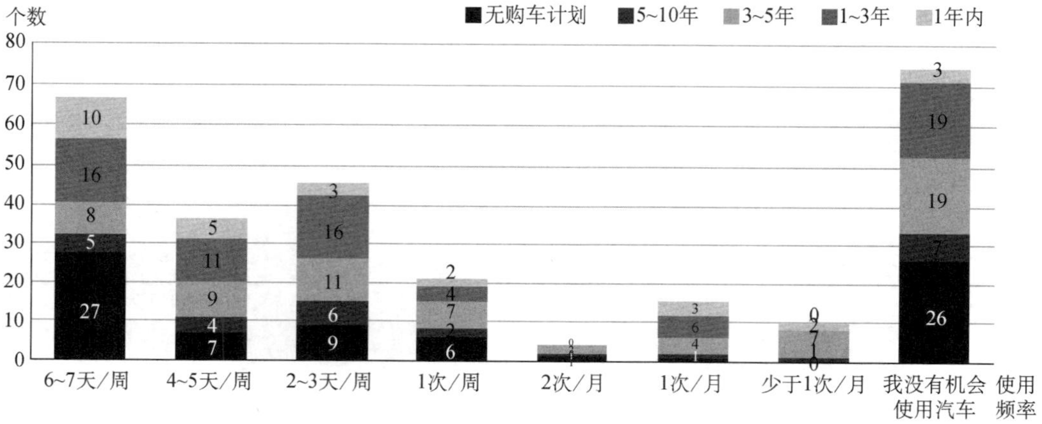

图 3-38 不同汽车使用频率的购车计划

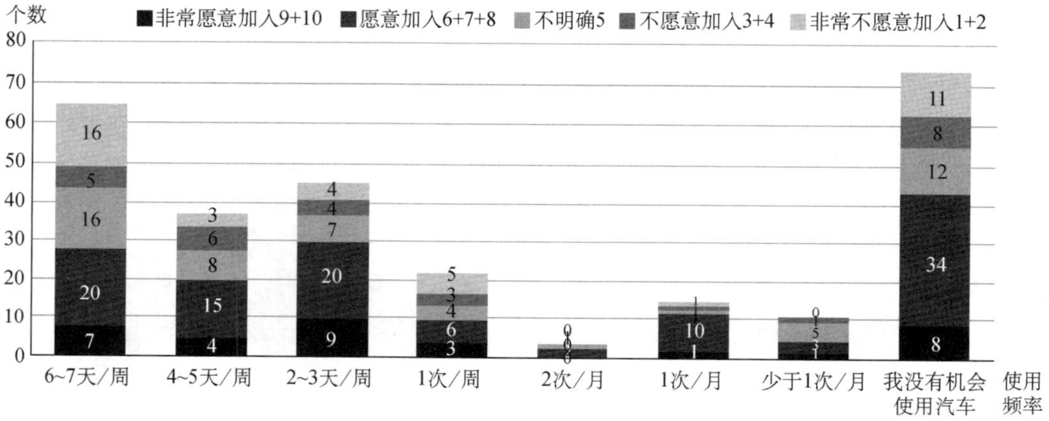

图 3-39 不同汽车使用频率的汽车共享加入意愿

3.5.2 家庭未成年人数

从图 3-40 可见，当家庭中未成年人数增加后，3 年内购车需求的比例逐渐增加，可见家庭中未成年人数对近期购车的影响较大。而当家庭中未成年人数超过 2 人，随着未成年人数的增加，有购车需求的比例是递增的，相对地，家庭中有 1 个未成年人的购车需求较大。此外，当家庭中未成年人数为 0 时，其 1 年内有购车需求比例反而较高，说明新婚夫妇也可能是购车的主要群体，但总体上未成年人数为 0 时无购车计划的比例较高。

从图 3-41 中可以看出，家庭中未成年人数越多，加入汽车共享的意愿变化并不规则。但基本上未成年人数越多，加入汽车共享的意愿反而呈下降趋势，而相比没有未成年人的家庭，有 1 个及以上未成年人的家庭加入汽车共享的意愿相对强烈。

3.5.3 居住地公共交通条件

从国外的经验来看，70%的汽车共享会员来自无车家庭，他们居住在停车位紧张且公交便捷的市中心地区，并非因为没有经济能力负担车辆费用，而是这种临时性的共享模式满足

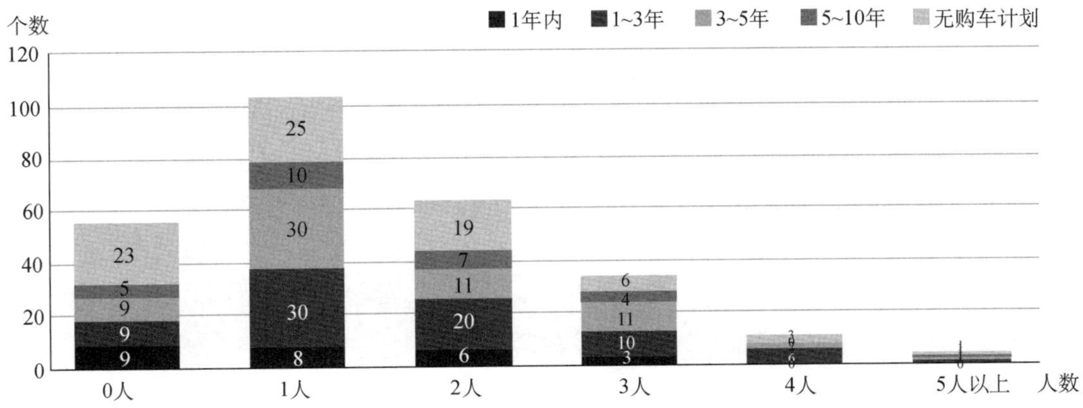

图 3-40　不同家庭未成年人数下的购车计划

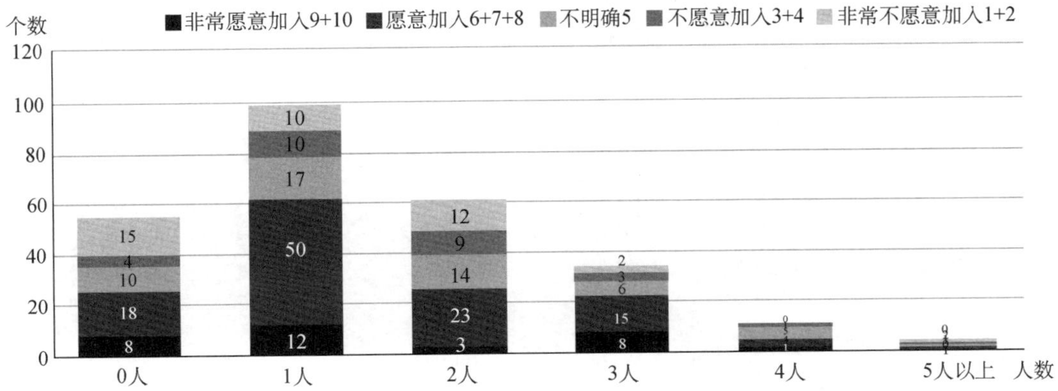

图 3-41　不同家庭未成年人数下的汽车共享加入意愿

了大部分时间使用公共交通出行的会员的交通需求。从图 3-42 可以看出，意愿加入汽车共享的样本中，在距轨道交通 5 min 以内距离的比例低于平均水平。如果把距轨道交通站点超过 21 min 默认为周边无轨道交通的情况，那么从比例来看，有车和有购车计划的家庭，在该选项中的比例低于意愿加入汽车共享和拥有驾照的样本。

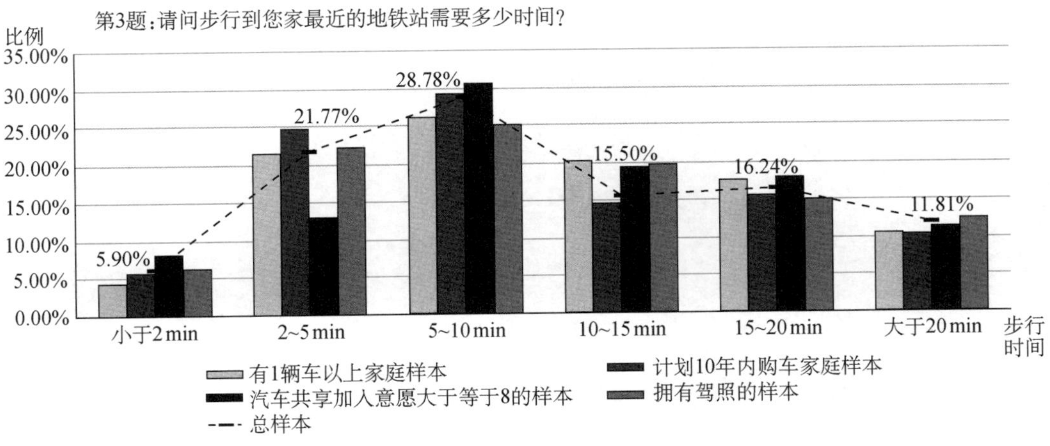

图 3-42　与轨道站点的距离情况

从图 3-43 可以看出，地铁方便程度的不同对购车计划会有影响。少于 2 min 步行时间者的居住区位条件较好，因此其购车需求的强烈程度不高，根据计算购车计划与无购车计划者的比值为 2，而 3～10 min 的购车计划者与无购车计划者的比值接近 3，甚至在 3～5 min 这一区段达到 4。比值越高说明欲望越强烈，而这一比值在 11 min 以后逐渐趋缓，达到 2 这一平均值。本图的意义在于表征了区位条件与购车需求强烈程度之间的关系，尽管 3～10 min 的步行时间对普通居民来说并不是很远，但可以看出距离地铁站越近，其房屋价值越高，居住者的收入就越高，而这进一步表明了构建良好的公共交通的条件并不是很好抑制汽车购置需求的方法，收入才是最主要的购车因素。

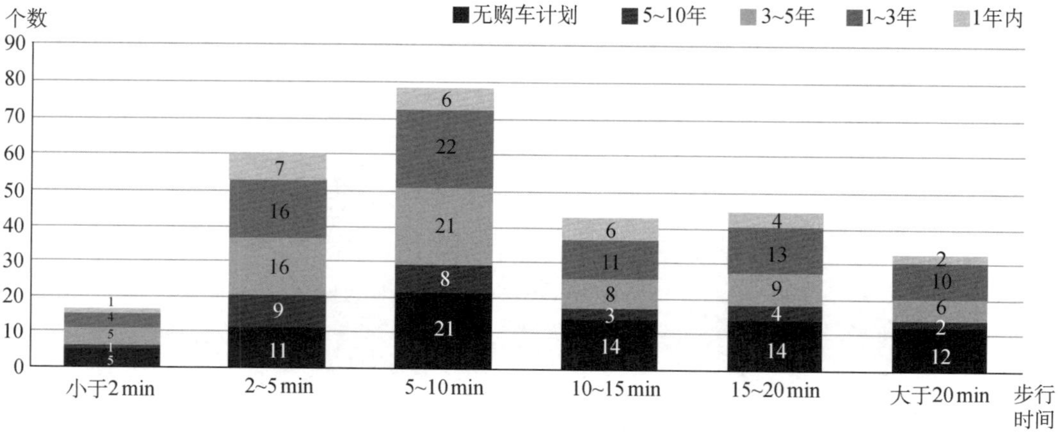

图 3-43　地铁方便程度与购车计划

从图 3-44 可见，居住地距离地铁站步行时间少于 10 min 的样本对汽车共享的加入意愿高于一般水平，但步行距离超过 11 min 后，其愿意加入汽车共享的意愿倾向明显降低。说明距离地铁站越近，其对公交的依赖性越高，而汽车共享本身就是一种与公共交通合作的模式。

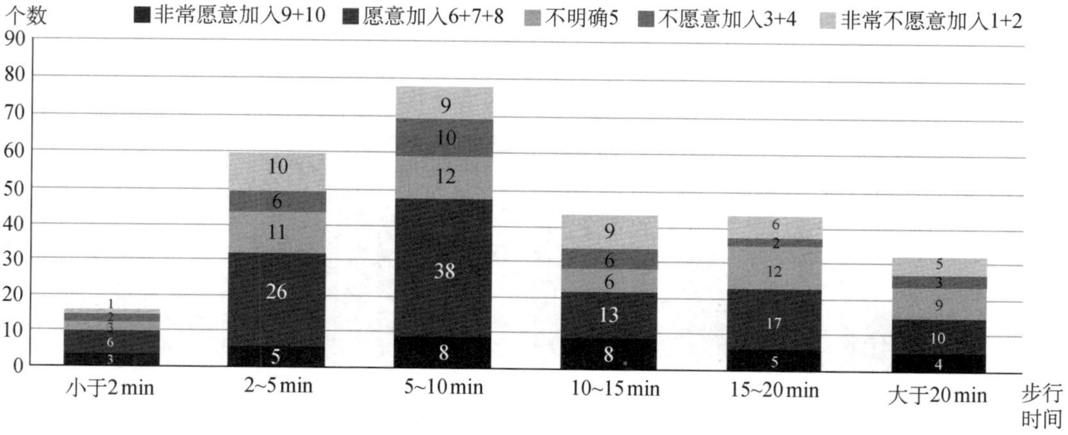

图 3-44　不同地铁方便程度的汽车共享加入意愿

3.6　个人特征影响权重分析

3.6.1　个人环境意识

从图 3-45 可见，约 70％的人同意或完全同意全球变暖已经发生这一事实，而有车家庭的人对此的确信度高于一般水平，不同意的比例仅为一般水平的一半，说明有车家庭对全球变暖的认识较为清晰，这一部分是因为有车家庭一般为高收入家庭，相对受教育程度较高。而在汽车共享加入意愿强烈的样本中对全球变暖持不同意态度的比例高于一般水平，说明加入汽车共享并不是完全因为对环境问题的关注，或者说环保意识不是决定其是否加入汽车共享的主要原因。

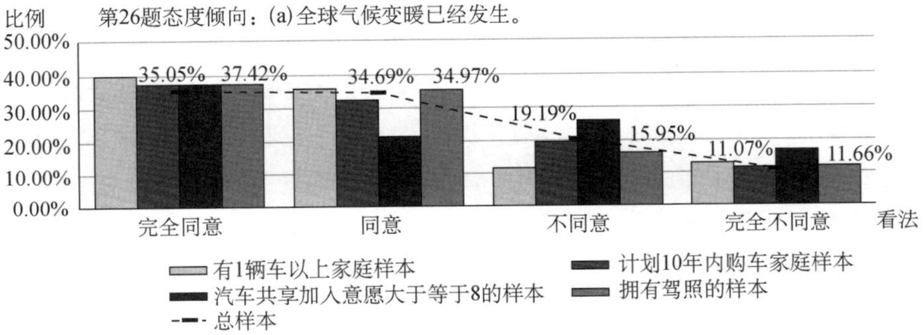

图 3-45　对"全球气候变暖已经发生"的看法

从图 3-46 可以看出，不同意和完全不同意"全球气候变暖是人类造成"这一看法的总量较为接近，但是完全同意这一看法的比例有所下降，可见对该问题持坚持态度的人少于一般水平。有汽车共享加入意愿的人持不同意和完全不同意看法的比例仍然高于一般水平。

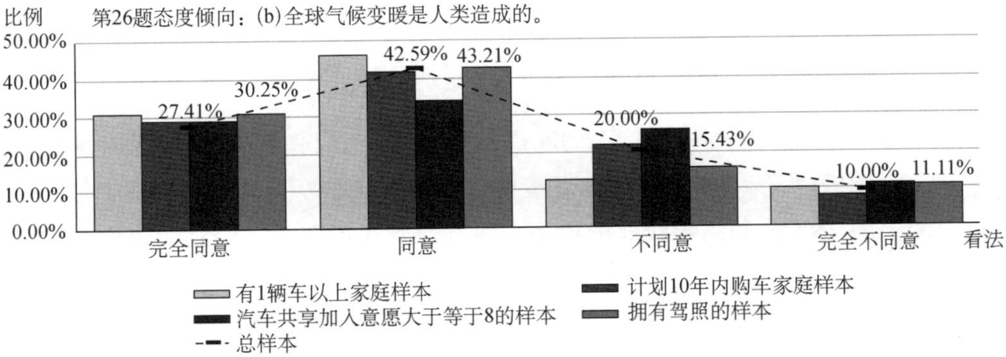

图 3-46　对"全球气候变暖是人类造成"的看法

如图 3-47 所示，有超过 30％的人对"我国政府需承担更大的减缓全球气候变暖的责任"持反对态度，完全同意的比例低于前两种看法。有汽车共享加入意愿的样本对此看法的不同意程度高于一般水平。本题的意义在于将问题更加具体化，以发掘人们的本质态度，应该说从这三个看法的分析表明，可以基本看出能源消耗和碳排放态度并不是影响汽车共享选择意愿的主要原因。

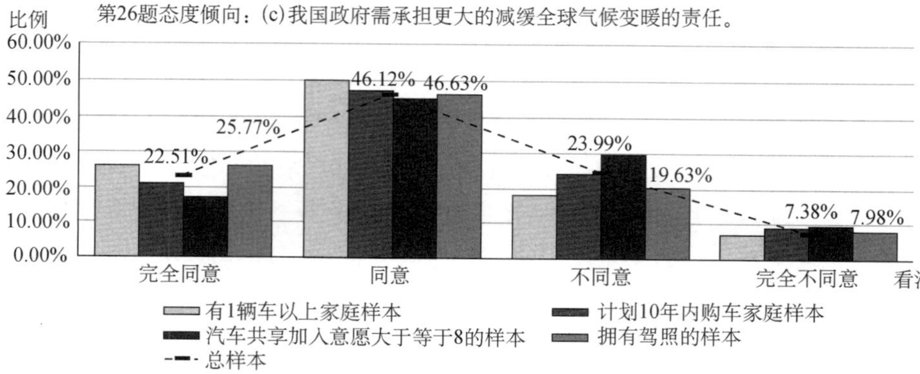

图 3-47　对“我国政府需承担更大的减缓全球气候变暖的责任”的看法

如图 3-48 所示，从本问题的回答情况可见，认为能源危机较为重要的比例高于认为全球变暖较为重要的比例。能源在一定程度上是消费品，而全球变暖实际是外部成本，因此对消费品的敏感程度高于外部成本。本题中汽车共享加入意愿强烈的样本对全球变暖持更正面态度的比例高于一般水平近 6 个百分点。

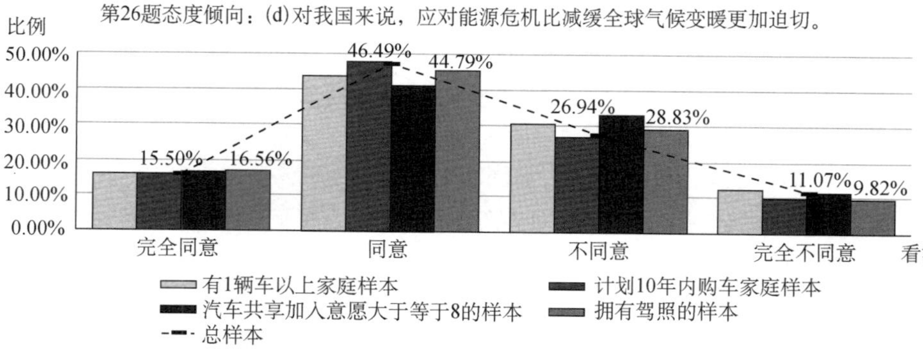

图 3-48　对“对我国来说，应对能源危机比减缓全球变暖更加迫切”的看法

综合各组数据后，我们对上述四个问题进行了横向比较。图 3-49 是能源环境态度意愿的综合，从总体比例来看，认识到全球气候变暖已经发生的态度坚决度高于将责任归咎于人类的比例，也高于将责任归结于政府的比例。而普遍的认识表明人们对能源危机的敏感度明显高于气候变暖。

根据不同环境倾向问题我们给出了基本的环境得分，得分越高说明其越关心环境问题，越倾向于不使用汽车或使用环保车型。得分的规则是：①若选择计划购车和汽车共享时，同时选择对应车型和燃料选项中更倾向于新能源车的，各得一分；②如果愿意加入汽车共享而放弃购车的得一分；③非常赞同目前环境问题严重性的得一分。从以上分析基本可以知道，对汽车共享有较强烈加入意愿者的环境得分会少于一般水平，而相对的有车家庭的环境得分要高于一般水平。

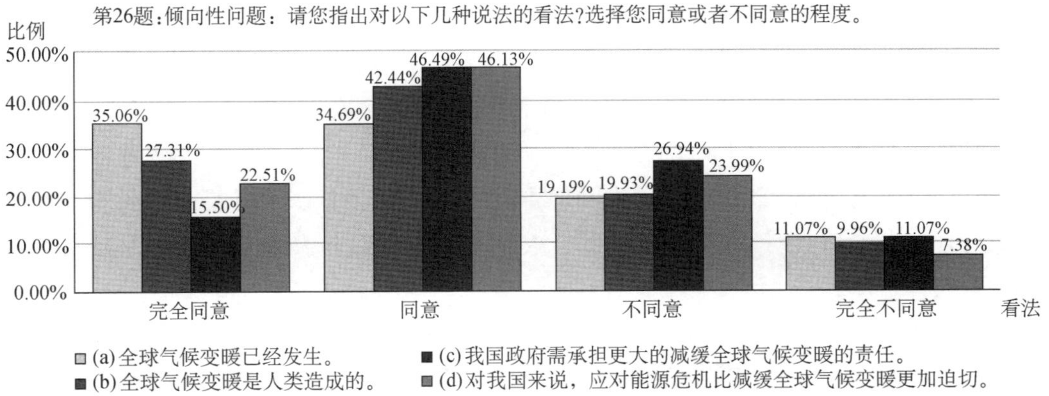

图 3-49　能源环境态度意愿综合

从图 3-50 中可以看出，环境得分越高，其近期购车的需求就越低，相对地，整体购车的需求也较低。当然，从环境的认识角度还难以完全判断购车的需求，但可以基本看出环境意识对汽车购置的影响。

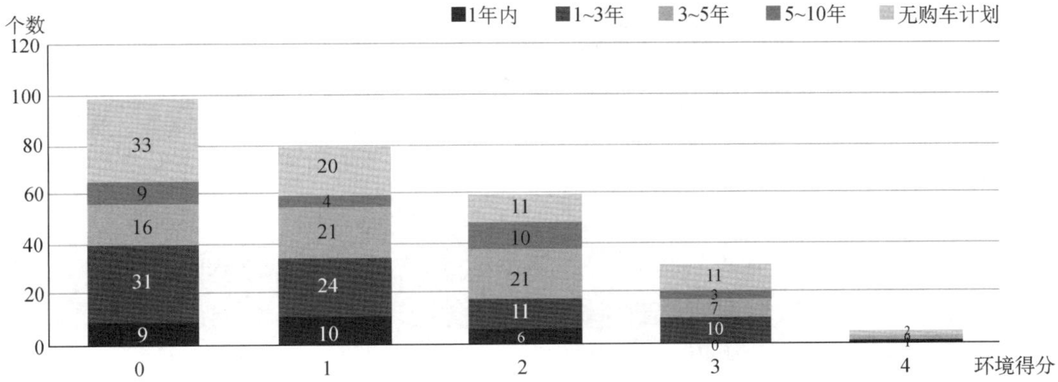

图 3-50　不同环境倾向下的购车计划

从图 3-51 中可以看到，总体上环境得分越高，加入汽车共享的意愿越强烈。但环境得分为 1 的样本对汽车共享的热情处于一般水平。基本的论断和之前的分析相符。

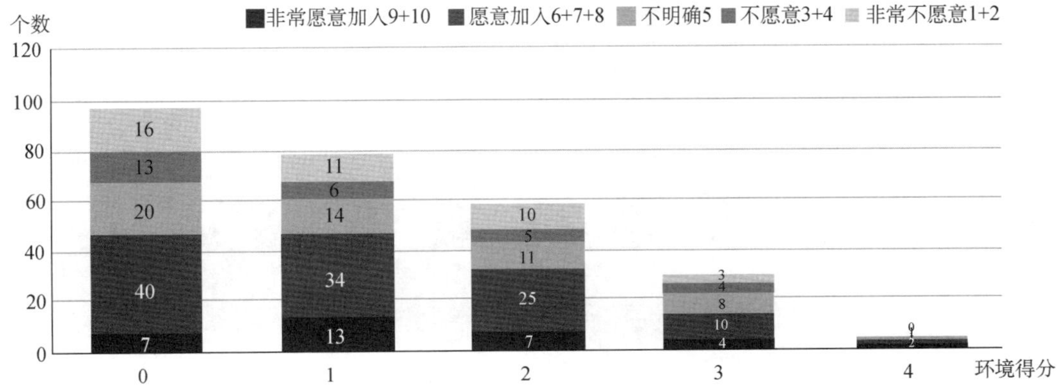

图 3-51　不同环境倾向下的汽车共享加入意愿

3.6.2 个人年龄

由于与购车相关的问题是以家庭为调查对象的，故第 2 次调查样本主要以 35～50 岁之间家庭主要人员为主，通过街边调查可以控制年龄的基本分布，其中男性比例为 71.59%。此外，家庭年收入、年龄、家庭结构、家庭车辆拥有量等因素也是影响其是否加入汽车共享的主要原因之一。所以，我们在本章分别以个人基本特征参数和家庭基本特征参数来对整体样本进行整体分析。

相比第 1 次调查，第 2 次调查调整了年龄分布的比例。从图 3-52 可以看出，本次被调查人员的年龄呈正态分布，其中 27～60 岁的人群比例约占全样本的 83%。这部分人群是最有可能对家庭购车计划起决定作用的。因此，可以认为取样基本可信。

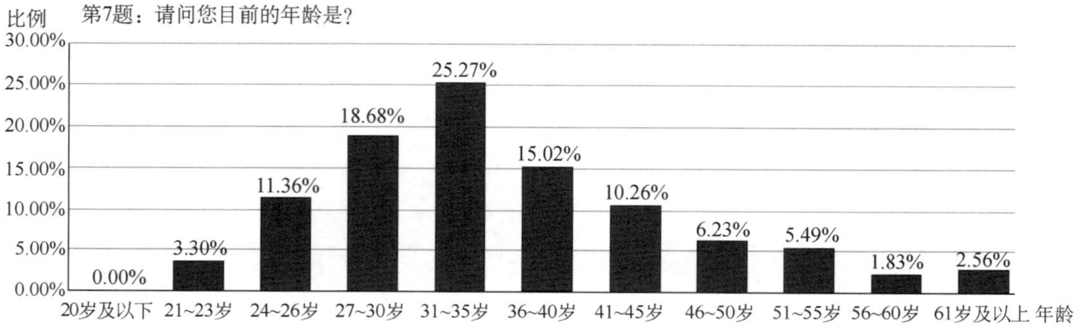

图 3-52　年龄分布

从图 3-53 来看，年龄层次对购车计划的影响较大，小于 30 岁的样本随着年龄增长其购车需求也不断上升，并于 30 岁时达到顶峰，接着保持在一个较高的比例但有下降趋势。当然，年龄是个人因素，而购车需求是家庭计划，但由于家庭还是以年龄相同者组成，因此也呈现出一定的特征。

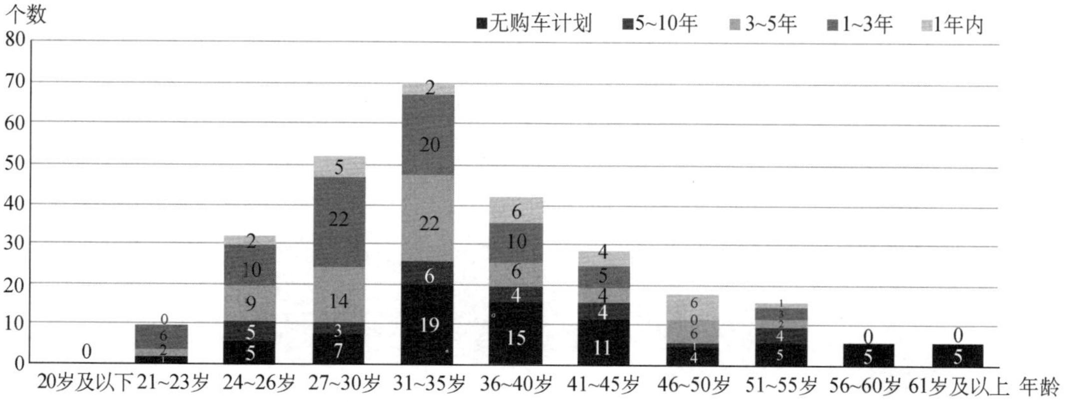

图 3-53　不同年龄者的购车计划

与购车计划的年龄分布不同，从图 3-54 可以看出，小于 35 岁的样本对汽车共享的加入热情随年龄的增长而增加；对于大于 36 岁的样本，其加入热情则开始随年龄增长逐渐递减。

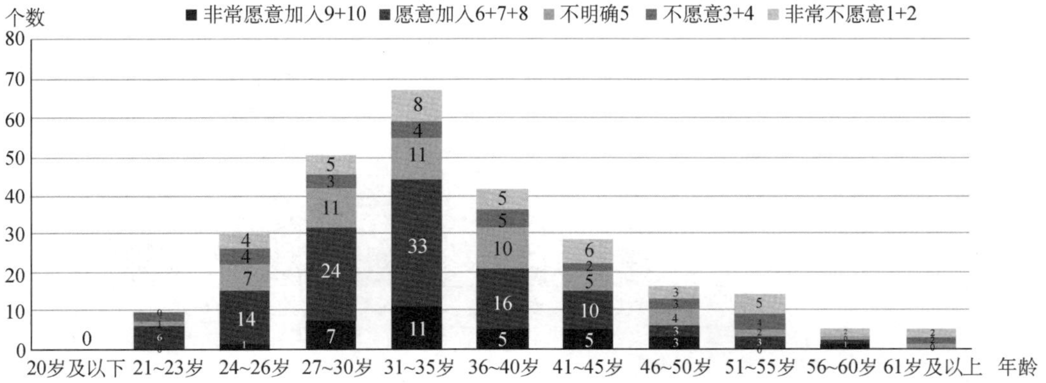

图 3-54　不同年龄者的汽车共享加入意愿

3.6.3　个人职业及受教育程度

图 3-55 展示了样本的职业分布。职业对购车的影响较大，职业决定了收入也决定了车辆的用途。本次调查的样本职业类别不同以往，采用高级管理人员、管理人员和职员的层次分布，结合自由职业者的分类，并对兼职、学生以及暂时没有工作的人进行了单列，其目的是针对不同的职业特征可以对购车补贴进行对应。相应地，高级管理人员中有车和驾照者的比例较高，较为突出的是中层管理人员的购车需求较弱，当然这部分需求较少是因为其车拥有率的比例较高。此外，企事业职员加入汽车共享的欲望以及购车的欲望相对较为强烈。其他类别的职业中，兼职和学生群体的购车欲望强烈，但车拥有率较低，部分原因可能源于其收入的不稳定性，而在家工作无须出行的人群中相对有加入汽车共享欲望者的比例高于其他类别的选项，可见汽车共享对非通勤、零散类的出行人员吸引力较大。

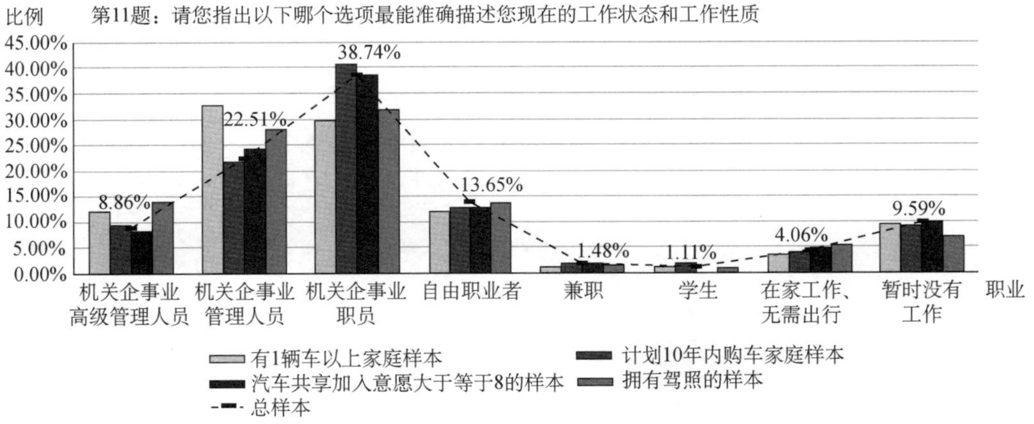

图 3-55　职业分布

图 3-56 展示了受教育程度的分布情况，有车家庭及自己有驾照的样本中本科及研究生学历的比例较高。相对地，拥有本科、研究生、高中或技校学历的样本对汽车共享的热情高于一般水平。此外，拥有本科学历的样本计划购车的比例相对较高。

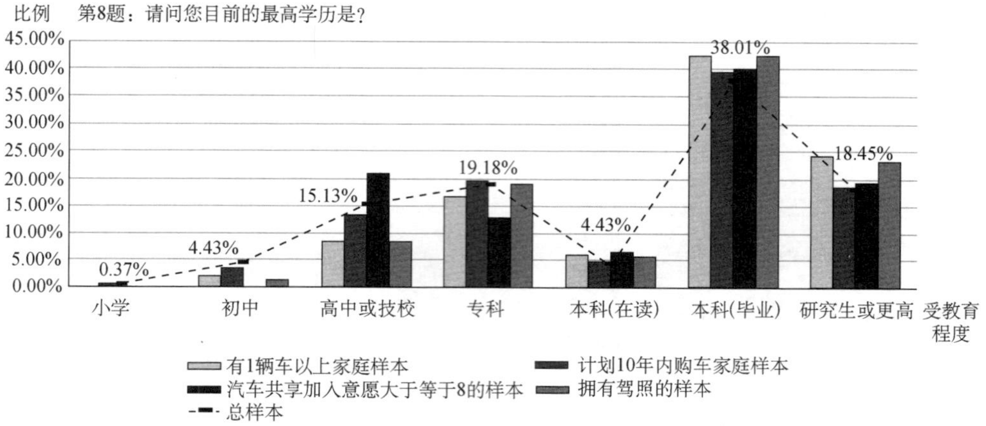

图 3-56　受教育程度分布

除了收入和家庭购房情况外，对日常出行成本有直接影响的还包括出行补贴。出行补贴一般和职业相关，从职业中的管理和高级管理人员一栏数据我们可以看到，其日常汽车出行费用的补贴比例高于总体数据，同时也有较大比例的管理人员拥有使用单位车辆的权利，而管理人员中没有日常出行补贴的比例则少于平均水平近 13 个百分点。

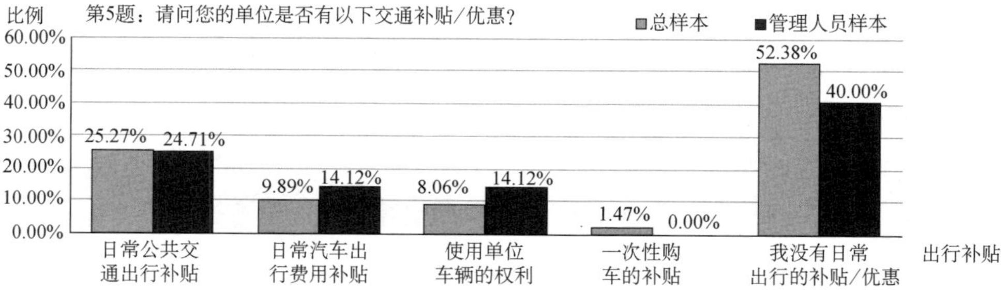

图 3-57　出行补贴情况

从图 3-58 可以看出不同职业者的购车计划各不相同，总体来看购车比例按照职业的不同，呈现较为均匀的分布。

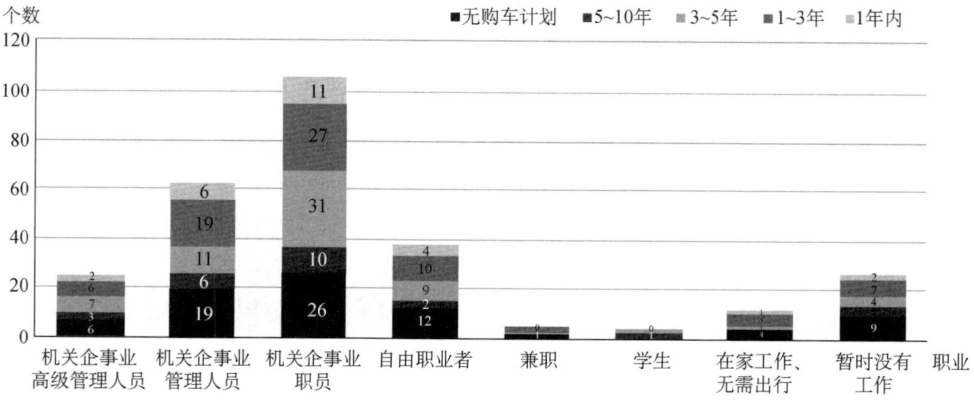

图 3-58　不同职业者的购车计划

3.7 出行特征影响权重分析

加州大学伯克利分校的 Robert Cervero 教授对旧金山湾区近 10 年的汽车共享(City Carshare)项目进行了追踪调查。Robert Cervero 教授根据其不同年份(2001 年、2002 年和 2006 年)的调查数据,对汽车共享的发展、用户汽车拥有情况的变化以及出行特征的变化进行了分析。报告对出行时长、出行目的、出行分布和距离信息采用出行日志的形式进行收集,并以此计算出机动车出行距离(Vehicle-Miles-Traveled, VMT),通过计算汽车共享替代的出行距离来计算模式转移出行距离(Mode-adjusted-VMT, MVMT),从而分析出行能耗和碳排放的变化。同时,和一般的回归分析方法以及 Logit 方法一样,该研究报告还对平均值、t 检验、参数估计、标准误差和可能性等检验标准进了行分析,以确定数据的可靠性。2006 年的数据显示,29%的汽车共享会员 4 年间因为汽车共享放弃使用了 1 辆甚至更多的车,这一比例由于时间跨度大,因此较一般研究要高 5%左右。4.8%的会员出行和 5.4%的会员机动车出行公里数采用汽车共享,颇为类似我国的出租车比例,因此实际可以发现无论国内外,这 5%的机动化出行仍有存在的合理性。研究还表明,随着汽车共享的开展,其本身所提倡的"理性选择出行模式"这一理念使得会员增加了公交、步行的出行,从而降低了机动化出行距离,尤其是加入会员后的第 1 年和第 2 年,其减少量较大。与此同时,由于汽车共享多采用小型车和新能源车辆,但与家庭汽车比起来又往往承载更多的乘客,所以平均油耗有大幅下降。综合来讲,其最大的效用还在于使得汽车共享这种模式为大众所接受,且从长期来看,较大地减少了汽车拥有的比例。

美国明尼苏达州立大学的 Frank Douma 等对汽车共享进行了长期的调查,调查方法与 Cervero 的几篇文章中的方法类似。调查报告显示用户的特征与旧金山湾区基本类似。报告还指出费率的设定以及车辆预订管理技术是运营商需要认真对待的事情,在对会员和非会员的比较分析中也显示,经济性考察是人们选择汽车共享的主要原因,相反对环境因素的认知并不突出。从 City Carshare 2001 年和 2006 年的数据对比中可以发现,会员总体的汽车出行距离减少了 66.8%,而非会员的汽车出行距离增加了 23.5%,因此其相对比例是－90.3%,可见汽车共享促使人们更加理性地选择机动化出行。以此种方法算出的出行时间相对比例是 14.8%,说明汽车共享在提高出行速度的同时,由于少使用汽车多使用公交和步行,因此减少的出行时间少于完全使用汽车所减少的时间。其中,出行距离的相对比例是－42.2%,说明汽车共享使得整体的出行距离减少。机动化出行距离包括公交出行的相对比例是－84.5%,从而可以得出油耗的相对比例是－114.8%。此外,Cervero 还对调查数据进行了 Logit 模型和回归模型的构建,并对各个因素进行了数量分析。

3.7.1 规律性通勤类出行

如图 3-59 所示,通勤时间小于 30 min 的约占 54%,在 30～60 min 的约占 38%。总体上,通勤时间小于 60 min 的比例约占 92%。上海市居民平均出行时间约为 45 min,与本次调查的时间相符合。

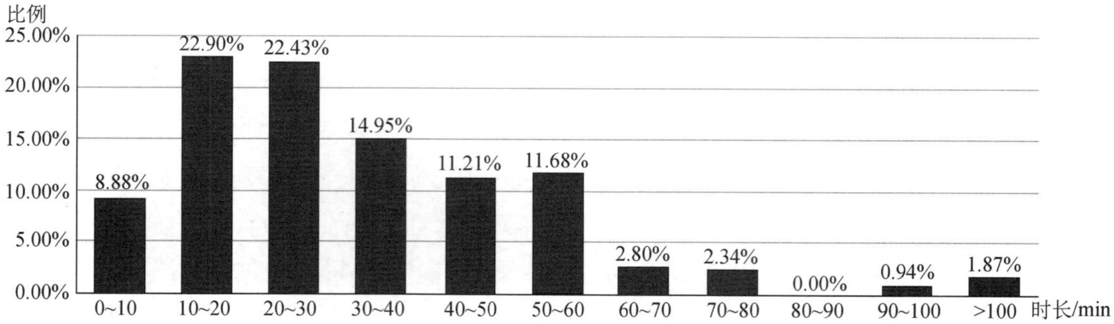

图 3-59　通勤时间的分布情况

如图 3-60 所示，从总体的样本出行距离来看，主要集中在三个范围，即 2.5～6 km，9～14 km 以及 16～30 km，分别约占总样本的 30%，15%和 19%。这和居住的区域有关，2.5～6 km为主要的步行及自行车可达范围，我国大部分城市的规模如此。上海内环线单边长约 5 km，中环线单边长约 10 km，外环线单边长约 20 km，此部分的出行距离也在一定程度上表征了在内环、中环、外环间居住的人口分布。从各比例的比较来看，家庭有车者在 9～30 km范围内的比例明显高于平均水平。而意愿加入汽车共享者的比例在 2.5～3 km，4～8 km 和 12～18 km 几个范围内高于平均水平，这也表征了汽车共享的需求特点，即超过步行距离且在一定出行范围内，或高于一般出行距离的通勤出行。此外，我们还对通勤的周次数进行了调查，见图 3-61。

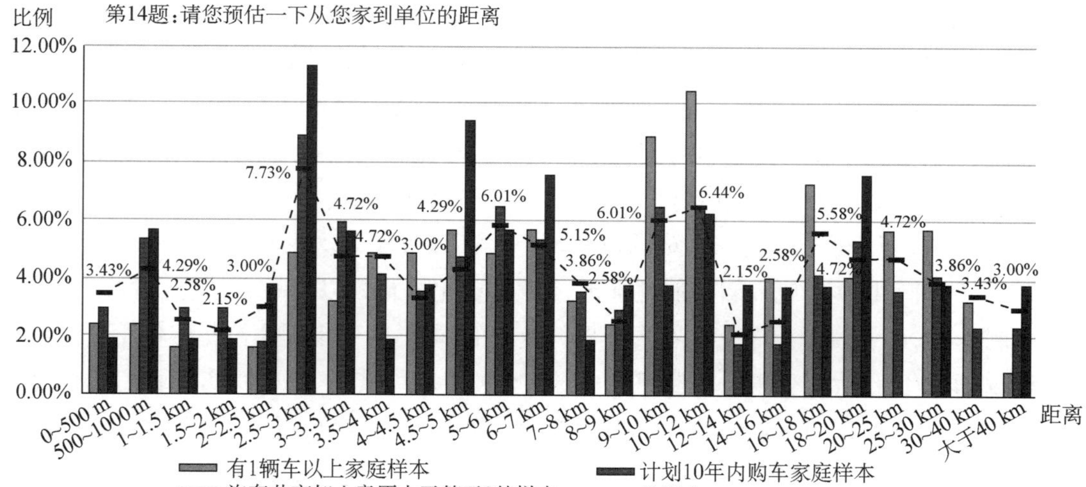

图 3-60　工作地与家的距离

从基本的周出行天数可以推算周总通勤时间。大部分的人出行天数在每周 5 天，这一平均比例为 72%。有车和有驾照的样本在 5 天以下出行的比例低于一般水平，说明有车家庭的成员其工作出行的时间较长。

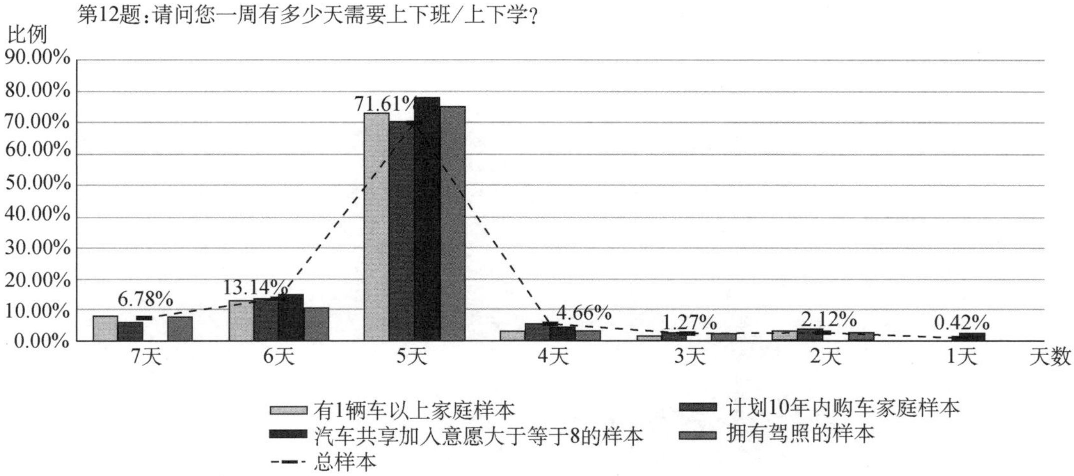

图 3-61　每周需工作出行的天数

图 3-62 反映了对工作地周边停车情况的基本看法，认为容易找到车位的比例约为 56%，相对的有车家庭的成员该比例高于一般水平，而有加入汽车共享意愿的人对该问题持不支持态度的比例高于一般水平。

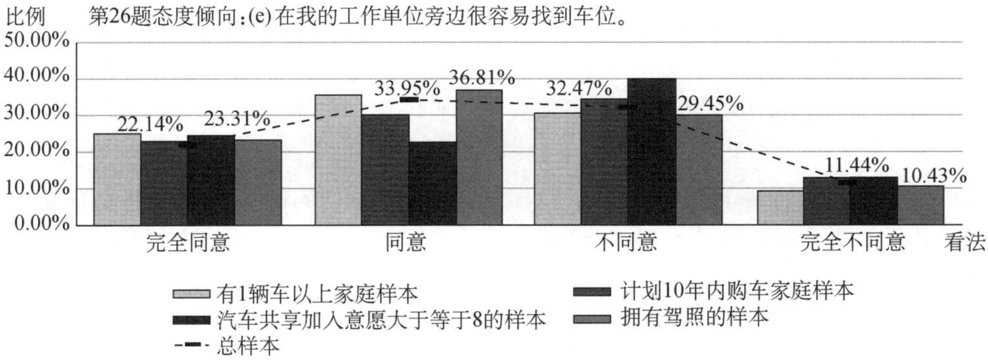

图 3-62　对工作地周边停车情况的看法

汽车共享的使用费率将按时间进行计费，除了如图 3-62 中所示的停车位难找的问题之外，由于通勤出行的停车时间较长，换算成使用成本就比较高，因此不适合上下班及上下学之用。当然，这里说的不适合是指双程出行即需要还车至取车点的汽车共享模式，若采用还车至出行目的地的方式运作，通勤出行的可能性将有所增加。但从国外的经验来看，单程运营容易造成不同时段不同地区间的不平衡，造成地区间调整费用较高，因此通勤往往被排除在汽车共享的主要用途之外。

汽车共享的替代作用类似于自行购车及出租车，即可替代几乎所有的出行方式。而根据不同的出行目的，人们使用各种出行方式的比例不同，出行目的决定了出行的距离、时间以及费用，短距离的出行可能依赖于步行和自行车等方式，而稍长一点距离的出行可以考虑公交和出租车，更长距离的出行则会选择轨道交通，而有车者的出行可能更加依赖于汽车，其对应不同出行目的的方式相对单一。图 3-63 展示的是第 1 次调查中对出行目的和出行方式的调查结果。

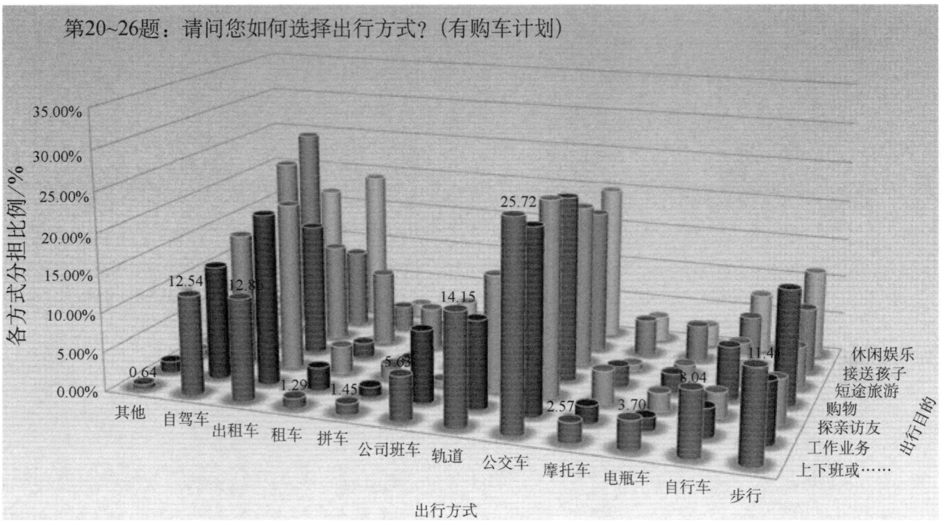

图 3-63　有购车计划者的出行目的和出行方式的交叉分析(第 1 次调查)

从图 3-63 来看，总体公共交通的出行比例较高，包括公交车、轨道交通以及公司班车，在不同出行目的下的总比例接近或超过 40％，但少于总体样本的该方式比例(总调查人员的部分出行目的公共交通出行比例超过 45％)，说明有购车计划者目前对公共交通的依赖性仍然较大。此外，选择自驾车出行的比例为 10％～30％，其中选择自驾车购物的比例较低，说明停车困难、距离较近等因素是使用汽车去购物的主要难点；而因接送孩子和短途旅游使用自驾车的比例较高，均超过 20％，说明家庭中小孩的数量是影响购置和使用汽车的主要原因，此外自驾车也为短途旅游提供了方便。有购车计划者采用出租车出行的比例也较高，其使用的总体比例接近自驾车，说明出租车在某种情况下替代了自驾出行，但是出租车用于接送孩子和短途旅游的比例明显低于自驾车，因此可以认为这部分的需求仍然可以通过汽车共享来适当补充。此外，租车和拼车的比例较低，为 2％左右；但短途旅游租车的比例高于一般水平，为 10％；短途旅游选择拼车的比例也超过 5％，说明短途旅游对汽车模式的依赖性较大。值得注意的是，尽管许多人选择汽车出行方式用于短途旅游，但公共交通的比例仍然较高。

非机动车出行方面，摩托车和电瓶车的出行比例接近 3％；自行车的比例为 8％左右；步行的出行比例相对较高，为 12％左右。但短期旅游、工作业务、探亲访友的步行出行方式比例明显少于一般水平，仅为 6％左右。汽车共享原则上是成熟的汽车发展的产物，而中国素来有“自行车王国”之称，可见其大部分的出行依赖于自行车。一般意义上，自行车的合理出行时间为 15～30 min，即出行距离在 4 km 以内，而中国的大部分城市范围有限，汽车共享的目标是如何分离这部分自行车出行，使公共交通来替代其通勤的作用，通过汽车共享来满足余下的合理长距离出行，从而减少自行车对机动车的干扰。

如图 3-63 所示，对应各个出行目的的不同出行方式分布可知，接送小孩使用自驾车的比例较高而选择出租车的比例相对较低，说明购车和用其他出行方式在接送小孩上的本质区别。而公事出行采用出租车则较自驾车的比例高，接近 17%，说明使用自驾车存在的费用问题是阻碍其用于业务的原因。对于上下班/上下学这类通勤的交通出行，公交和轨道交通的比例较高接近 40%，说明通勤交通的公共交通依赖性较大；娱乐出行的汽车出行比例较高，自驾和出租车总比例超过 35%，说明娱乐出行的时间和空间分散性。购物出行的方式分布也较有特色，采用自驾车购物的比例接近 13%，出租车购物的比例为 15%，步行购物的比例为 12%。由于汽车共享很大一部分市场来源于购物交通，因此购物出行的比例很有价值。在美国和欧洲由于购物条件和国内差别较大，且一般超市均设有较为完备的停车设施，因此购物的交通模式对自驾车依赖性大，但我国超市的发展仅 10 年，且超市周边的停车设施不足，因此自驾出行购物的比例较低，这部分需要机动化出行的比例则由公交、轨道和出租车等模式替代，汽车共享要取代这部分出行模式，缺乏经济性，难度较大。

如图 3-64 所示，从第 2 次调查的数据来看，以自驾车为主要通勤模式的被调查人员的购车需求低于一般水平，但高于以自行车和步行为主要通勤模式的被调查人员。相对地，以地铁和出租车为主要通勤模式的被调查人员的购车需求强于其他类型。

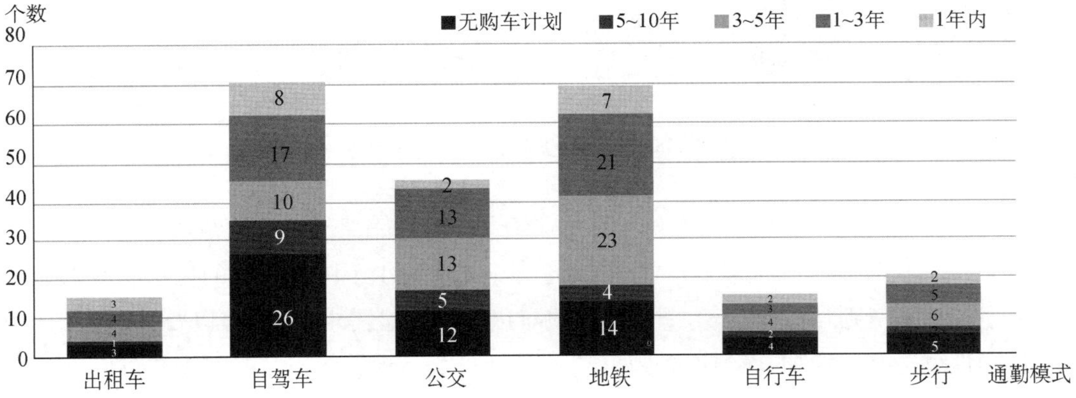

图 3-64　不同通勤模式与购车计划

更深一步地考察不同通勤模式与汽车共享加入意愿之间的关系(图 3-65)，我们发现出

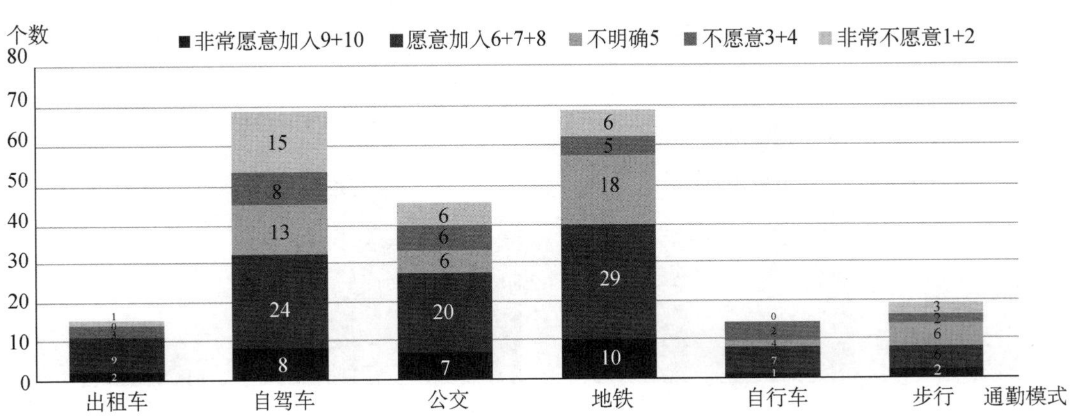

图 3-65　不同通勤模式与汽车共享加入意愿

租车通勤的样本加入意愿明显高于其他类别，而以地铁和公交为主要通勤方式的样本的汽车共享加入意愿次之，这与机场出行中各个模式的转移情况相符。

如图 3-66 所示，从不同通勤距离对购车计划的影响来看，总体上通勤距离越长，购车需求就越强烈。通勤距离少于 14 km 的样本的购车需求相似，相对来说通勤距离少于 3 km 和 8～14 km 的样本的购车欲望强烈。综合来看，汽车共享是机动化需求的体现，而最体现机动化使用频率的即为通勤交通，因此通勤距离越远说明在机动车上耗费的时间相对越多，汽车出行的需求也越强烈，如果条件满足，并能在目的地找到合适的停车点，这部分的需求将非常旺盛。

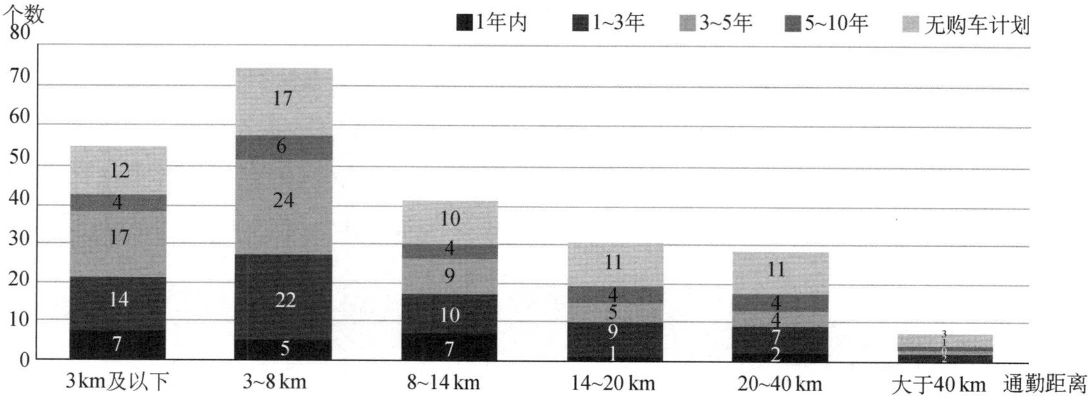

图 3-66　不同通勤距离下的购车计划

从通勤距离对汽车共享加入意愿的影响来看，如图 3-67 所示，通勤距离在 3～8 km 以及 14～20 km 的样本意愿最强烈，通勤距离也在一定程度上反映了公交的依赖程度，如果通勤距离超过 3 km，则自行车、步行等出行模式难以完全满足需求，对公交以及其他机动化模式的依赖性就会有所增加，而当通勤距离超过 8 km 以后，地铁的出行时间会超过半小时，公交的出行时间可能超过 1 h，因此这部分样本机动化的可能性就会提高，对汽车共享的需求也就下降了。而当通勤距离超过 14 km，机动化的需求进一步加强，一辆车有时难以满足家庭的全部需求，因此对汽车共享的需求反而再次上升。

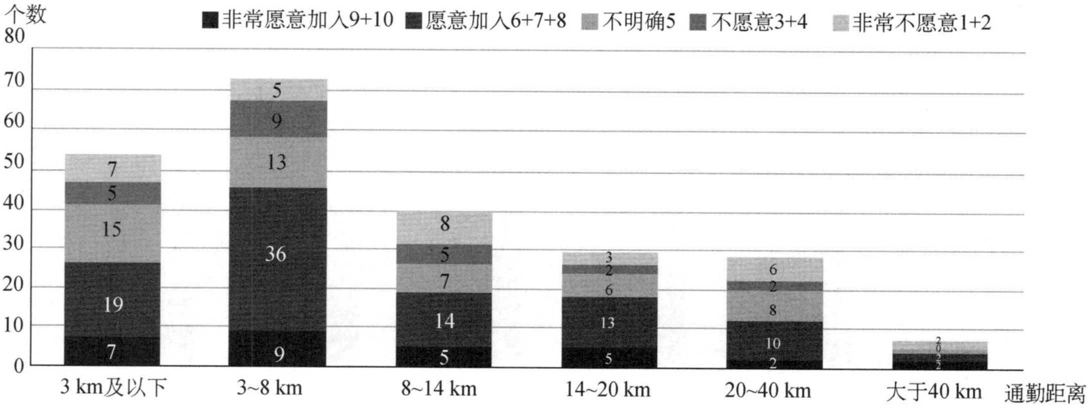

图 3-67　不同通勤距离下的汽车共享加入意愿

3.7.2 经常性购物类出行

图 3-68 展示的是超市与家之间的距离分布，和工作地与家之间的距离比较来看，购物出行的距离较短。主要的距离分布在 200～1 250 m，并在 2.5～4 km 这一区间达到另一个高峰。总体上来说，有车家庭的超市购物出行距离要略大于平均水平。另一个较为突出的特点是有汽车共享加入意愿的样本，其超市购物出行距离相对较长。

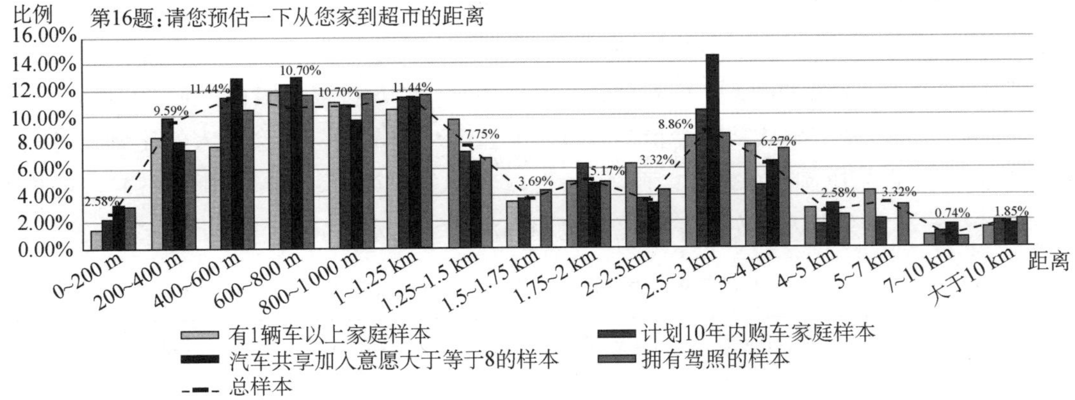

图 3-68 超市购物出行距离分布

从每周超市购物出行的次数来看，如图 3-69 所示，大部分集中在 1～3 次，其中 1 次的约占 28%，2 次和 3 次总的约占 34%，4～7 次的总和约占 25%。其中，有汽车共享加入意愿者的超市出行次数高于一般水平，这表明汽车共享在购物出行中的需求量，但是由于收费标准问题，其市场值得进一步探讨。

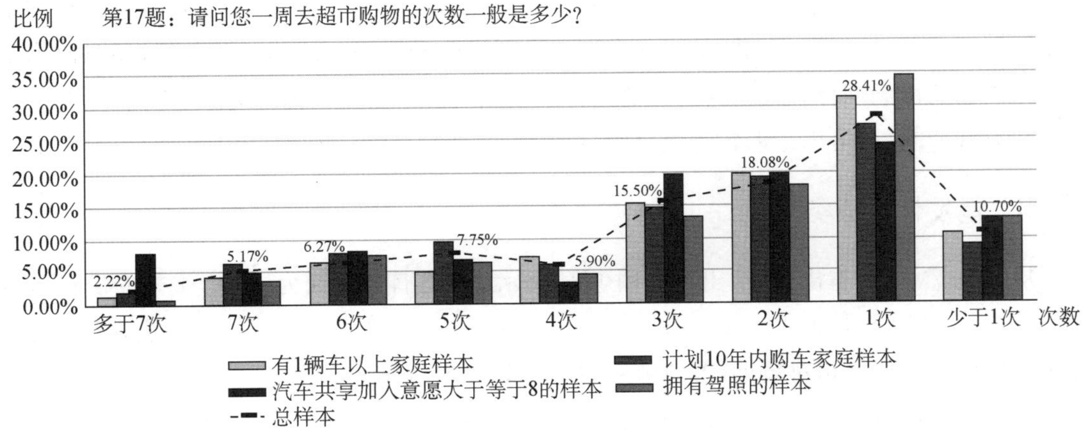

图 3-69 超市购物出行的次数

表 3-5 展示的是不同费率水平下汽车共享用于购物出行的意愿变化情况。当费率水平达到 20 元/h，绝对愿意加入汽车共享的比例为 26.57%，愿意加入的比例为 48.71%。而当价格上涨到 25 元/h 后，绝对愿意加入汽车共享的比例下降了约 15 个百分点，而可能不会和

绝对不会的比例大幅上涨。随着单位价格上升至 30 元/h，愿意加入的比例开始下降为 31%，而可能不会加入的比例继续上涨约 15 个百分点达到 35.06%，绝对不愿加入的比例也上涨了近 10 个百分点达到 28.41%。如果以 30 元/h 为界，之前有 75%愿意加入汽车共享，而之后仅剩 35%的人愿意加入汽车共享。从国外汽车共享运营的价格来看，7 美元/h 的收费标准是较为普遍的价格。如果以运营车辆售价 8 万元为例，我国的固定资产成本将能比国外节约 2/3，那么最后的价格也自然可以相应地下降，因此 25～28 元/h 是基本可以实现的价格。如果价格继续上升至 40 元/h，绝对不会加入汽车共享的比例将有较大的增加，从原先的 28.41%上升至 45.02%，相应地，可能不会和绝对不会加入的总比例也从 63%左右上升到 81%左右。因此，可以基本认为如果定价为 40 元/h 将很难吸引人们使用汽车共享来替代购物交通的现有模式。随着价格继续上升至 50 元/h，绝对不会加入的比例将进一步增加，但基本的意愿比例已成定局。此外，也可以看出总体对汽车共享兴趣指数较高的样本其选择愿意和绝对会加入汽车共享的比例也明显高于平均水平。

表 3-5　　不同计费标准下的汽车共享加入意愿(购物)

费率水平	绝对选择汽车共享	愿意选择汽车共享	可能不会选择汽车共享	绝对不会选择汽车共享
20 元/h	26.57%	48.71%	11.44%	13.28%
25 元/h	12.92%	47.96%	19.93%	19.19%
30 元/h	5.54%	31.00%	35.05%	28.41%
40 元/h	2.95%	15.87%	36.16%	45.02%
50 元/h	2.21%	12.92%	29.15%	55.72%

因此，通过计费标准的不同可以基本明确汽车共享市场的规模。价格低加入汽车共享的意愿就高，而价格高则会削弱加入的意愿。除了证明理论部分的第一部分外，还可以为未来汽车共享的市场细分尤其是针对性的出行目的以及价格提供依据，如在购物出行较高、业务出行较低的时段，可以采取较为低廉的收费等。

3.7.3　偶发性业务类出行

从图 3-70 可以看出，单次出行费用少于 45 元的比例较少，约为 30%，主要的出行费用集中在 45～110 元，其中 45～80 元的总比例达到 32%，而 80～110 元的比例也达到 25%。说明机场出行的距离相对较远，若单纯采用出租车，成本会比较高。

目前，已有多条地铁线路可以到达虹桥机场，外加公交的数量，公共交通的设施条件较优。但虹桥机场距离市中心仍有约 10 km 的出行距离，因此到达虹桥机场类似于城市内区间出行，两端的公共交通均较为便捷的情况下的出行。此外，虹桥机场的出行可以认为是较为重要且时间价值较高的出行，因此从实际情况也可以看出大部分人选择出租车出行。调查出租车的出行价格是因为在这个出行尺度里很难让人有较为清晰的距离概念，而相应的出租车的出行价格则相对较为清晰，以上海出租车的收费标准，即平均每公里 2.5～3 元计，

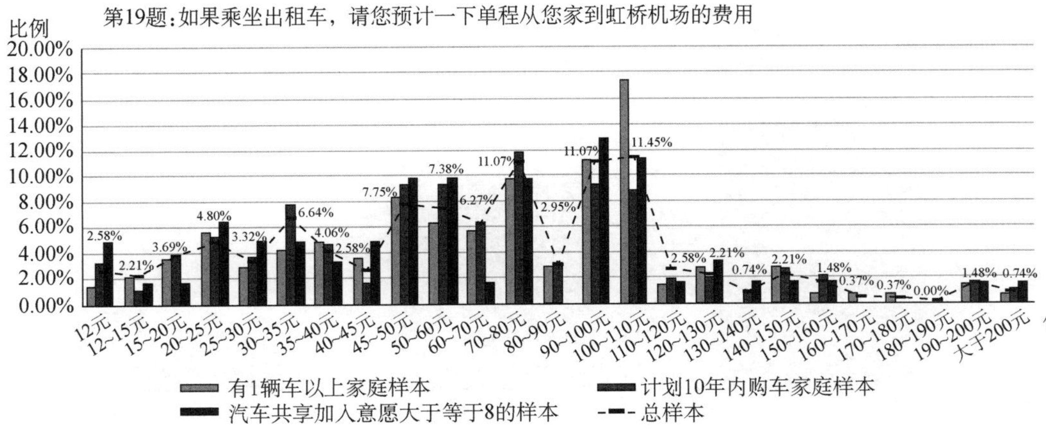

图 3-70　虹桥机场出行的出租车方式价格分布

可以得出虹桥机场这样较远距离的出行单价为 3 元/km，由此可以基本计算出出行距离。

表 3-6 展示了不同计费标准下，目的地为机场的汽车共享加入意愿情况。基本的意愿变化趋势类似于购物出行，但愿意选择汽车共享的比例在每个阶段均高于购物出行。基本的需求趋势拐点出现在 40 元/h。随着单价从 20 元/h 上升至 40 元/h，绝对愿意和愿意加入汽车共享的总比例则从 80%左右下降至 22%左右，至 50 元/h，下降至 17.34%。因此，当收费上升至 40 元/h 后，汽车共享在机场出行的替代吸引力会下降到一个较低水平。如果将出租车的价格和汽车共享的价格进行横向比较，45～110 元是出租车出行的基本价格，若汽车共享的单价超过 40 元/h，则其出行价格接近甚至超过出租车，因此吸引力下降。

表 3-6　　不同计费标准下的汽车共享加入意愿(机场)

费率水平	绝对选择汽车共享	愿意选择汽车共享	可能不会选择汽车共享	绝对不会选择汽车共享
20 元/h	31.00%	48.34%	9.96%	10.70%
25 元/h	15.87%	51.29%	17.71%	15.13%
30 元/h	6.64%	40.22%	29.15%	23.99%
40 元/h	3.69%	18.45%	40.22%	37.64%
50 元/h	2.58%	14.76%	35.06%	47.60%

3.7.4　计划性旅游类出行

如图 3-71 所示，从崇明岛出行的熟悉程度上可见，约有 14%的人对崇明岛出行没有兴趣，而 46%的人有过游岛经历，另外 40%的人虽然没去过但有兴趣前往。此外，游览过崇明岛的人中有车的比例较一般水平高，而计划购车和有兴趣加入汽车共享的人则在有兴趣前往的部分占有较高比例。

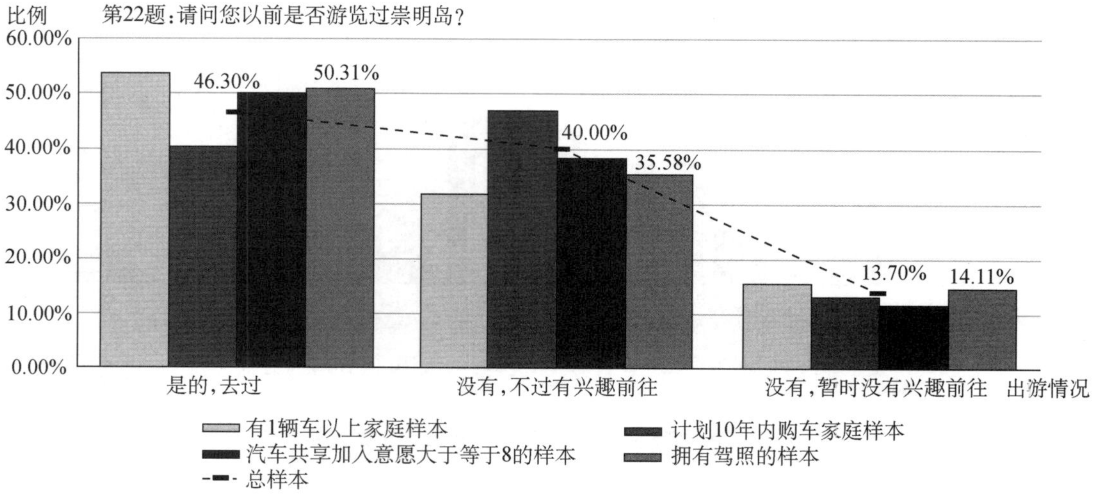

图 3-71　崇明岛出行的熟悉程度

如图 3-72 所示，根据不同的出行方式，我们可以基本计算出对应的出行时间和出行费用，见表 3-7。根据出行方式选择的情况来看，选择汽车出行的比例最高，约为 34%，地铁的比例次高约为 27%，另外选择出租车和公交的比例均约为 16%，仅有约 7%的人选择轮渡。从目前的情况来看，出租车出行的成本最高，因为选择过桥出行后岛内的游览仍然需要借助其他方式；汽车出行的成本次高，因为假设到达后岛内不能使用私家汽车，因此还需要支付停车费用；之后为地铁和公交，二者因出行人数而异，但地铁和公交出行无须缴纳过桥费及停车费，其中公交成本是汽车出行的 1/10，不过时间较长。轮渡虽然出行时间较长，但成本小且可以携带自行车通行，从而方便了岛内游览的出行。此外，从不同样本特征的选择比较来看，有车家庭选择汽车出行的比例仍然较高，有购车计划的样本选择地铁和出租车出行的比例高于一般水平，而有汽车共享加入意愿的样本对公交出行的依赖性较大。

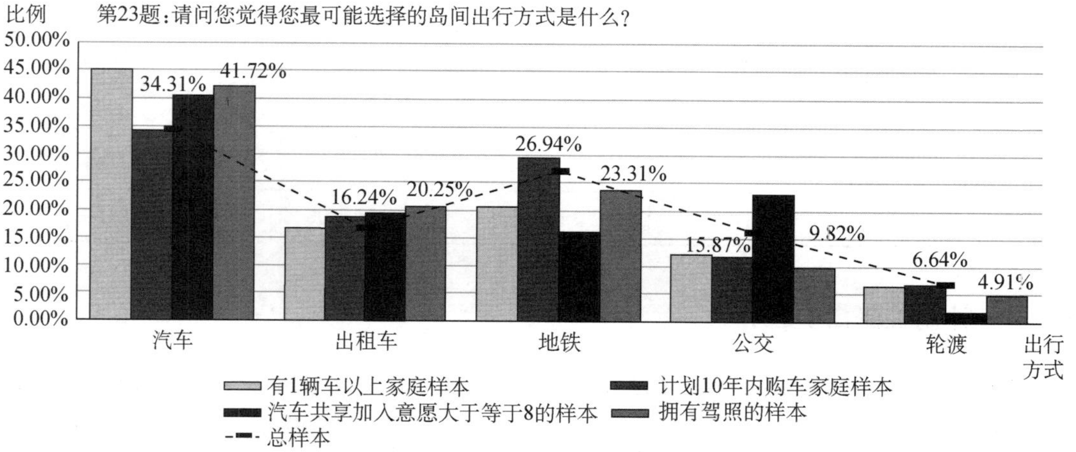

图 3-72　市区至崇明岛的意愿出行方式

表 3-7　　不同出行方式对应的费用和时间情景假设

出行方式	单程岛间出行时间/min	单程岛间出行费用
汽车	50～60	(50＋50)元/车
出租车	50～60	(100＋50)元/车
地铁	80～100	20 元/人
公交	90～120	15 元/人
轮渡	90～150	12 元/人(可带自行车)

未来崇明岛被规划为生态低碳岛，因此私人汽车到达崇明岛后将不允许在岛内通行，普通的出行方式如图 3-73 所示。根据选择情况来看，各个样本之间的差别不大，而选择租赁自行车的比例最高，其次为出租车和公交，三者的比例也较为接近，都为 30%左右。说明人们对短期出行以及游览出行模式的要求不高，如果加以限制，可以适当地分流这部分需求。汽车共享具备一定的租赁自行车的特点，但价格接近出租车，因此可以想象若引入汽车共享作为岛内出行工具，其份额可以达到或接近 20%。但是，汽车共享仅在岛内运行的最大问题是游览的集中性和离散性。

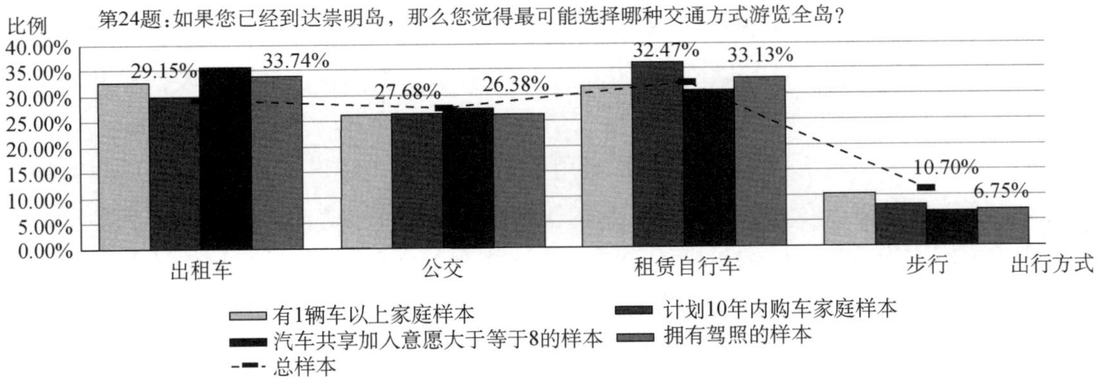

图 3-73　崇明岛岛内出行方式

对于使用汽车共享来替代以上两种出行的意愿选择结果如表 3-8 所列，和机场出行的替代效用相比，其需求变化较为类似，拐点同样出现在 40 元/h，可见超过一定距离后，出行目的对使用汽车共享的影响较小，而费用成了关键要素。

表 3-8　　不同计费标准下的汽车共享加入意愿(崇明)

费率水平	绝对选择汽车共享	愿意选择汽车共享	可能不会选择汽车共享	绝对不会选择汽车共享
20 元/h	33.58%	51.66%	6.27%	8.49%
25 元/h	16.24%	49.44%	22.14%	12.18%
30 元/h	9.59%	34.69%	31.00%	24.72%
40 元/h	4.80%	18.08%	38.74%	38.38%
50 元/h	3.32%	14.76%	32.10%	49.82%

3.8 本章小结

通过有效的问卷设计可以了解人们面对不同问题的态度，结合定量和交叉分析，可以得出以下结论：

(1) 从家庭经济条件的影响权重来看，家庭收入对购车的影响最大，随着收入增加，家庭拥有车的比例越大，家庭对于第二辆车的需求也随之增加。相对地，汽车共享的加入意愿与家庭收入的关系不强，而与家庭车辆拥有量的关系较为密切。个人及家庭的房屋拥有情况表征了除生活开支外供养车用车的支配能力，因此对汽车共享及购车的影响也较大，但受房价等波动变化影响较大，因此影响因素呈现较为离散的状态。个人驾驶经验与家庭购车的紧密度较高，驾驶经验越足，家庭的车辆拥有量就越大。

(2) 汽车共享以及购车的相关费用是影响汽车共享加入意愿的主要因素。由于 Logit 函数的结构以每个选项的自变量来区别，因此费用的区分度较高。已有汽车的使用费用通过车辆的购车成本、养护成本、行驶里程、型号、油耗等因素调查综合得出，表征了个人用车的费用，结合家庭收入可以基本显示家庭除汽车、房屋开支外的经济能力。计划购车以及汽车共享的费用同样可以通过预期的购车价格、发动机燃料、车型、用途、预期行驶里程等因素调查得到，表征了计划购车及汽车共享不同的使用费用，是人们在选择购车及汽车共享过程中的价格因素。

(3) 汽车的使用频率包括出租车、单位用车、自驾车等用车形式，汽车的使用频率越高说明对汽车交通模式的依赖性越大。汽车的使用频率也表征了个人对汽车共享或购车的实际需求。家庭中未成年人的数量则说明了购车或用车的必要性，包括小孩接送等实际用车需求也是影响其购车或加入汽车共享的主要影响因素。居住地的公交便利程度对购车和汽车共享的影响结果较为离散，但汽车共享要推广也需要有便利的公共交通作为支撑，因此公共交通的影响同样显著。

(4) 汽车共享作为一种可持续发展的交通模式，与社会整体的环境态度相关，从调查中可以看到，个人的环境意识对其选择并不起决定作用。因此，这部分的内容需要通过模型或其他手段来加以表征。个人的年龄是影响汽车共享和购车意愿的重要因素，35 岁左右的群体是购车和有可能加入汽车共享的主要人群。个人的职业和受教育程度对选择也有较大影响，但表现形式较为离散。

(5) 从不同出行目的的汽车共享转移比例来看，出行距离越长、目的地停留时间越短、同行人员越多，选择汽车共享的比例就越高。购车的主要目的之一为通勤，而汽车共享由于按时间收费，因此用于通勤出行的可能性较低。购物的量越大，使用汽车购物的可能性就越强，但购物交通受制于目的地停车的便利程度，以及出行时长较短等，因此使用汽车共享购物的可能性也较弱。相对地，机场接送等业务出行以及周末家庭集体出游使用汽车共享的可能性要高于一般水平，同样价格的转移比例也较高。

第 4 章　基于消费者选择行为的政策分析

汽车共享的发展过程和实际使用效果证明，共享车辆的模式有其自身的市场空间。通过车辆共享来减少的私人拥有车辆的规模，以至于减缓我国汽车拥有量的过快增长趋势，是一种值得探讨的交通模式。从基于消费者选择意愿的模型标定结果可以看出，影响汽车共享加入意愿的因素较为复杂，而主要集中于服务水平、实际费用以及长效影响上，本章着重从消费者的理性选择意愿出发，以定量分析为重点，辅助以定性分析的方式，探讨相关的政策推行效果，为未来推广汽车共享的相关政策制定提供依据。

4.1　理论假设及验证的基本方法

从理论上讲，要用共享效用理论来解释或者预计汽车共享在我国未来开展的规模，就需要将宏观的运营和规划层面的问题与个体的微观决策效用问题相结合。本书在第 2 章提出了两个假设：

(1) 经济性是吸引个人参与汽车共享的最大动机；

(2) 汽车共享可以有效减少未来汽车交通产生的能源消耗，降低环境污染。

为了验证这两个假设，本书在共享效用理论的基础上建立了两个基本模型来研究汽车共享对人们购车以及出行选择产生的影响。其中一个模型为汽车拥有量模型，旨在探讨汽车共享对汽车拥有量的影响。此外，对新能源汽车的购置需求和对新能源汽车共享的参与需求也将作为参变量引入模型，以探讨新能源汽车共享能否起到推动新能源汽车发展的作用，以及新能源汽车共享对未来汽车购置市场的影响，即证明经济参数在选择权重中的比例较高。而对于第二个假设的证明则需要通过对整体的选择效果进行标定。较为明确的思路是以行程距离的折减来计算费用以及用二氧化碳气体的排放量来综合考量引入汽车共享后的交通效应和环境效应。由于环境效应基于交通效应，因此我们仅需对环境效应进行计算。对于可以观察到的影响，我们需要计算实际增加的影响，即：

$$\Delta GHG = \Delta GHG_{\text{汽车共享}} + \Delta GHG_{\text{已有车辆}} \tag{4-1}$$

式中　ΔGHG—— 实际增加的影响；

$\Delta GHG_{\text{汽车共享}}$—— 加入汽车共享而增加的碳排放量；

$\Delta GHG_{\text{已有车辆}}$——因为汽车共享放弃使用已有汽车的碳排放量，一般为负值。

此外，我们还需要计算潜在的影响，如果第二个假设成立，即 Hypothesis2 = Truth，则有：

$$\Delta GHG = \Delta GHG_{\text{汽车共享}} + \Delta GHG_{\text{已有车辆}} + \Delta GHG_{\text{计划购置车辆}} < 0 \tag{4-2}$$

其中，潜在的影响用 $\Delta GHG_{\text{计划购置车辆}}$ 来表达，即因汽车共享而放弃购车计划所引起的碳排放量。

假设客运车辆百公里的平均油耗为 10L，货运车辆百公里的平均油耗为 13.7 L。这一数据来源于 MOBILE 多年的跟踪样本，样本范围也包括 25 年以上车龄的汽车。研究人员根据每年抽样汽车的行驶公里和油耗来计算客运车和货运车的用油情况并平均后得出以上数据。

根据美国环境保护署（U.S Environmental Protection Agency，EPA）的参考数据和联合国政府间气候变化专门委员会（Intergovernmental Panel on Climate Change，IPCC）的计算标准，可以进一步计算出每升汽油的二氧化碳排放量为 2.3 kg。为了计算方便，我们还引入总排放量指标，根据 EPA 的经验数据，每 100 个单位因汽油燃烧产生的排放量中，二氧化碳的排放量占 95 个单位，因此总的温室气体（Greenhouse Gas，GHG）排放量是二氧化碳排放量的 100/95。

本书采用以上三组数据，对汽车共享的客车采用百公里油耗 10 L 来计算每年的油耗，并根据每升 2.3 kg 的二氧化碳排放量来计算总排放量，汽车共享的碳排放总量计算公式见式（4-3）：

$$\Delta GHG_{\text{汽车共享}} = \frac{100}{95} \times C \times 12(\text{月} / \text{年}) \times 2.3 \times \frac{10}{100} \tag{4-3}$$

式中，C 为汽车共享的月行驶里程，单位为 km。汽车共享使用月数为一年 12 个月。

如果家庭有车，其用车的基本碳排放量计算公式见式（4-4）：

$$\Delta GHG_{\text{已有车辆}} = f(Q_{40}^{a}, Q_{30}^{1a,1b,1d}, Q_{30}^{2a,2b,2d}, Q_{30}^{3b,3c}, Q_{30}^{4b,4c}) \tag{4-4}$$

式中 Q_{40}^{a}—— 问卷第 40 题中（以下 Q_{n}^{m} 均对应第 2 次调查问卷中的第 n 题，第 m 小题）是否选择放弃现有车辆，选择哪辆车放弃；

$Q_{30}^{1a,1b,1d}$，$Q_{30}^{2a,2b,2d}$，$Q_{30}^{3b,3c}$，$Q_{30}^{4b,4c}$ ——已有车辆的行驶里程、购置价格、百公里油耗、每年的养护成本等指标。

如果不放弃使用已有车辆，其碳排放量变化为零，即 $\Delta GHG_{\text{已有车辆}} = 0$。如果放弃使用已有车辆，即根据（4-4）来计算已有车辆的行程、能耗及排放折减，式（4-4）变化为式（4-5）。

$$\Delta GHG_{\text{已有车辆}} = -f(Q_{30}^{1a,1b,1d}, Q_{30}^{2a,2b,2d}, Q_{30}^{3b,3c}, Q_{30}^{4b,4c}) \times \frac{100}{95} \times 2.3 \tag{4-5}$$

这部分内容在国外的研究中已被广泛探讨，建立的模型可以对比国外的研究结果进行分析。

另外一个模型为短时交通模式选择模型，该模型基于离散选择模型中对出行模式的探讨，试图建立一个完整的反映个人出行行为和出行计划的模型，将汽车共享模式纳入分析的框架和范围内来研究人们现时如何选择，以及引入汽车共享之后未来如何选择的问题。这一模型可以基本分析出汽车共享会员的出行行为，同时通过与汽车拥有量模型得出的共享汽车规模相结合来判断基本的能耗和碳排放折减。

4.2　模型构建

根据影响因素的长短，交通行为理论又可分为长期和短期两种主要模式。模型的构建主要关注于汽车共享潜在用户的长期和短期交通选择行为。在运用出行行为理论的过程中，解读各个影响因素的权重是关键。就短期来说，出行成本、出行时间、出行目的、起终点公交的可达性等是主要因素；而长期来说，个人特征、居住地周边的特征、汽车拥有情况和通勤的基本方式等都是主要因素。对汽车共享来说，为一次出行选择汽车共享称为短期出行行为，短期出行行为关注出行者一次出行的选择行为，主要用于交通容量的设计，即机动性需求与供给的关系问题。

模型在构建的过程中将人们对于新能源车和普通车辆的使用态度及意愿，包括自行购车的倾向和参与汽车共享的意愿等，作为参变量引入，从而对购车和单次出行行为的影响进行标定。通过本书第 3 章对各个影响因素的考察，特别是对于用户个人特征、用户平时出行行为等客观因素和主观因素的考察，来构建对应的 Logit 模型，从而分析各个影响因素的权重。

根据本书第 1 章对基本方法论的描述，结合本书第 3 章对理论综述的分析，由式(4-1)—式(4-5)推定使用多项 Logit 模型对本书的各个影响因素进行分析，基本形式如式(4-6)，即：

$$P_{nj}=\frac{\exp(V_{nj})}{\sum_{j=1}^{J}\exp(V_{nj})}=\frac{\exp\left(\sum_{k=1}^{K}\theta_k X_{njk}\right)}{\sum_{j=1}^{J}\exp\left(\sum_{k=1}^{K}\theta_k X_{njk}\right)} \tag{4-6}$$

理解影响汽车共享出行长期和短期行为的因素至关重要，短期交通行为理论包括对是否出行的选择、交通方式的选择、出行路线的选择和出行目的地的选择等的分析。根据出行目的、距目的地的距离、出行的费用和时间以及交通方式等影响因素进行不同的模型构建，并标定各个影响因素的权重。对于汽车共享会员的出行行为研究属于短期交通行为研究，探讨的是汽车共享如何为用户提供最佳服务；选择汽车共享而放弃购车甚至将已有车辆卖出则可视为长期交通行为，探讨的是汽车共享对用户家庭及周边的交通、环境、社会等的影响。

但是要界定模型中的汽车拥有行为的成本和长期效应是很困难的。一般来说，用车成本包括：购车成本和因此产生的折旧成本、维护成本(保险、保养、维修、停车费)以及年均行驶里程对应的燃油费。但是，由于固定成本远高于边际成本，往往会导致购车后诱增了大量交通出行。此外，拥有汽车所带来的便利和占有的满足感也是购车的主要原因之一。一次理性或非理性的购买所考虑的并非单次出行的油耗和汽车折旧的费用，更多的则是考虑是否需要。

对影响因素权重的分析是制定相关政策的主要依据。在汽车拥有行为分析中，往往根据行为的观察方法来建立动态与静态相结合的个人交通选择行为模型来加以描述，如设定2次或更多次观察时间节点，以记录汽车的拥有状态，并根据时间间隔来记录汽车拥有行为的变化，更新行为模型。同时，建立潜在购车者的年龄、收入、已有汽车、家庭组成、居住地、工作地、通勤模式、周边交通设施（公交、出租车等）便利度，以及购车后是否可以享受交通补贴、预期的固定成本、预期的年行驶公里数、停车费用等相关参数，来分析个人在面临选择是否购车以及每次出行选择交通方式时的各种因素的影响程度。

通过改变出行费用、出行时间等出行特征，以及可使用的汽车台数和是否拥有驾照等个人属性，外加保险费用、停车成本等外部因素不同的权重指标和可变因素，来观察其对选择的影响，可以提供不同的政策选项并给出相应的政策预期，从而为政府决策提供方案。

同时，由于调查地选在上海，若能对个人的选项进行归类，则可以模拟其他城市出行者的选择行为，从而为政策的地域间推广提供可能性。

综合来看，模型在构建和标定的过程中需要解决两个问题：

（1）汽车共享若推广，人们选择其替代购车的比例有多少？这部分的替代作用能产生多少能源和环境效应？

（2）如果加入汽车共享，那么人们在什么价位、什么出行目的、什么出行距离情况下愿意选择时间成本较高但出行距离成本较低的共享汽车出行？

4.2.1 基于汽车拥有行为的模型构建

对于家庭是否购车以及购车的数量和车型问题来说，它普遍被认为是一个经济驱动的消费决策问题。但从欧美的发展情况来说，汽车进入家庭无疑成了郊区城市化的一大助推剂。从这个意义上，汽车的购置行为影响到土地利用以及城市的结构，同时也与能源消耗及污染物的排放密不可分，使得原本私人的消费决策也作为长期交通行为影响到公共利益的分配。对汽车拥有量这种长期交通选择行为，许多学者进行过相应的研究。不同于短时的单次出行方式选择，汽车拥有量的选择是一个长期且具有诱增交通作用的选择模式，一般时间超过1年。

在汽车共享的车辆选择模型中，我们可以定义 PVC_n 为计划用车的年使用费用：

$$PVC_n = \frac{\text{计划购置车辆的年预计支出}}{\text{家庭年收入} - \text{已有车辆年实际支出}^{\text{No. 1}\cdots 2} - \text{已有车辆年实际支出}^{\text{No. 3}\cdots 4}} \tag{4-7}$$

对于同样收入，但目前没有车辆的家庭来说，其可支配的用于购车的经济能力要大于已有车辆的家庭。因此，我们还设定 OVC_n 为已拥有车辆的年使用费用：

$$OVC_n = \frac{\text{预计加入汽车共享后的年支出}}{\text{家庭年收入} - \text{已有车辆年实际支出}^{\text{No. 1}\cdots 2} - \text{已有车辆年实际支出}^{\text{No. 3}\cdots 4}} \tag{4-8}$$

计划用车的成本和已购用车的成本将通过对用车成本的调查数据计算得到，见式(4-9)—式(4-11)。

$$\text{已有车辆的年实际支出}^{\text{No. 1}} = f\left[\frac{Q_{30}^{1c}}{10} + Q_{30}^{1e} + Q_{30}^{1a,\ 1b,\ 1d}\right] \tag{4-9}$$

$$\text{已有车辆的年实际支出}^{\text{No. 3}} = f\left[\frac{Q_{30}^{3a}}{10} + Q_{30}^{3a,\ 3c} + Q_{30}^{3a,\ 3b,\ 3c}\right] \tag{4-10}$$

$$\text{计划购置车辆的年预计支出} = f\left[\frac{Q_{31} - Q_5^d}{10} + g(Q_{31},\ Q_{32}) + h(Q_{32},\ Q_{34},\ Q_{35}) - Q_5^b\right] \times \frac{1}{Q_{36}} \tag{4-11}$$

式中　$g(Q_{31},\ Q_{32})$——基本的车辆年维护成本；

$h(Q_{32},\ Q_{34},\ Q_{35})$——根据年行驶里程计算出的油耗及所需费用。

同时设定：

(1) φ_k：平均的单车维护指标；

(2) δ：平均的单公里维护指标；

(3) ω_k：平均的百公里油耗指标；

(G1) 如果 $Q_{31} < 100\ 000$，则：

$$g(Q_{31},\ Q_{32}) = \varphi_1 + Q_{32} \times \delta = 6\ 000 + 0.2 \times Q_{32}$$

(G2) 如果 $100\ 000 < Q_{31} < 200\ 000$，则：

$$g(Q_{31},\ Q_{32}) = \varphi_2 + Q_{32} \times \delta = 8\ 000 + 0.2 \times Q_{32}$$

(G3) 如果 $200\ 000 < Q_{31}$，则：

$$g(Q_{31},\ Q_{32}) = \varphi_3 + Q_{32} \times \delta = 10\ 000 + 0.2 \times Q_{32}$$

并设定：

$rate_{\text{汽油}}$ 为目前汽油的单价，以8元/L计。

(H1) Q_{34} = 越野车 / 跑车 / 商务车 / 皮卡，同时 $Q_{35} \neq$ 电动车且 $Q_{35} \neq$ 混合动力汽车，那么

$$h(Q_{32},\ Q_{34},\ Q_{35}) = Q_{32} \times rate_{\text{汽油}} \times \omega_1 = Q_{32} \times \frac{8}{L} \times \frac{13.7L}{100}$$

(H2) 如果 Q_{34} = 轿车，同时 $Q_{35} \neq$ 电动汽车且 $Q_{35} \neq$ 混合动力汽车，那么

$$h(Q_{32},\ Q_{34},\ Q_{35}) = Q_{32} \times rate_{\text{汽油}} \times \omega_2 = Q_{32} \times \frac{8}{L} \times \frac{10L}{100}$$

(H3) 如果 Q_{34} = 小型车，同时 $Q_{35} \neq$ 电动汽车且 $Q_{35} \neq$ 混合动力汽车，那么

$$h(Q_{32},\ Q_{34},\ Q_{35})=Q_{32}\times rate_{汽油}\times\omega_3=Q_{32}\times\frac{8}{L}\times\frac{7.5L}{100}$$

（H4）如果 Q_{35} =混合动力汽车，那么

$$h(Q_{32},\ Q_{34},\ Q_{35})_{混合动力车}=h(Q_{32},\ Q_{34},\ Q_{35})\times 0.6$$

（H5）如果 Q_{35} =电动车，那么

$$h(Q_{32},\ Q_{34},\ Q_{35})_{电动汽车}=h(Q_{32},\ Q_{34},\ Q_{35})\times 0.3$$

在汽车共享部分，我们假设平均的汽车共享单次使用时间为 1 h，每次使用的平均成本为 28 元/h，那么总的价格应该为 28 元加上行驶的公里数乘以 1 元/km。那么

$$\begin{matrix}预计加入汽车\\共享后的年支出\end{matrix}=f\left[Q_{41}\times 1(\text{h/次})\times 52(周/年)\times\frac{28}{h}+Q_{42}\times 1\times 12(月/年)+500\right]\tag{4-12}$$

举例来说，平均购车成本为 15 万元，牌照费为 3.5 万元，税费为 1.5 万元，若十年报废，则每年固定成本折旧费为 2 万元。若每年行驶 1.5 万 km，则油费加路桥费约为 1 万元，保养费 3 000 元，保险费 3 000 元，停车费 3 000 元，清洗费 500 元，其他费用 500 元，则每年的用度近 2 万元。这样算下来，购入 15 万元的车辆，每年需要花费近 4 万元，且这笔费用不将通胀和银行的利率变化计算在内。

我们定义汽车共享的费用为 CC_n，一般来说汽车共享的年费以 500 元计，加上平时的用度计算。举例来说，平时的用度平均为 1 h/次，每小时为 28 元，平均每次出行距离为20 km，每公里收费 1 元，则每次出行的成本约为 60 元，乘以愿意使用汽车共享的次数便可以算出每年每人使用汽车共享的费用。

本书中定义 S_n 为决策者的个人交通补贴。家庭年收入被认为是关系到家庭车辆拥有数的关键因素，有研究人员指出，以我国现在的人均 GDP 来看，未来几年将进入快速机动化的时期，实际上是指家庭购车的能力和需求会逐渐增加。但是在我国，收入较低也可能享有较丰厚的交通补贴。很多国有企事业和机关单位的员工收入并不高，但单位会为员工提供交通补贴，这些收入不计入征税范围，是员工一种福利待遇。一般的交通补贴分成汽车使用型补贴和公共交通使用型补贴，其中汽车使用补贴涵盖停车、油费和路桥费等；有些拥有一定职别的管理人员享有带司机和不带司机的汽车使用权，公共交通补贴则以交通卡的形式发放。因此，有别于欧美等国以收入来衡量经济能力和交通能力，我国需引入补贴来进行细分。若有用车和平日的交通补贴，则 CC_n，PVC_n 和 OVC_n 可以减去这部分的补贴。

模型中还引入变量 EN_n 作为虚拟的指标变量，以记录其对环境和能源的态度，从而把握其对选择新能源车作为家庭拥有车以及选择汽车共享的态度倾向，公式见式(4-13)。所谓新能源车是指混合动力和纯电动车的总称，包括油电混合动力车和锂电以及燃料电池混合动力车等。本书中给出新能源车的基本定义是价位高于普通车 20%，而能耗相比普通车减少 40%左右的一类车。

$$EN_n = f(Q_{34}, Q_{35}) + f(Q_{44}, Q_{45}) + f(Q_{40}) + f(Q_{26}^{a,b}) \tag{4-13}$$

本次调查中，我们询问被调查人员对汽车燃料技术以及车型的偏好，这部分的问题分成对计划购车的偏好和汽车共享用车的偏好两部分。在本题中，我们将这些问题的结果归总为两类：①新能源汽车；②常规汽车。选择新能源汽车的样本为那些选择小车型和新能源技术的人，包括小型车、电动汽车、混合动力汽车等。除了以上三种车型外，我们认为其选择的是常规汽车。

Q_{34} = 小型车 = 1；Q_{35} = 电动汽车或混合动力汽车 = 1；

Q_{40} = 是 = 1；

$Q_{26}^{a,b}$ = 完全同意 = 1。

个人的时间价值也是重要的衡量指标。由于时间价值是出行选择模型中最重要的因素，模型可以计算不同的出行时间价值。在车辆拥有模型中，我们仅定义两个变量，即 CTV_n 和 ATV_n，分别代表通勤出行、机场出行的时间价值。时间价值的基本计算公式是用出行的成本除以出行的时间，见式(4-14)：

$$CTV_n = \text{通勤交通时间价值} = \frac{\text{通勤交通费用}}{\text{总体通勤时耗}} = \frac{2 \times \text{单程通勤交通费} + \text{停车费用}}{2 \times \text{单程通勤交通时间}} \tag{4-14}$$

出行的时间价值是人们选择不同出行模式的主要原因和影响因素。其中，通勤出行的时间价值最具代表性也最敏感。通过时间和费用的比值可以计算出不同出行目的的时间价值，见式(4-15)。平均的通勤出行时间价值为 7 元/h，如果单次费用或时间为零，则以 7 元替代。在通勤出行部分，我们假设车辆行驶的速度为 30 km/h，而日停车费用为 20 元。如果使用公共交通，那么地铁的出行成本为 3 元加上每 5 km 1 元的综合计算，公交则以换乘次数加以计算，即为 2 元加上每换乘 1 次为 1 元。

$$\begin{aligned} ATV_n &= \text{机场出行时间价值} = \frac{\text{机场出行交通费用}}{\text{总体机场出行时耗}} \\ &= \frac{2 \times \text{单程机场出行交通费} + \text{停车费用}}{2 \times \text{单程机场出行交通时间}} \end{aligned} \tag{4-15}$$

在机场出行的时间价值计算过程中，我们假定车辆平均行驶速度为 40 km/h，停车费用为 10 元/h，平均的机场出行时间价值为 16 元/h，如果单次费用或时间为零，则以 16 元替代。

我们还定义 AV_n 为可使用汽车的数量，计算见式(4-16)。如果被调查人员拥有使用汽车的机会，则 AV_n 为 1，否则 AV_n 为 0。对于可使用汽车的数量，可以从调查问卷中的两个问题中得出，即被调查者拥有车辆的数目，以及是否有能力使用单位或公司用车。

$$AV_n = \frac{\text{私人汽车拥有量} + \text{可以支配的公司车辆}}{\text{家庭中持有驾驶执照的成人数}} = \frac{Q_{29} + f(Q_5^c)}{Q_2^a} \tag{4-16}$$

本部分的计算基于两组数据，即家庭拥有的车辆和可供使用的单位车辆。两组数据根据家庭持驾照的人数(即有能力使用汽车的人数)进行除法计算。

同时，我们定义 VF_n 为驾驶的频率，计算见式(4-17)，这一频率可以较好地表征人们选择汽车共享的倾向，如果该用户有较高的驾驶频率但并不拥有车辆。

$$VF_n = \text{汽车使用的频率} = f(Q_4) = \frac{Q_4(\text{次数/月})}{30(\text{日/月})} \tag{4-17}$$

定义 DL_n 为决策者是否拥有驾驶经验，正值表示拥有驾驶经验，且绝对值越大说明经验越足；负值表示没有驾驶经验，绝对值越大说明计划考驾照的时间越长。拥有可使用的车辆才能选择使用汽车出行，而拥有驾照才能采用驾驶类型的模式，包括自驾车、租车和汽车共享。这一变量也被称为虚拟变量，在特殊情况下也常常被使用，如研究上下班高峰的出行模式，那么可以设定出发时使用汽车者为 1，其返回时同样需要采用自驾车方式，相反地，若出发时采用公共交通出行，那么返回时则不能选择自驾车形式。

最后，包括公交站点的到达便利程度 TAT_n、家庭房屋拥有情况 HOT_n、家庭中小孩的数量 NOC_n、被调查者的年龄 AGE_n、受教育程度 EDU_n 都将作为哑变量引入模型，从而更好地反映各个选项的影响因素。

综合来看，当决策者面临汽车拥有或加入汽车共享的问题时，会出现以下这些选择组合：

(1) 计划购车，但加入汽车共享后放弃购车。这一选择代表被调查者初始计划 3 年内购车，但如果有汽车共享供其选择，在明确基本的收费标准后，其愿意加入汽车共享而放弃原本的购车计划。

(2) 计划购车，同时加入汽车共享。这一选择代表被调查者初始计划 3 年内购车，如果有汽车共享供其选择，在明确基本的收费标准后，其愿意加入汽车共享但不放弃原本的购车计划。

(3) 计划购车，不加入汽车共享仍然坚持购车。这一选择代表被调查者初始计划 3 年内购车，如果有汽车共享供其选择，在明确基本的收费标准后，其保留购车计划，而不愿加入汽车共享。

(4) 无购车计划，加入汽车共享。这一选择代表被调查者没有 3 年内购车的计划，如果有汽车共享供其选择，在明确基本的收费标准后，其愿意加入汽车共享。

(5) 无购车计划，不加入汽车共享。这一选择代表被调查者没有 3 年内购车的计划，如果有汽车共享供其选择，在明确基本的收费标准后，其并不愿意的加入汽车共享。

根据前述列举的各类变量计算出不同的选择效用，各种选择项的效用公式见式(4-18)：

$$\begin{aligned} V_{nj} = {} & \mu_1 PVG_n + \mu_2 CC_n + \mu_3 INC_n + \mu_4 OVC_n + \mu_5 AV_n + \mu_6 VF_n + \mu_7 CTV_n + \\ & \mu_8 ATV_n + \mu_9 DL_n + \mu_{10} HOT_n + \mu_{11} TAT_n + \mu_{12} NOC_n + \mu_{13} AGE_n^1 + \\ & \mu_{14} AGE_n^2 + \mu_{15} EN_n + \mu_{16} EDU_n \end{aligned} \tag{4-18}$$

基本的模型形式参考式(4-6)，各个变量对应的参数 μ_k，$\forall k = 1, 2, \cdots, 16$ 将根据调查数据来确定。各参变量的详细数据见表 4-1。

表 4-1　汽车拥有 MNL 模型的选择变量及其参数设置

选项	计划购车预计的年使用费用	共享汽车预计的年使用费用	家庭年收入	已有车辆的年使用费用	可以支配的车辆占家庭成人数比重	汽车使用的频率	通勤出行的时间价值	机场出行的时间价值
	PVC_n	CC_n	INC_n	OVC_n	AV_n	VF_n	CTV_n	ATV_n
V_{n1}	0	CC_n	INC_n	OVC_n	AV_n	VF_n	CTV_n	ATV_n
V_{n2}	PVC_n	CC_n	INC_n	OVC_n	0	VF_n	CTV_n	ATV_n
V_{n3}	PVC_n	0	INC_n	OVC_n	AV_n	VF_n	CTV_n	ATV_n
V_{n4}	0	CC_n	INC_n	0	AV_n	VF_n	CTV_n	ATV_n
V_{n5}	0	0	0	OVC_n	0	0	0	0
未知参数	μ_1	μ_2	μ_3	μ_4	μ_5	μ_6	μ_7	μ_8
选项	驾驶经验	家庭住房拥有情况	公交站点便利程度	家庭中未成年人的数量	年龄(<35)	年龄($\geqslant 35$)	新能源偏好	受教育程度
	DL_n	HOT_n	TAT_n	NOC_n	AGE_n	AGE_n	EN_n	EDU_n
V_{n1}	DL_n	0	0	0	AGE_n	AGE_n	EN_n	EDU_n
V_{n2}	DL_n	HOT_n	0	NOC_n	AGE_n	AGE_n	EN_n	EDU_n
V_{n3}	DL_n	HOT_n	0	NOC_n	AGE_n	AGE_n	0	0
V_{n4}	DL_n	0	TAT_n	0	AGE_n	AGE_n	EN_n	EDU_n
V_{n5}	0	0	TAT_n	0	0	0	EN_n	0
未知参数	μ_9	μ_{10}	μ_{11}	μ_{12}	μ_{13}	μ_{14}	μ_{15}	μ_{16}

注：V_{n1} = 计划购车，但加入汽车共享而放弃购车；V_{n2} = 计划购车，同时加入汽车共享；V_{n3} = 计划购车，不加入汽车共享仍然坚持购车；V_{n4} = 无购车计划，加入汽车共享；V_{n5} = 无购车计划，不加入汽车共享。

4.2.2 基于出行选择行为的模型构建

基于出行选择行为的模型被广泛应用于出行方式的选择问题上。本书将汽车共享纳入模型中，以明确上海地区汽车共享潜在会员和非会员的出行基本方式。假设我们要研究的内容是被调查者是否会选择汽车共享来替代现有汽车出行的模式进行通勤，对此我们就需要知道出行距离，并相应地求出出行时间，根据汽油费和路桥费计算出行成本，加上在工作地停车的时间和费率从而得出停车费用。这样就能计算出汽车共享和私家车出行的单次成本。当然，这是因为被调查者已经购车，而每年 4 万元的成本已成为沉没成本，因此这并不是其考虑是否选择汽车共享的原因。

我们定义变量 C_{ni} 为决策者选择某种交通出行方式(包括出租车、自驾车、汽车共享、公共交通、出租换乘公共交通、自行车以及步行) 后，到达目的地所需的费用。$T_{\text{travel-}ni}$ 则表示一次出行的总用时。给定这些变量后，我们就可以知道基本的出行时间和价值比。

我们定义 O_n 为该家庭拥有的车辆数，作为私家车的哑变量。另外，我们还定义 LC_n 和 MSD_n 为使用汽车共享的意愿程度和使用公交车的便利度，作为汽车共享和公交车的哑变量。本书中定义 YP_n 为家庭年收入，S_n 为决策者的个人交通补贴，DL_n 为决策者是否持有驾照，1 代表持有，0 代表未持有。

最后包括家庭房屋拥有情况 HOT_n 和被调查人员的年龄 AGE_n 都将作为哑变量引入模型，从而更好地反映各个选项的影响因素。综合来看，根据前述列举的各类变量计算出不同的选择效用，各种选择项的效用公式见式(4-19)：

$$V_{nj}=\theta_1 LC_n+\theta_2 MSD_n+\theta_3 T_{\text{travel-}ni}+\theta_4 C_{ni}+\theta_5 O_n+\theta_6 D_n+\theta_7 YP_n+\theta_8 HOT_n+\theta_9 AGE_n^1+\theta_{10} AGE_n^2 \tag{4-19}$$

基本的模型形式参考式(4-6)，各个变量对应的参数 θ_k，$\forall k=1, 2, \cdots, 10$ 将根据调查数据来确定。各参变量的详细数据见表 4-2。

表 4-2　出行选择 MNL 模型的选择变量及其参数设置

选项	加入汽车共享的可能性	距地铁车站的距离	出行时间	出行成本	车辆的拥有情况
	LC_n	MSD_n	$T_{\text{travel-}ni}$	C_{ni}	O_n
V_{n1} = 出租车	0	0	$T_{\text{travel-}n1}$	C_{n1}	0
V_{n2} = 私家车	0	0	$T_{\text{travel-}n2}$	C_{n2}	O_n
V_{n3} = 汽车共享	LC_n	MSD_n	$T_{\text{travel-}n3}$	C_{n3}	0
V_{n4} = 公共交通	0	MSD_n	$T_{\text{travel-}n4}$	C_{n4}	0
V_{n5} = 自行车	0	0	$T_{\text{travel-}n5}$	$C_{n5}=0$	0
V_{n6} = 步行	0	0	$T_{\text{travel-}n6}$	$C_{n6}=0$	0
未知参数	θ_1	θ_2	θ_3	θ_4	θ_5

（续表）

选项	是否持有驾照	家庭收入	家庭房屋拥有情况	年龄(<35)	年龄($\geqslant 35$)
	D_n	YP_n	HOT_n	AGE_{yn}	AGE_{mn}
V_{n1} = 出租车	0	YP_n	0	AGE_{yn}	AGE_{mn}
V_{n2} = 私家车	D_n	YP_n	HOT_n	AGE_{yn}	AGE_{mn}
V_{n3} = 汽车共享	D_n	YP_n	0	AGE_{yn}	AGE_{mn}
V_{n4} = 公共交通	0	0	0	AGE_{yn}	AGE_{mn}
V_{n5} = 自行车	0	0	0	AGE_{yn}	0
V_{n6} = 步行	0	0	0	0	0
未知参数	θ_6	θ_7	θ_8	θ_9	θ_{10}

4.3 模型的验证及改进

4.3.1 基于 Logit 构建的购车计划模型

在第 1 次调查中的简单车辆选择模型中，我们定义 VOI_n 为可支配经济能力。这一能力通过收入和用车的费用计算得到，我们用个人的收入计算得到家庭收入，再用家庭收入减去现有车辆的每月用车成本。另外，我们定义一个时间价值变量 TV_n，TV_n 来自 5 个变量，分别是通勤出行的费用，拼车的可接受费用，可接受的汽车共享小时费用、公里费用和会员费。我们定义 AV_n 为可使用汽车的数量占家庭成年人数的比例。定义 DL_n 为决策者的驾驶经验即驾照的持有年限，正值表示持有的时间，负值则表示计划购车的年限。

最后，包括家庭中未成年人的数量 NOC_n、被调查者的年龄 AGE_n、居住地离开市中心的距离 HD_n、选择租赁汽车时的自驾意愿 DE_n 都将作为哑变量引入模型，从而更好地反映各个选项的影响因素。

综合来看，当决策者面临汽车拥有或加入汽车共享问题时，会出现以下这些选择组合：①计划 1 年内购车；②计划 3 年内购车；③计划 5 年内购车；④计划 5 年以后再购车；⑤暂时没有购车计划。

根据前述列举的各类变量计算出不同的选择效用，各种选择项的效用公式见式(4-20)：

$$V_{ni} = \mu_1 VOI_n + \mu_2 TV_n + \mu_3 DL_n - \mu_4 AV_n + \mu_5 NOC_n + \mu_6 AGE + \mu_7 HD_n + \mu_8 DE_n \tag{4-20}$$

各个变量对应的参数 μ_k，$\forall k = 1, 2, \cdots, 8$ 将根据调查数据来确定。各参变量的详细数据见表 4-3。

表 4-3　　购车计划 MNL 模型的选择变量及其参数设置

选项	可支配经济能力	时间价值	可以支配的车辆占家庭成人数的比重	驾驶经验
	VOI_n	TV_n	AV_n	DL_n
V_{n1}	VOI_n	TV_n	AV_n	DL_n
V_{n2}	VOI_n	TV_n	AV_n	0
V_{n3}	VOI_n	TV_n	AV_n	DL_n
V_{n4}	0	0	0	DL_n
V_{n5}	VOI_n	TV_n	AV_n	DL_n
未知参数	μ_1	μ_2	μ_3	μ_4
选项	家庭中未成年人的数量	年龄	居住地距市中心的距离	自驾的意愿
	NOC_n	AGE_n	HD_n	DE_n
V_{n1}	NOC_n	AGE_n	HD_n	DE_n
V_{n2}	NOC_n	0	HD_n	0
V_{n3}	NOC_n	AGE_n	HD_n	DE_n
V_{n4}	0	AGE_n	0	DE_n
V_{n5}	NOC_n	AGE_n	HD_n	DE_n
未知参数	μ_5	μ_6	μ_7	μ_8

注：V_{n1} = 计划 1 年内购车；V_{n2} = 计划 3 年内购车；V_{n3} = 计划 5 年内购车；V_{n4} = 计划 5 年后购车；V_{n5} = 暂无购车计划。

通过 Multinomial Logit 模型计算，得出的结果如下：

计算参数有 13 个，样本数 833 个，最大似然函数值为－984.874，极大似然检验值为 711.576，各参数的值、标准差和检验结果见表 4-4。

表 4-4　　模型参数及检验结果(购车计划)

参数	值	标准差	t 检验	P 值
选项 1 常数值	－0.315	0.652	－0.48	0.63
选项 2 常数值	0.284	0.73	0.39	0.7
选项 3 常数值	－0.222	0.651	－0.34	0.73
选项 4 常数值	－1.23	1.80E+308	0	1
选项 5 常数值	1.48	0.646	2.29	0.02
μ_1	1.38E-04	3.06E-05	1.24	0.22
μ_2	－0.225	0.162	－1.39	0.17

（续表）

参数	值	标准差	t 检验	P 值
μ_3	2.94	1.3	2.25	0.02
μ_4	−0.0386	0.0259	−1.49	0.14
μ_5	−0.397	0.159	−2.5	0.01
μ_6	0.00330	0.0122	0.27	0.79
μ_7	0.118	0.092	1.28	0.2
μ_8	−0.0352	0.0797	−0.44	0.66

注：可支配经济能力 μ_1，时间价值 μ_2，可以支配的车辆数占家庭成人数的比重 μ_3，驾驶经验 μ_4，家庭中未成年人的数量 μ_5，年龄（<35）μ_6，年龄（$\geqslant 35$）μ_{60}，居住地距离市中心的距离 μ_7，自驾的意愿 μ_8。

通过修正我们将整体模型进行分级简化处理，设置两组数据，即有车和无车，两个选项即有无购车计划 V_{n1} =计划 5 年内购车，V_{n2} =5 年内暂无购车计划。因此，各个参数的标定指标数值见表 4-5。

表 4-5　　进一步修正后的购车计划 MNL 模型的选择变量及其参数设置

选项	可支配经济能力	时间价值	可以支配的车辆占家庭成人数的比重	驾驶经验
	VOI_n	TV_n	AV_n	DL_n
V_{n1}	VOI_n	TV_n	0	DL_n
V_{n2}	0	0	AV_n	0
未知参数	μ_1	μ_2	μ_3	μ_4

选项	家庭中未成年人的数量	年龄（<35）	年龄（$\geqslant 35$）	居住地距市中心的距离	自驾的意愿
	NOC_n	AGE_n	AGE_n	HD_n	DE_n
V_{n1}	NOC_n	$AGEn$	0	HD_n	DE_n
V_{n2}	0	0	$AGEn$	0	0
未知参数	μ_5	μ_6	μ_{60}	μ_7	μ_8

分成两组后得出的结论如下，具体模型参数及检验结果见表 4-6。

模型 1：Multinomial Logit（有车），模型 2：Multinomial Logit（无车）；

模型 1 的计算参数有 10 个，样本数量为 355 个，最大似然函数值为−199.122，极大似然检验值为 93.891。

模型 2 的计算参数有 10 个，样本数量为 478 个，最大似然函数值为−278.994，极大似然检验值为 104.660。

表 4-6　　修正后的模型参数及检验结果(购车计划)

模型 1 有车				
参数	值	标准差	t 检验	P 值
选项 1 常数值	0	修正值		
选项 2 常数值	0.998	0.968	1.03	0.3
μ_1	2.14E-05	1.01E-05	2.12	0.03
μ_2	0.104	0.0997	1.04	0.3
μ_3	1.66	0.782	2.13	0.03
μ_4	0.0799	0.0705	1.13	0.26
μ_5	0.102	0.126	0.8	0.42
μ_6	−0.00928	0.029	−0.32	0.75
μ_{60}	0.0272	0.0197	1.38	0.17
μ_7	−0.0182	0.0552	−0.33	0.74
μ_8	0.00216	0.103	0.02	0.98
模型 2 无车				
参数	值	标准差	t 检验	P 值
选项 1 常数值	0	修正值		
选项 2 常数值	2.48	0.874	2.84	0
μ_1	3.64E-05	1.52E-05	2.4	0.02
μ_2	0.0278	0.095	0.29	0.77
μ_3	0	1.80E+308	0	1
μ_4	0.421	0.0518	8.13	0
μ_5	−0.231	0.139	−1.66	0.1
μ_6	0.00437	0.0248	0.18	0.86
μ_{60}	−0.0137	0.0164	−0.84	0.4
μ_7	0.0182	0.0452	0.4	0.69
μ_8	0.0397	0.0894	0.44	0.66

注:可支配经济能力 μ_1,时间价值 μ_2,可以支配的车辆占家庭成人数的比重 μ_3,驾驶经验 μ_4,家庭中未成年人的数量 μ_5,年龄(<35)μ_6,年龄($\geqslant 35$)μ_{60},居住地离市中心的距离 μ_7,自驾的意愿 μ_8。

从模型的参数标定来看，前四个参数非常好地表现了选择的倾向，说明可支配经济能力、时间价值、可以支配的车辆占家庭成人数的比重、驾驶经验是选择是否 5 年内购车的主要指标。相对地，未成年人的数量、年龄（<35）、年龄（$\geqslant 35$）、居住地距离市中心的距离、自驾的意愿则很难用来作为区分是否购车的动机。这里需要指出的是居住地距离市中心的距离这一指标，原本是用来衡量用户居住区位周边停车等设施是否会影响其购车，即外围新建区的停车位相对不紧张，则假定其购车的欲望强烈，但结果相反，即越靠近中心城，购车的欲望越强烈。综合来看，其原因在于收入，即中心城居民的收入较高，因此更有能力购车。

综合以上结果，得出以下六个要点：

（1）经济能力是衡量是否计划购车的主要原因，相对来说，有车家庭拥有该经济能力的比重更高。

（2）时间价值是基于五个要素组成的，有车家庭对汽车出行的费用有更加清晰的了解，因此时间价值的影响因素更加稳定，而且相对无车家庭，若不考虑因素的可靠性，其时间价值的影响参数更大。

（3）从汽车拥有量来看，其对是否计划购车也影响颇大，影响参数为 1.66，也就是说如果家庭车辆越多，其计划购车的可能性越小。而对无车家庭来说，不存在车辆数量问题，因此其值失真。

（4）驾驶经验对购车计划有一定的影响，但是对无车家庭来说，其 t 检验的值过大，偏差较大。若不考虑这部分内容，则无车家庭中驾驶经验对其是否购车的影响较大。

（5）家庭中是否有未成年人是影响无车家庭购车的一个重要因素，相对来说，有车家庭该影响较小。此外，无车家庭该因素的影响可信度较高。

（6）总的来说，年龄、与市中心的距离和自驾的意愿对购车影响较小，且可信度较低。

4.3.2　基于 Logit 构建的汽车共享选择意愿模型

对汽车共享的选择意愿来说，影响因素类似于汽车拥有的数目，但是各影响因素的尺度不同，量化的数量也有异。基本的模型参数选择保持不变，即定义 VOI_n 为可支配经济能力，时间价值变量 TV_n，AV_n 为可使用汽车的数量占家庭成年人数的比例，DL_n 为决策者的驾驶经验即驾照的持有年限。另外，未成年人的数量 NOC_n、被调查者的年龄 AGE_n、居住地离市中心的距离 HD_n、选择租赁汽车时的自驾意愿 DE_n 等都将作为哑变量引入模型。从而更好地反映各个选项的影响因素。

综合来看，决策者面临汽车拥有或加入汽车共享这一问题时，会出现以下这些选择组合：①计划购车，非常愿意加入汽车共享；②计划购车，愿意加入汽车共享；③计划购车，不愿意加入汽车共享；④无购车计划，非常愿意加入汽车共享；⑤无购车计划，愿意加入汽车共享；⑥无购车计划，不愿意加入汽车共享。

根据前述列举的各类变量计算出不同的选择效用，各种选择项的效用公式见式(4-20)。

各个变量对应的参数 μ_k，$\forall k=1, 2, \cdots, 8$ 将根据调查的数据来确定。各参变量的详细数据见表 4-7。

表 4-7　　汽车共享选择意愿 MNL 模型的选择变量及其参数设置

选项	可支配经济能力	时间价值	可以支配的车辆占家庭成人数的比重	驾驶经验
	VOI_n	TV_n	AV_n	DL_n
V_{n1}	VOI_n	TV_n	0	DL_n
V_{n2}	VOI_n	TV_n	AV_n	DL_n
V_{n3}	VOI_n	TV_n	AV_n	DL_n
V_{n4}	VOI_n	TV_n	AV_n	DL_n
V_{n5}	0	TV_n	AV_n	DL_n
V_{n6}	VOI_n	0	AV_n	0
未知参数	μ_1	μ_2	μ_3	μ_4
选项	家庭中未成年人的数量	年龄	居住地距市中心的距离	自驾的意愿
	NOC_n	AGE_n	HD_n	DE_n
V_{n1}	NOC_n	AGE_n	HD_n	DE_n
V_{n2}	NOC_n	AGE_n	HD_n	0
V_{n3}	0	AGE_n	0	DE_n
V_{n4}	NOC_n	AGE_n	HD_n	DE_n
V_{n5}	NOC_n	AGE_n	HD_n	DE_n
V_{n6}	NOC_n	0	HD_n	0
未知参数	μ_5	μ_6	μ_7	μ_8

注：V_{n1} = 计划购车，非常愿意加入汽车共享；V_{n2} = 计划购车，愿意加入汽车共享；V_{n3} = 计划购车，不愿意加入汽车共享；V_{n4} = 无购车计划，非常愿意加入汽车共享；V_{n5} = 无购车计划，愿意加入汽车共享；V_{n6} = 无购车计划，不愿意加入汽车共享。

采用 Multinomial Logit 模型，最后得出的结果如下，参数及检验结果见表 4-8。

计算参数有 13 个，样本 833 个，最大似然函数值为 −1218.375，极大似然检验值为 548.322。

表 4-8　　参数及检验结果(汽车共享选择意愿)

参数	值	标准差	t 检验	P 值
选项 1 常数值	0	修正值		
选项 2 常数值	0.81	0.159	5.1	0
选项 3 常数值	−3.31	0.664	−4.98	0
选项 4 常数值	0.166	0.17	0.97	0.33
选项 5 常数值	1.67	0.172	9.7	0

（续表）

参数	值	标准差	t 检验	P 值
选项 6 常数值	−1.81	0.649	−2.79	0.01
μ_1	2.59E-05	8.08E-06	3.21	0
μ_2	0.0644	0.0883	0.73	0.47
μ_3	1.19	0.618	1.92	0.05
μ_4	0.0869	0.0338	2.57	0.01
μ_5	3.75E-15	1.80E + 308	0	1
μ_6	−0.0566	0.00724	−7.82	0
μ_7	−0.0575	0.0697	−0.83	0.41
μ_8	−0.123	0.062	−1.98	0.05

注：可支配经济能力 μ_1，时间价值 μ_2，可以支配的车辆占家庭成人数的比重 μ_3，驾驶经验 μ_4，家庭中未成年人的数量 μ_5，年龄 μ_6，居住地离市中心的距离 μ_7，自驾的意愿 μ_8。

从结果来看，结论基本可信，但出现 μ_5 的异常情况。因此，根据模型 1 中对购车计划的修正过程，我们在本轮模型的构建中也进行了一定的改进，首先是还原自驾意愿的正负值分布，其次是保持年龄的连续性。通过对选项归类，分为三类：非常愿意加入汽车共享、愿意加入汽车共享和不愿意加入汽车共享，同时，按有车计划购车、无车计划购车和无购车计划也进行分类和规整。因此，模型改进后各参变量的详细数据见表 4-9。

表 4-9　　改进后的汽车共享选择意愿 MNL 模型的选择变量及其参数设置

选项	可支配经济能力	时间价值	可以支配的车辆占家庭成人数的比重	驾驶经验
	VOI_n	TV_n	AV_n	DL_n
V_{n1}	VOI_n	TV_n	AV_n	DL_n
V_{n2}	0	0	AV_n	0
V_{n3}	VOI_n	TV_n	0	DL_n
未知参数	μ_1	μ_2	μ_3	μ_4
选项	家庭中未成年人的数量	年龄	居住地距市中心的距离	自驾的意愿
	NOC_n	AGE_n	HD_n	DE_n
V_{n1}	NOC_n	AGE_n	0	DE_n
V_{n2}	0	0	HD_n	0
V_{n3}	NOC_n	AGE_n	HD_n	DE_n
未知参数	μ_5	μ_6	μ_7	μ_8

注：V_{n1} = 非常愿意加入汽车共享；V_{n2} = 愿意加入汽车共享；V_{n3} = 不愿意加入汽车共享。

表 4-10 三个模型结果比较

模型 1 有购车计划，家中无车					模型 2 有购车计划，家中有车					模型 3 无购车计划				
计算参数：10 个	最大似然函数值：−157.515				计算参数：10 个	最大似然函数值：−81.559				计算参数：10 个	最大似然函数值：−434.546			
样本量：212 个	极大似然检验值：150.782				样本量：100 个	极大似然检验值：56.604				样本量：521 个	极大似然检验值：275.663			
参数	值	标准差	*t* 检验	*P* 值	参数	值	标准差	*t* 检验	*P* 值	参数	值	标准差	*t* 检验	*P* 值
A_1	−0.432	1.2	−0.36	0.72	A_1	−3.22	1.55	−2.08	0.04	A_1	−2.61	0.585	−4.46	0
A_2	0	修正值			A_2	0	修正值			A_2	0	修正值		
A_3	1.07	0.96	1.12	0.26	A_3	−1.72	1.43	−1.21	0.23	A_3	−1.72	0.502	−3.42	0
μ_1	−7.50E-06	2.26E-05	−0.33	0.74	μ_1	8.63E-06	1.66E-05	0.52	0.6	μ_1	3.62E-06	9.89E-06	0.37	0.71
μ_2	−0.281	0.149	−1.88	0.06	μ_2	0.106	0.19	0.56	0.58	μ_2	−0.0478	0.0844	−0.57	0.57
μ_3	0	1.41	0	1	μ_3	−1.14	1.51	−0.76	0.45	μ_3	0.143	0.429	0.33	0.74
μ_4	0.121	0.0521	2.31	0.02	μ_4	0.00395	0.0844	0.05	0.96	μ_4	0.0388	0.0265	1.46	0.14
μ_5	−0.66	0.323	−2.04*	0.04	μ_5	0.0379	0.226	0.17	0.87	μ_5	0.13	0.101	1.29	0.2
μ_6	−0.0221	0.025	−0.88	0.38	μ_6	−0.0125	0.0354	−0.35	0.72	μ_6	0.0219	0.0114	1.92	0.06
μ_7	−0.0535	0.117	−0.46	0.65	μ_7	−0.171	0.145	−1.18	0.24	μ_7	−0.0697	0.0558	−1.25	0.21
μ_8	−0.216	0.144	−1.5	0.13	μ_8	0.0336	0.185	0.18	0.86	μ_8	0.00553	0.0801	0.07	0.94

注：可支配经济能力 μ_1，时间价值 μ_2，可支配的车辆占家庭成人数的比重 μ_3，驾驶经验 μ_4，家庭中未成年人的数量 μ_5，年龄 μ_6，居住地离市中心的距离 μ_7，自驾的意愿 μ_8。

从结果可见，由于模型 2 的样本量仅有 100 个，因此其 P 值可靠性较低，而模型 3 的数据虽多，但由于过于离散，可靠性同样不高。综合来看，有购车计划且家中无车的人对汽车共享的选择较为理性且客观。横向比较可见，可支配经济能力的影响参数偏理性较大，模型 1 的该参数为负，而模型 2 和模型 3 的该参数虽然都为正，但数值相差较大。总体来看，家中无车收入越高且有计划购车者选择汽车共享的可能性较低，而家中有车且有购车计划的人则倾向于选择汽车共享，无购车计划者这一倾向性较弱。同样，时间价值的反应也各不相同，家中无车时间价值高且有购车计划者反而不愿意加入汽车共享，这一点和无购车计划者相同，但前者的倾向性更大，而有购车计划家中有车的高收入者则倾向于加入汽车共享。家庭车用油量对汽车共享的加入倾向也各不相同，有购车计划者，家庭车越多越不愿意加入汽车共享，无购车计划的被调查者则相反。驾驶经验对于是否加入汽车共享的影响为正，但其影响对无车且有购车计划者的影响最大，有车有计划购车者的选择在该参数中反应较弱，无购车计划者居中。其他参数如家庭中未成年人的数量、年龄、居住地离市中心的距离、自驾意愿等影响较小。总体来看，家庭中未成年人数越多、年龄越大、越靠近外围城区、自驾意愿越强烈则越不会选择汽车共享。有车且有计划购车者、无购车计划者家中的未成年人数越多、自驾意愿越强则越倾向于加入汽车共享。居住地越靠近外围，其选择汽车共享的可能性越小。年龄越大的家中有车有购车计划者越不愿意加入汽车共享，相反无购车计划者年龄越大则越倾向于加入汽车共享。三个模型的具体结果见表 4-10。

4.4.3　基于 Logit 构建的汽车共享替代已有车辆模型

对汽车共享替代已有车辆的探讨，主要是针对已有车辆且愿意加入汽车共享的样本人群。对于是否愿意用汽车共享来替代已有车辆（或废弃现有车辆）的选择意愿来说，影响因素类似于汽车拥有的数目，但是各个影响因素的尺度不同，量化的数量也有差异。基本的模型参数选择保持不变，即定义 VOI_n 为可支配经济能力，时间价值变量 TV_n，AV_n 为可使用汽车的数量占家庭成年人数的比例，DL_n 为决策者的驾驶经验即驾照的持有年限。另外，家庭中未成年人的数量 NOC_n、被调查者的年龄 AGE_n、居住地距市中心的距离 HD_n、选择租赁汽车时的自驾意愿 DE_n 等都将作为哑变量引入模型，从而更好地反映各个选项的影响因素。

综合来看，当决策者面临加入汽车共享后是否愿意废弃现有车辆这一问题时，会出现两种组合：愿意废弃现有车辆和不愿意废弃现有车辆。

根据前述列举的各类变量计算出不同的选择效用，各种选择项的效用公式见式（4-20）。

各个变量对应的参数 μ_k，$\forall k=1, 2, \cdots, 8$ 将根据调查的数据来确定。各参变量的详细数据见表 4-11。

我们选取已有车辆且愿意加入汽车共享的样本人群进行分析，采用 Multinomial Logit 模型，最后得出的结果如下：计算参数有 10 个，样本 290 个，最大似然函数值为 -313.567，极大似然检验值为 10.061。参数及检验结果见表 4-12。

表 4-11　　汽车共享替代已有车辆意愿 MNL 模型的选择变量及其参数设置(有车)

选项	可支配经济能力	时间价值	可以支配的车辆占家庭成人数的比重	驾驶经验
	VOI_n	TV_n	AV_n	DL_n
V_{n1}	VOI_n	TV_n	AV_n	DL_n
V_{n2}	VOI_n	TV_n	AV_n	DL_n
V_{n3}	0	0	0	0
未知参数	μ_1	μ_2	μ_3	μ_4
选项	家庭中未成年人的数量	年龄	居住地距市中心的距离	自驾的意愿
	NOC_n	AGE_n	HD_n	DE_n
V_{n1}	NOC_n	AGE_n	HD_n	DE_n
V_{n2}	NOC_n	0	0	0
V_{n3}	0	AGE_n	HD_n	DE_n
未知参数	μ_5	μ_6	μ_7	μ_8

注：V_{n1} = 愿意废弃现有车辆；V_{n2} = 愿意废弃现有车辆；V_{n3} = 愿意取消增购计划。

表 4-12　　参数及检验结果(汽车共享替代已有车辆)

参数	值	标准差	t 检验	P 值
选项 1 常数值	0.508	0.54	0.94	0.35
选项 2 常数值	0.98	0.751	1.31	0.19
选项 3 常数值	0	修正值		
μ_1	4.00E-06	1.13E-05	0.36	0.72
μ_2	−0.0447	0.111	−0.4	0.69
μ_3	0.151	0.56	0.27	0.79
μ_4	−0.046	0.0463	−0.99	0.32
μ_5	0.0388	0.143	0.27	0.79
μ_6	0.0201	0.018	1.12	0.26
μ_7	0.0305	0.057	0.53	0.59
μ_8	0.0215	0.102	0.21	0.83

注：可支配经济能力 μ_1，时间价值 μ_2，可支配的车辆占家庭成人数的比重 μ_3，驾驶经验 μ_4，家庭中未成年人的数量 μ_5，年龄 μ_6，居住地距市中心的距离 μ_7，自驾的意愿 μ_8。

由于样本量过小，而选项的离散程度过大，且各个选项的份额不同，导致 P 值较大，因此可靠度较低。总体来看，家庭拥有车辆的数量是最主要因素，当拥有的车越多时，越愿意选择废弃现有车辆。其他因素的影响颇小，难以从数值中看出差别。

对于无车且计划购车的用户来说，其面对的选择是加入共享汽车后是否取消购车计划。各参变量的详细数据见表 4-13。

表 4-13　　汽车共享替代购车计划意愿 MNL 模型选择变量及其参数设置(无车)

选项	可支配经济能力	时间价值	可以支配的车辆占家庭成人数的比重	驾驶经验
	VOI_n	TV_n	AV_n	DL_n
V_{n1}	VOI_n	TV_n	AV_n	DL_n
V_{n2}	0	0	0	0
未知参数	μ_1	μ_2	μ_3	μ_4
选项	家庭中未成年人的数量	年龄	居住地距市中心的距离	自驾的意愿
	NOC_n	AGE_n	HD_n	DE_n
V_{n1}	NOC_n	AGE_n	HD_n	DE_n
V_{n2}	0	0	0	0
未知参数	μ_5	μ_6	μ_7	μ_8

注：V_{n1} = 取消购车计划，V_{n2} = 仍然购车。

采用：Multinomial Logit 模型，最后得出的结果如下：计算参数有 9 个，样本 372 个，最大似然函数值为−252.266，极大似然检验值为 11.170。参数及检验结果见表 4-14。

表 4-14　　参数及检验结果(汽车共享替代购车计划)

参数	值	标准差	t 检验	P 值
选项 1 常数值	0.39	0.642	0.61	0.54
选项 2 常数值	0	修正值		
μ_1	−1.36E-06	1.42E-05	−0.1	0.92
μ_2	0.055	0.0975	0.56	0.57
μ_3	0	5.18	0	1
μ_4	−0.0311	0.0317	−0.98	0.33
μ_5	0.0361	0.157	0.23	0.82
μ_6	−0.00777	0.015	−0.52	0.6
μ_7	−0.0252	0.0473	−0.53	0.59
μ_8	0.0345	0.0907	0.38	0.7

注：可支配经济能力 μ_1，时间价值 μ_2，可支配的车辆占家庭成人数的比重 μ_3，驾驶经验 μ_4，家庭中未成年人的数量 μ_5，年龄 μ_6，居住地距市中心的距离 μ_7，自驾的意愿 μ_8。

这一部分数据处理的结果和之前基本相同，一方面由于样本量过小，而选项的离散程度过大，且各个选项的份额不同，导致 P 值较大，因此可靠度较低。另一方面，由于问题本身设置的技巧性和严密性不足，使得数据的价值降低。

4.4 模型标定结果及精度分析

4.4.1 基于汽车拥有行为的模型标定结果及精度分析

根据理论部分和方法论部分对两个模型以及问题的阐述，我们使用 Logit 模型对第 1 次调查和第 2 次调查所得样本的购车计划、汽车共享的加入意愿进行了分析，并通过标定结果进行了模型解构。具体的第 1 轮数据分析及模型标定结果见本书 4.3 节。不同的家庭车辆拥有量对购车计划和加入汽车共享意愿的影响如表 4-15 所列。

表 4-15　　家庭车辆拥有量对购车计划及加入汽车共享意愿的影响

第 1 次调查数据

车辆拥有量	总量	有购车计划		非常愿意加入汽车共享	
		人数	占总量的比例	人数	占总量的比例
0 辆	478	212	44.35%	91	19.04%
1 辆	291	86	29.55%	72	24.74%
2 辆	57	13	22.81%	11	19.30%
2 辆以上	7	1	14.29%	2	28.57%
合计	833	312	37.45%	176	21.13%

第 2 次调查数据

车辆拥有量	总量	有 5 年内购车计划的		汽车共享加入意愿超过 8	
		人数	占总量的比例	人数	占总量的比例
0 辆	127	92	72.44%	17	13.39%
1 辆	121	68	56.20%	13	10.74%
2 辆	19	4	21.05%	2	10.53%
2 辆以上	4	3	75.00%	1	25.00%
合计	271	167	61.62%	33	12.18%

从表 4-15 可以看出，购车计划的样本中，第 1 次调查数据表明无车家庭中约 44%的家庭有购车计划，而拥有 1 辆车的家庭中约有 30%有购车计划，第 2 次调查的数据表明约有 72%的无车家庭计划 5 年内购车，而约有 56%的有车家庭计划五年内购车。第 2 次调查的数据结果高于第 1 次调查是因为我们采样的范围不同，第 2 次调查采样的范围更倾向于收入较高的中心城地区居民，因此相比第 1 次全市范围调查，其购车趋势更强烈。但总体上说明无车家庭的购车需求较大，而有车家庭的购车需求也非常旺盛，有车家庭的这部分需求就是家庭二辆车的构成主体，如果在未来 5 年有 56%的有车家庭购车，那么仅这部分增长就可以使得现有中心城区的汽车拥有量增加近一半。

相对购置车辆，汽车共享的加入意愿随车辆拥有量的增加所产生的变化不大，且呈现无规律变化。第 1 次调查数据表明有车家庭的汽车共享加入意愿高于无车家庭，实际运作表明，大部分的汽车共享会员来自无车家庭，就这一点第 2 次调查的数据结果与此拟合度较高。

在利用第 1 次调查数据建模分析的过程中，我们选取了可支配经济能力、时间价值、可支配的车辆占家庭成人数的比重、驾驶经验、家庭中未成年人的数量、年龄、居住地距市中心的距离、自驾意愿这几个因素作为主要因素进行分析。从标定的结果可以看出，可支配经济能力是衡量是否计划购车的主要原因，而家庭是否有车也是区别不同影响因素的主要分水岭，若能引入权重系数，对有车和无车者进行权重标定，将有利于进一步的分析。此外，有车家庭的购车计划以及加入汽车共享的意愿受经济能力的影响较大，对汽车拥有行为具有同等影响力的还包括家庭车拥有量和驾驶经验。由于时间价值、家庭中未成年人数、年龄、居住地和自驾意愿这 5 个因素受到家庭车辆拥有量的不同程度影响，故结果呈现离散性。

根据第 1 次调查的分析结果，结合本次模型的需求，我们将具体的参数锁定为 16 个主成分参数，4 个常数项，参数见表 4-1，并对第 2 次调查所得的 271 个数据进行了模型再建。基本的选项变化如图 4-1 和图 4-2 所示。

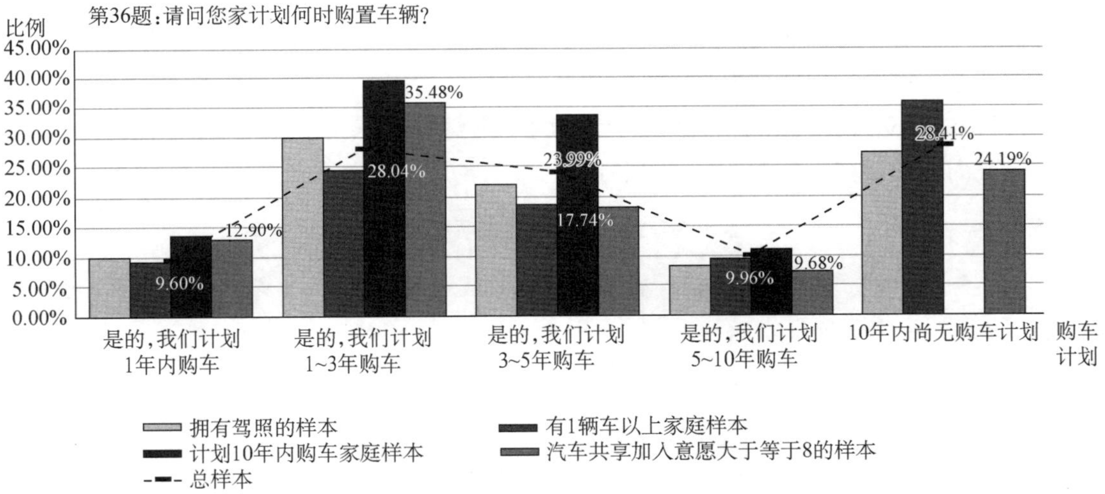

图 4-1　家庭购车计划

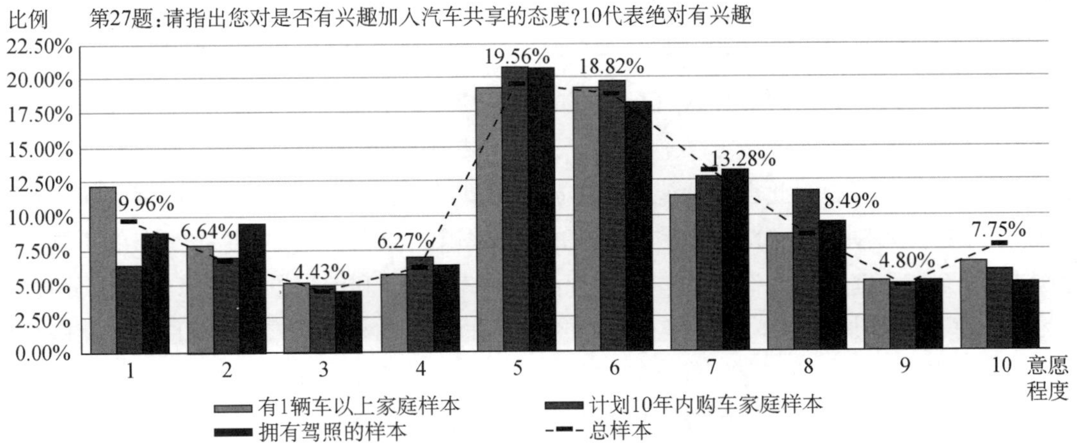

图 4-2　汽车共享的加入意愿

从图 4-1 中我们可以看到，有车家庭的购车需求小于平均水平，而有兴趣加入汽车共享以及有购车需求的家庭其购车的紧迫性高于一般水平。总体上，3 年内有购车需求的比例接近 40%，而 3～10 年内有购车需求的比例接近 35%，无购车计划的仅为 28%。若按这一比例增长，我国的汽车拥有量将发生翻天覆地的变化。因此，政府应适时地进行控制，这也是汽车共享的最大意义所在。

第 2 次调查之初，我们对汽车共享的加入倾向进行了分级，1 表示绝对没有兴趣，10 代表绝对有兴趣。图 4-2 考查了汽车共享的加入意愿，从中我们可以发现大部分的选择集中在 5 和 6，总和接近 40%。意愿为 5 的这部分人是需要争取的不太确定的群体。大于等于 6 的比例为 53%，大于等于 7 的比例为 35%。基本上可以认为大于等于 6 是比较乐意接受汽车共享模式的群体，若提高服务水平，适当降低价格这部分群体易倾向于选择汽车共享。大于等于 7 的这部分群体为发展初期的主要人群，即潜在市场的主体。相对来说，有车家庭的汽车共享加入热情低于一般水平，而有购车需求的样本的汽车共享加入意愿更接近于中立。汽车共享的国外发展经验告诉我们，其基本市场人群以家中无车者为主，占总体市场的近 50%，而一旦有了车想再让他们加入汽车共享的可能性就较低。因此，我国正处于一个关键时期，若能全面推广汽车共享则有可能控制私家车发展的速度。

本模型的建立旨在构造一个能综合反映购车意愿和汽车共享加入意愿的选择效用关系，其主要的选项及其分布如表 4-16 所列。

表 4-16　　基于汽车拥有行为的各选项及其分布

选项	统计量	比例	家中有车	比例	家中无车	比例
计划购车，但因加入汽车共享而放弃购车	20	7.38%	7	4.86%	13	10.24%
计划购车，同时加入汽车共享，仍然购车	27	9.96%	14	9.72%	13	10.24%
计划购车，不加入汽车共享仍然坚持购车	147	54.24%	71	49.31%	76	59.84%
无购车计划，加入汽车共享	30	11.07%	22	15.28%	8	6.30%
无购车计划，不加入汽车共享	47	17.35%	30	20.83%	17	13.38%
总计	271	100.00%	144	100.00%	127	100.00%

从选项的分布来看，愿意加入汽车共享的比例约为 28%，其中计划购车且愿意加入汽车共享的比例约为 17%，而愿意加入汽车共享并放弃购车的比例为 7.38%。加入汽车共享增加了汽车模式的使用，因此会增加能耗和排放。另外，因为加入汽车共享而放弃购车则是汽车共享抑制购车需求的部分，也是减少排放的主要作用。此外，从家中是否有车的不同选择比例来看，无车家庭不加入汽车共享的比例高于有车家庭，和前面的数据综合起来分析，尽管无车家庭是国外加入汽车共享的主体，但在我国的情况却相反，究其原因是无车家庭目前的收入总体还是低于有车家庭，而汽车共享本身的价格优势是基于有车养车的，因此存在偏差。相对来说，有能力支付购车费用是加入汽车共享的客观条件，汽车共享的价格如果与汽车使用相比确实较低，但如果和服务水平稍差的公交、地铁相比，则显得较高。因此，我们除

了将汽车共享放在一个减少汽车拥有量的平台上考虑的同时，还要兼顾出租车对不富裕家庭的影响和对汽车共享本身使用的影响。根据不同的影响因素，我们对本模型的标定结果如表 4-16 所列。

通过分析表明，汽车共享以及购车本身的费用和家庭车辆拥有量仍然是主要的影响因素，这一结果与第一次调查相近，改进的是我们还对其他因素进行了定量分析和定性分析。定量分析的结果可以帮助我们数据化地描述问题，也为后期分析奠定了基础。第 2 次调查分析的主要结论如下：

(1) 经济能力是衡量是否购车以及是否加入汽车共享的主要原因。经济能力包括家庭收入，以及对应不同选项的计划购车的费用和汽车共享的使用费。尽管家庭收入的离散性较高，但其对是否计划购车以及是否加入汽车共享的影响仍然较大。此外，已有车的使用费用以及家庭房屋的购置情况影响了个人以及家庭的经济支配能力，从而间接影响了购车计划以及加入汽车共享的意愿。此外，出行的时间价值具有离散性，且通勤出行受居住地的远近影响无法正确表现经济能力。相对地，机场出行的时间价值具有更高的准确性。

(2) 有车家庭和无车家庭的选择性差异较大。家庭车辆拥有量是选择权重的关键影响因素，家庭车辆拥有量越多，在相同情况下，购车需求就越弱。综合来看，有购车计划且家中无车者对汽车共享的选择较为理性且客观。此外，家中无车且有购车计划者的收入越高，选择汽车共享的可能性就越低，而家中有车且有购车计划的家庭则较为倾向于选择汽车共享，无购车计划者这一倾向性较弱。

(3) 居住地的公交条件是影响被调查者选择的因素之一。此外，居住地对购车的影响也较大，第 1 次调查的结果反映出居住地与市中心的距离这一指标的影响作用与国外的情况恰恰相反。距离中心城区越近，停车的困难度越高，国外的这部分居民的购车需求较弱，但我国的情况则相反。以上海这样的大城市为例，居住地越靠近城市中心，地价越高，居住者的收入则相对较高，而收入是决定其是否购车以及加入汽车共享的主要原因，因此市中心居民的购车欲望反而较外围城区居民强烈。

(4) 驾驶经验对于是否加入汽车共享的影响为正，也就是说驾驶经验越丰富加入汽车共享的欲望就越强烈。驾驶经验对于不同特征样本的影响程度不同，无车且有购车计划者的汽车使用行为受驾驶经验的影响最大，有车且有计划购车者次之，无购车计划者居中。

(5) 家庭中是否有未成年人以及未成年人的数量是影响无车家庭购车以及加入汽车共享意愿的重要因素。这说明未成年人的接送问题是购车的主要动机之一。

(6) 年龄的影响以 35 岁为分界岭，相对来说，小于 35 岁的被调查者，其年龄增长和变化对汽车使用行为影响较大。

(7) 受教育程度的影响较为离散。

4.4.2　基于出行选择行为的模型标定结果及精度分析

根据第 2 次调查的数据，我们对通勤交通、购物交通、机场出行、旅游出行四个模式进行了调查，通勤交通并不适合汽车共享，购物交通距离过短，其汽车共享的适用性同样不强，而家庭旅游出行的汽车共享加入意愿和分布比例与机场出行类似，由于机场出行的市内中长距离出行特征以及公共交通的可达性等条件，类似于未来汽车共享在上海的主要用途和模式，因此本次基于出行选择行为的模型数据以机场出行为准。机场出行根据不同的汽车共享使用费率共有五组数据，对应不同费率情况下的各模式分布比例和转移特点，如表 4-17 所列。其中，选择“绝对选择汽车共享”者才被认为确定转移到该模式。

表 4-17　　基于不同费率水平下的出行选择模式分布

模式	原模式选择	50 元/h	40 元/h	30 元/h	25 元/h	20 元/h
出租车	71	67	64	63	56	41
私家车	60	60	60	58	53	48
汽车共享	0	7	10	18	43	84
公共交通	129	126	126	121	108	91
自行车	5	5	5	5	5	3
步行	6	6	6	6	6	4

从表 4-17 中可以看出基本的转移规律。汽车共享的选择数量从 50 元/h 的 7 个逐步增加到 20 元/h 的 84 个。当费用少于 30 元/h 之后，每次增长的量约为一倍，尤其 30 元/h 至 25 元/h 这一标段，尽管价格上仅减少了 5 元，但增长量超过 130%，而 25 元/h 减少至20 元/h 之后，选择汽车共享的人数从原来的 43 个增长到 84 个。从各模式的转移数量来看，当费率为 20 元/h 时，30 个转移量来自出租车，12 个转移量来自自驾车，38 个转移量来自公共交通，另外还各有两个来自自行车和步行。从机动化交通的转移比例来看，当费率为 20 元/h 时，出租车转移比例最高达 43%，公共交通转移比例次高为 29%，自驾车的转移比例最低为 20%，而步行和自行车的转移比例虽高，但当费率在 25 元/h 及以上时均无转移量。

第 2 次调查，我们取得的样本量为 271 个，则五个费率标准下的模式选择数据为 1 355 个。对于各个模式的选择效用，我们引入 15 个参数，通过模型计算，得出各个参数的标定结果如表 4-12 所列。

从标定结果的可靠性来看，加入汽车共享的可能性指标、距地铁车站的距离、出行的时间、出行成本这四个参数的标定可靠性较高，而车辆用油情况、驾照持有情况、家庭年收入、住房拥有情况以及年龄对各个选项的影响的标定结果并不可靠。因此，可以认为单次出行的模式选择以该次出行的时间、成本为主，并以模式的方便程度为主要影响因素之一。

4.5　个人视角：服务水平评价指标

服务水平是汽车共享能否真正进入市场的关键，与汽车拥有相比，汽车共享在停车位、养护、费用等方面具有一定的优势，但方便程度却不能和自有车辆相比。

从图 4-3 中对目前汽车使用的问题来看，人们对上海市出租车的清洁卫生满意程度较高，而认为停车位容易找的比例虽然高于反对意见但数值并不高。此外对驾驶的安全问题也颇为关注，尽管大部分人认为其他司机的驾驶经验较高，但仍有超过一半的人担心驾驶过程中出事故。

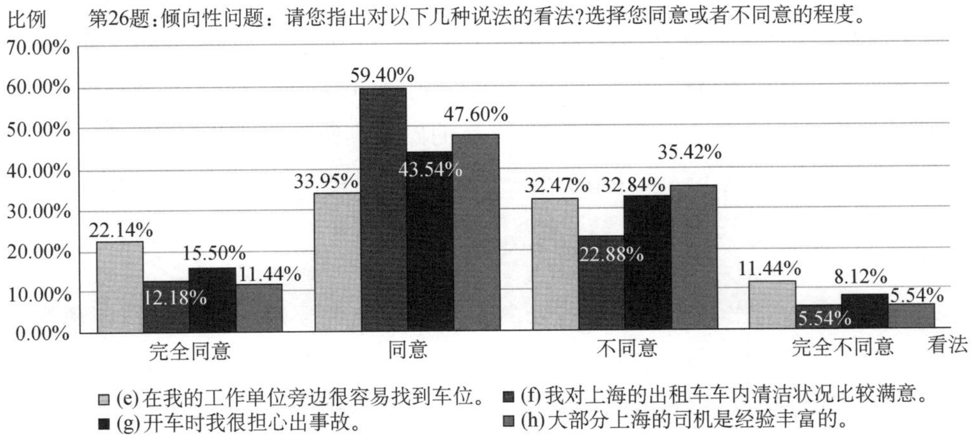

图 4-3　用车意愿及条件综合

因此，汽车共享和汽车拥有这部分的差别也应该主要体现在网点的布置（即到达车辆的距离）、预订的手段和方法（即信息的实时发布及查询预订）、车型的选择（即能否满足每次出行的人数要求）以及是否能搬运重物等特殊要求方面，另外还有相应的保险及清洁等问题。本部分我们结合被调查者的意愿倾向进行深入分析。

根据本书第 1 次对上海市居民汽车共享网络布局需求特征偏好的调查显示，居住区、公司或学校附近仍是国内居民的主要布点偏好，如图 4-4 所示。

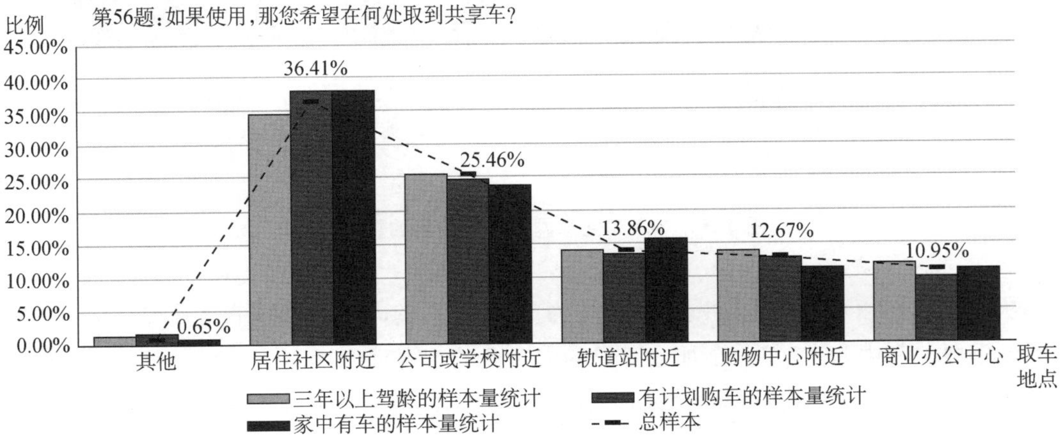

图 4-4　基于调查的上海市居民汽车共享网络布局需求特征偏好

汽车共享的欧美模式主要以社区为集中布车点，其理念是出于共享本身，即和街道邻里之间共享车辆，因此取车和还车的点应该基于家。从图 4-4 中可见，上海居民近 36％的人选择在家周边设立共享车停车点也可以基本说明需求的方向。日本、新加坡等亚洲国家的布点模式则倾向于轨道站点和公交站点，将汽车共享作为连接各个交通模式的纽带，从调查结果看出，倾向于在轨道站点布置汽车共享的比例约为15%,实际的情况是购物、商业、办公中心以及学校等公共区域(近50%)往往也是轨道、公交站点布局较密的地区,因此可以基本反映轨道站点周边的需求。选择站点车模式的出发点是用汽车弥补公共交通难以满足的部分需求,也因为汽车共享已经成为商业中心部分公司业务的交通工具。大部分职员通过轨道交通和公交进入市区,但公司业务需要汽车,汽车共享便成为各个公司之间的共同用车。尽管这种尝试的初衷很好,需求量也较大,但市中心拥挤的道路和难觅的停车位使得汽车共享的发展受阻,因此经过几年的发展,亚洲的站点车模式开始慢慢转变,逐渐演变到如今欧美的基家网络布局。

4.5.1　网点布置

从图4-5也可以看出汽车共享网点布置对步行距离的要求。认为步行距离在10 min以内的重要度为10的比例约29%,而有汽车共享加入意愿的这一比例超过40%。步行距离越近说明其模式越接近自驾车,而如果距离过远,其功能则可能退化到出租车和租赁汽车的替代模式。本部分的数据表明,要提升服务水平需要降低步行距离。这部分的分析通过图4-6可进一步说明。

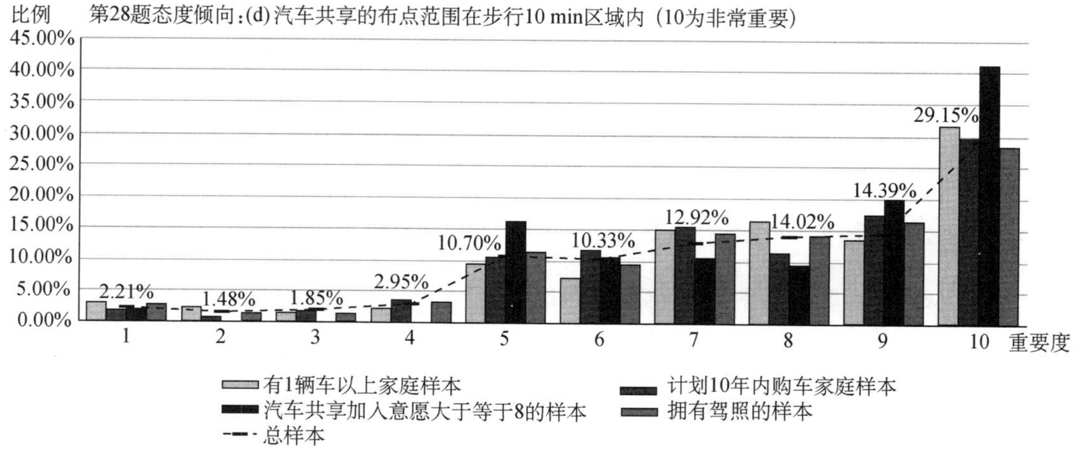

图4-5　对汽车共享网点步行距离的重视程度

从图4-6可以看出人们对网点分布较为重视,40%的人认为网点非常重要,50%的人认为网点重要。其中,有汽车共享加入意愿的人对此的重视程度远高于一般水平,选择非常重要的比例为65%。服务网点涉及步行及通过其他方式到达汽车共享停车点的距离和时间,是汽车共享最主要的服务水平衡量标准之一,因此本部分的选择倾向也与其重要程度相关。

汽车共享的规划和布局工作非常重要,除了加强投入外,能根本性地提高汽车共享服务水平的方法是提高网络密度,即达到规模效应,从而增加会员分布的密度和广度。可以想象,在尚未达到分布密度要求时,是很难吸引人们选择汽车共享模式并以其替代自驾车模式的。因此,汽车共享要想得到长远发展,充分体现其能源和环境效益,首先需要得到政府或其他资本的资助,而后壮大。从发展历程来看,可以参考公共交通,建设之初需要定期大量

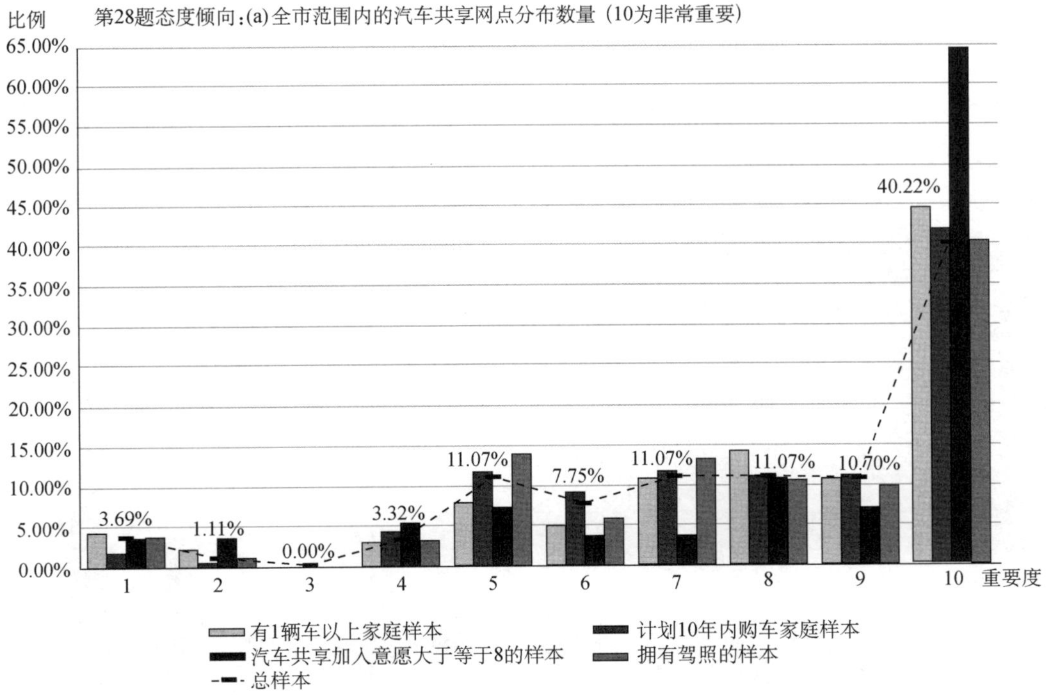

图 4-6　对服务网点分布数量的重视程度

的补贴以支撑其发展。当然，如果仅是小范围运作，也需要注意提高在该区域的布局密度，以减少步行距离从而增加服务水平。

除了步行距离，我们还对周边公交网络的重视程度进行了调查，如图 4-7 所示。调查结果显示人们对公交网络的重视程度也较高，尤其是有车家庭的成员对该部分的要求要高于一般水平。便捷的公交将有利于提高需求量，但如果只是单纯地通过增强公交来扩大服务范围仍然会导致诸多问题，如公交难以保证预订的时间性，此外公交便捷的地区往往是商业中心，那么如何解决停车费用，等等。

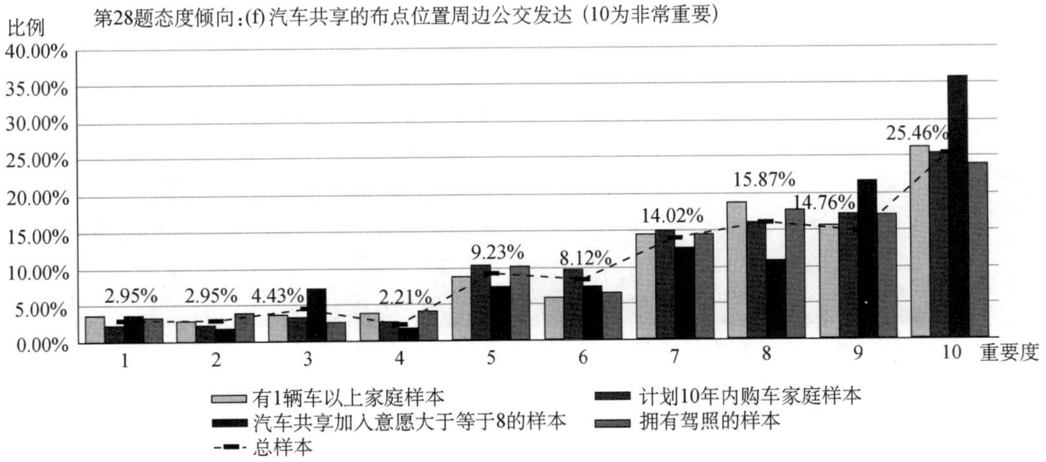

图 4-7　对汽车共享网点公交便捷与否的重视程度

4.5.2 用车服务

从图 4-8 可以看出，网络服务对提升服务水平的影响。网络预订以及及时的信息发布是会员了解和比较预订信息，并准确预订的基础。美国的互联网服务非常发达，通过网络可以足不出户了解最新动态，如果能建设实时自适应的信息搜集和发布系统，对汽车共享的运营将有很大帮助，也能方便用户的使用。

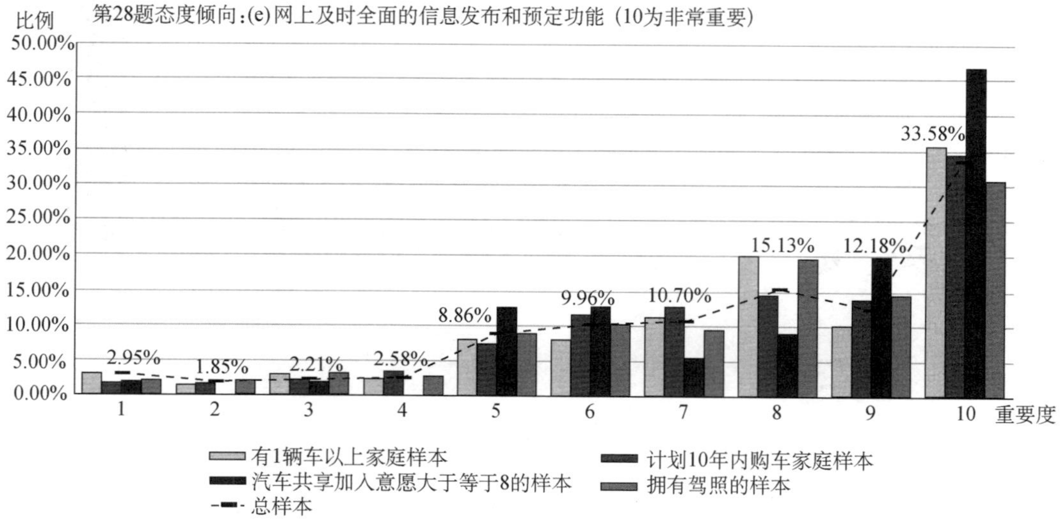

图 4-8　对网络服务的重视程度

如图 4-9 所示，通过对网络服务和电话服务的重视程度调查可以看出，网络和电话的预订功能都非常重要，相比来说，及时的网络信息和预订系统的建立更加重要，而电话的功能在于应对紧急情况和网络难以实现的情况下的出行变更等问题。

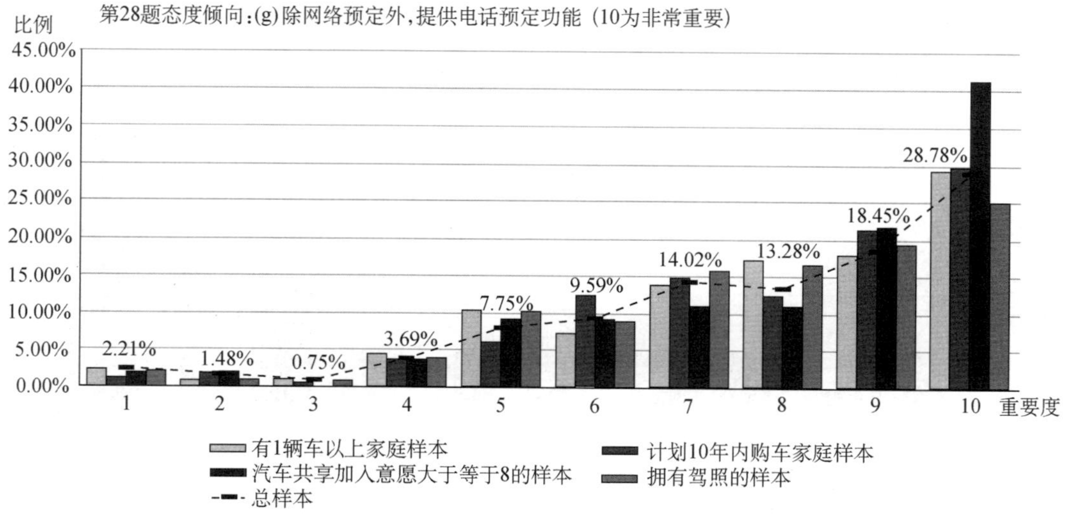

图 4-9　对电话服务的重视程度

如图 4-10 所示，对于汽车共享提供单程服务，大约 38%的人认为非常重要，而认为其不重要或非常不重要的仅 10%左右。所谓的单程服务即可以在目的地停车，办完事后继续开车走，中间的费用不计。这部分的服务在租赁汽车中也有使用，单程运营较为典型的案例是新加坡。在新加坡交通管理局的支持下，其汽车共享将车辆布置在城市外围地区的各个地铁站点周边以供取用，并提供单程使用的服务，即可以将某站点的车辆开至另一站点停泊。但由于单程运行造成的网络协调问题通常难以很好地解决，最终的方法归结为每天的运营调度，即将饱和地区的车辆人工运输到非饱和地区的站点，这样势必会造成汽车共享整体运营成本较高，从某种意义上来说，这种单程运营类似于自行车共享或租赁自行车的运营。

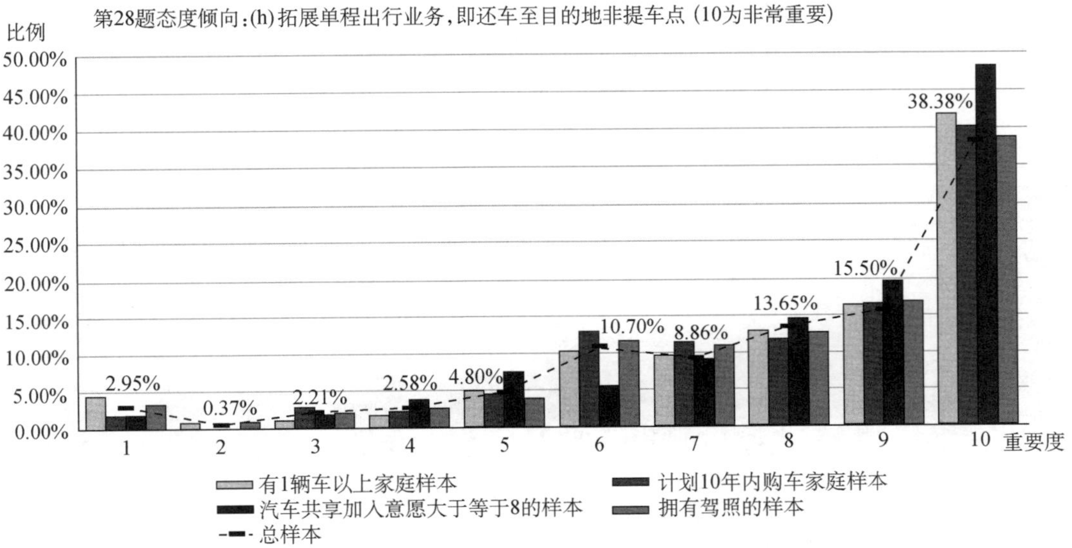

图 4-10　对汽车共享单程出行服务的重视程度

如图 4-11 所示，认为上海以外地区通用会员身份非常重要的约 20%。从不同类别人群相互比较来看，汽车共享加入愿望强烈的样本认为外地城市会员通用性非常重要的比例接近 30%，而计划购车者对此问题的态度认为总体重要程度比例也高于一般水平。相对的有

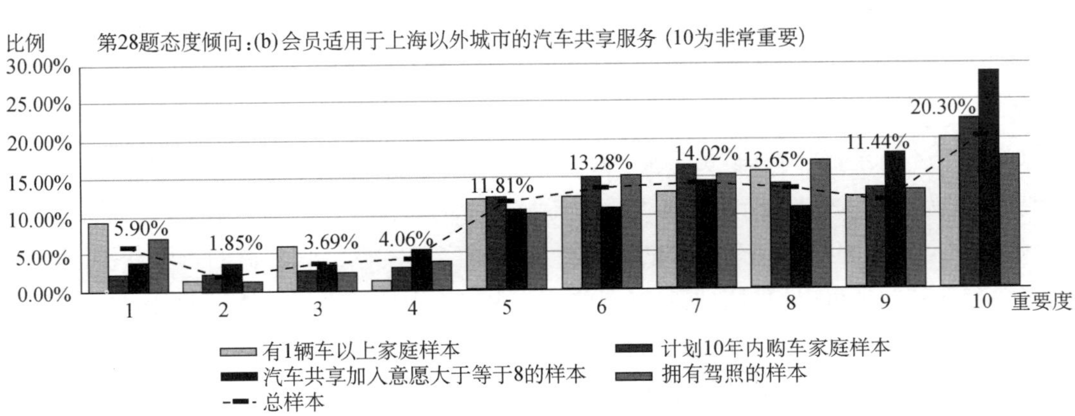

图 4-11　对上海以外城市会员的通用性的重视程度

车家庭认为本部分非常不重要的比例高于平均水平近 3 个百分点。汽车共享主要服务的是中频度、满足居住区出行要求的用车需求，因此在外地城市的出行并不是发展重点，但全球化运作也已成为热点，如果能像 Zipcar 一样发展，其优势就在于网络和电话等预订水平的全面提高，对用户使用来说是一个很大的提升。

4.5.3 车型选择

如图 4-12 所示，汽车共享提供不同的车辆及可挑选数量，有车家庭的意见较为平均，认为非常重要的高于一般水平，而认为其非常不重要和不重要的也高于一般水平。购车实际上是一种对身份的自我实现，因此人们在挑选购置车辆时往往非常重视品牌、车型等，但出租车、租赁车等模式的短时性需求使得对该部分的要求降低。同样地，有汽车共享加入意愿的样本对本部分的重视程度同样高于一般水平。

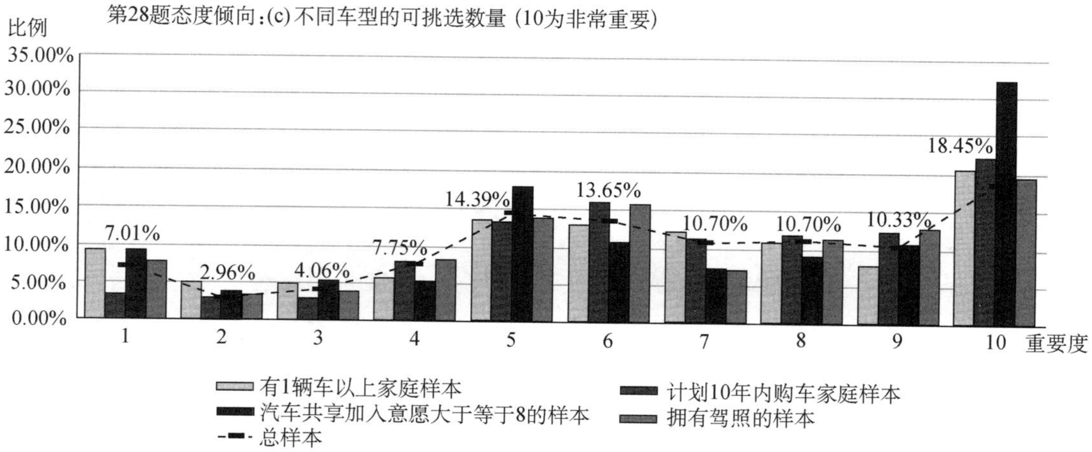

图 4-12 对不同车型可挑选数量的重视程度

对较大车型的调查主要是为了分析人们对集体用车以及搬运等出行目的的汽车共享使用需求。如图 4-13 所示，从数据上看，认为大车型非常重要的比例约为 23%，而认为其不重要的比例要低于不同车型可选的调查结果比例。这里值得注意的是，有购车需求的家庭成员认为大车型非常重要的比例高于一般水平，其认可度接近汽车共享加入意愿强烈的样本。

如图 4-14 所示，认为有必要安装车载导航系统的比例约为 72%(≥6)，因此该问题的重要程度也较为明确。相对来说，有车家庭对导航系统的重视程度较高，比例接近有强烈汽车共享加入意愿的家庭成员。车载导航系统可以通过实时监控了解车辆的行驶状况，既可以防止失窃等问题，也可以通过数据对汽车共享的用户使用特征进行分析。此外，导航系统可以为行驶者提供指向服务以方便其出行的准确性。对于汽车共享运营企业来说，为车辆安装导航系统的好处在于能实时监控车辆的运行状态，掌握其位置信息以帮助了解车辆能否准时归还，并通过导航系统来追踪车辆。

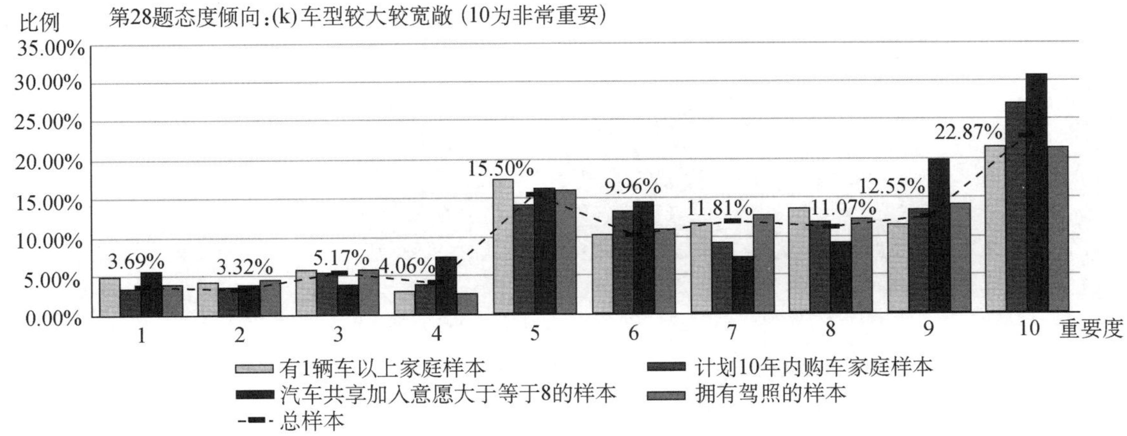

图 4-13　对较大车型的重视程度

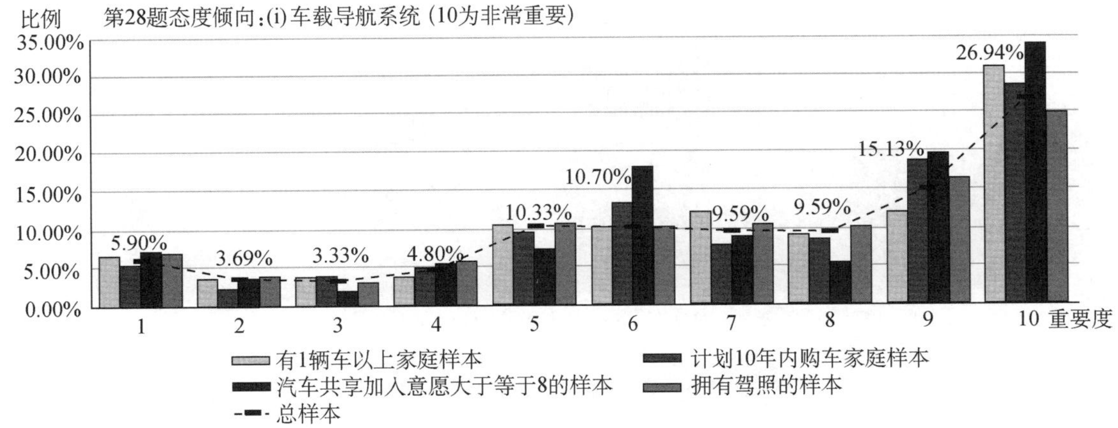

图 4-14　对导航系统的重视程度

4.5.4　保障体系

行车过程中的安全顾虑也是制约汽车共享普及的重要原因之一。从图 4-15 可以看出，约 15%的人很担心在驾车过程中出事故，约 44%的人担心安全问题。与出租车相比，单次零散的汽车共享出行使得对汽车并不熟悉的人望而生畏，如何鼓励这部分潜在用户尽快熟悉车辆以及消除安全隐患也是汽车共享推广面临的难题之一。从各国的经验来看，为汽车共享会员提供保险并没有什么困难，汽车共享使用过程中出现问题均可以通过保险公司等第三方进行解决，但汽车共享造成的本本族加入可能会使得其事故率高于一般水平。

从图 4-16 可以看出，约有 40%的被调查者认为上海司机的驾驶经验不足，而相对来说有汽车共享加入意愿以及有购车计划者更倾向于认为上海司机的驾驶经验较丰富，这部分的正面态度也是吸引他们购车或加入汽车共享的原因之一，但是差距不大。

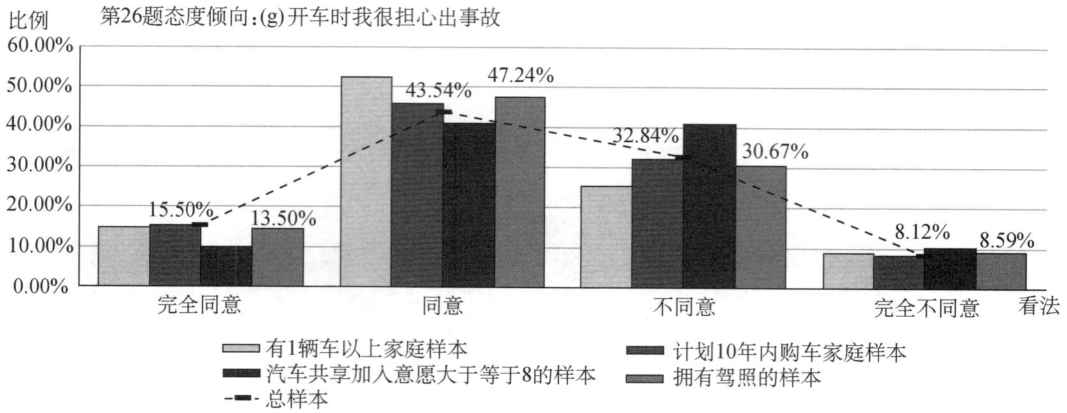

图 4-15　对驾车安全的看法

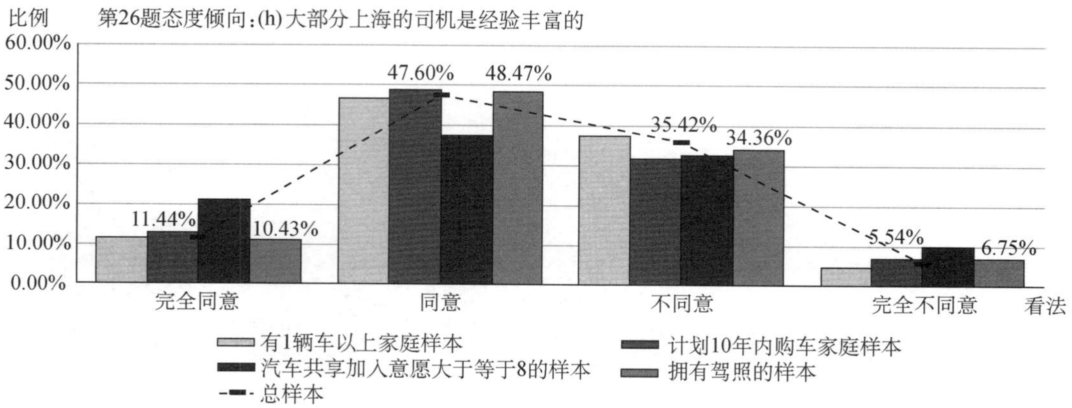

图 4-16　对上海司机驾驶经验的看法

从图 4-17 可以看出，市民对上海市出租车的清洁情况是比较认可的，其中约有 72%的被调查者同意该看法。由于汽车共享属于自助形式的租赁服务，因此保持车内清洁卫生非常重要，汽车共享要与清洁形象较好的出租车相竞争，还需要在卫生方面下功夫。

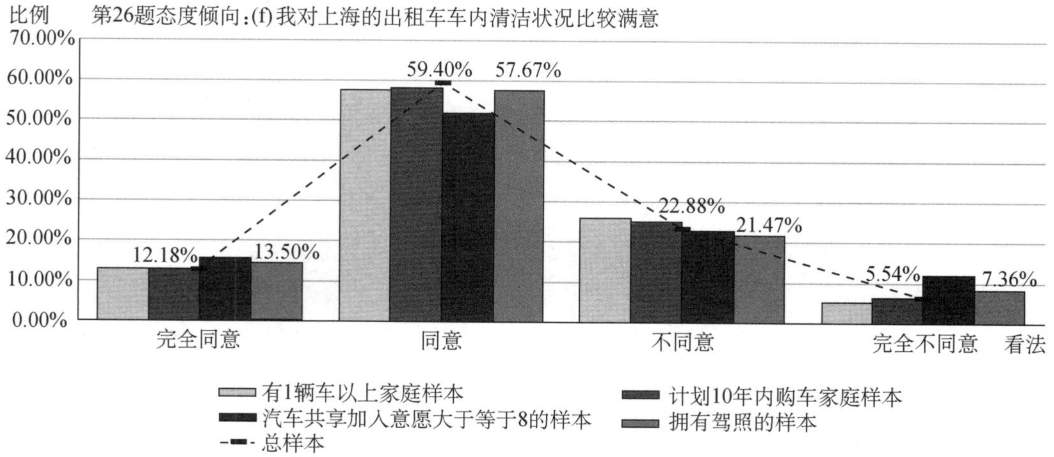

图 4-17　对出租车清洁状况的看法

图 4-18 是人们对汽车共享车内卫生状况的重视程度，从图中可以看出约 38%的人认为卫生清洁问题非常关键，认为其不重要的(≤4)仅占 9%左右。清洁卫生是汽车共享在我国推广的主要问题之一，结合图 4-14 可以看出，出租车司机往往比较爱护自己的车辆，而若对广泛分布的共享车辆实行实时的用车养护及清洗，则需要投入大量的人力和物力，增加运营成本，而清洁问题若不能保障，则会影响远期汽车共享用户的使用。

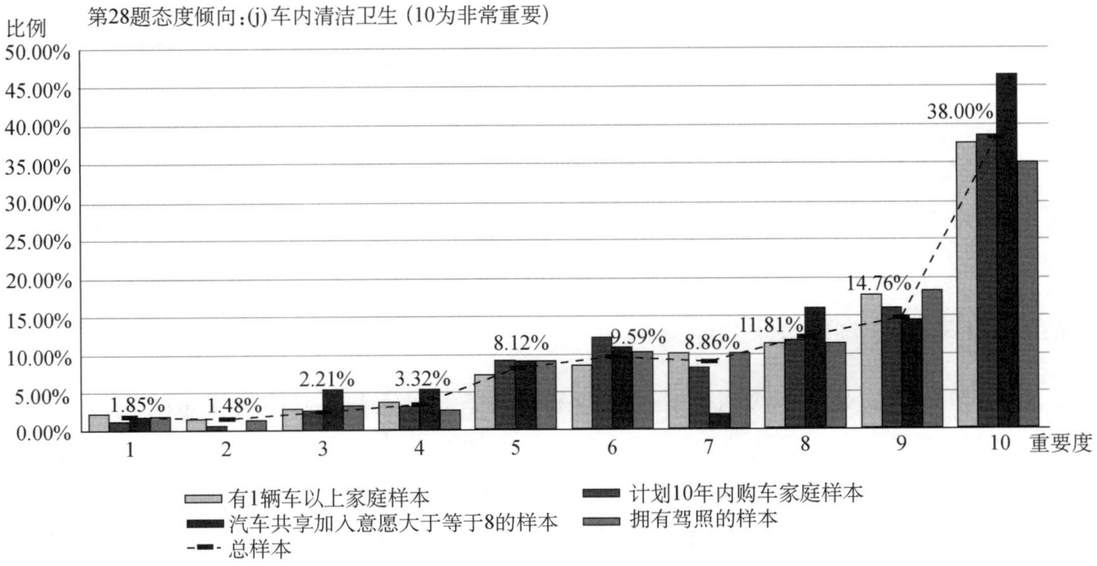

图 4-18　对汽车共享车内卫生状况的重视程度

4.6　企业视角：合理定价区间与市场细分

汽车共享类似于公共交通，因此需要取得当地政府的支持以及补贴，通常的补贴政策以停车减免的形式发放，但投入的大小以及收益仍是政策分析的重点。本节着重通过汽车共享与自行购车、汽车租赁、出租车三种模式的比较来明确基本的市场规模和补贴力度，结果如表 4-18 所列。

表 4-18　汽车共享与其他汽车使用模式费率之间的比较

类型			汽车共享	自行购车	汽车租赁	出租车
收费标准	公里计费	10 km 内	1 元/km	0.5 元/km	0.5 元/km	2.4 元/ km①
		10 km 外	1 元/km	0.5 元/km	0.5 元/km	3.6 元/km①
	时间计费	早 5 点至晚 11 点	28 元/h	0 元	400 元/d②	2.4 元/3 min
		晚 11 点至早 5 点	14 元/h	0 元	不提供租车服务	3.7 元/3 min
	会员费		500 元/年	0 元	租车定金 5 000 元	0 元

（续表）

类型		汽车共享	自行购车	汽车租赁	出租车
实际花费	保险费	0 元	3 000 元/年③	100 元/天②	0 元
	车辆维护费	0 元	3 000 元/年③	0 元	0 元
	折旧费	0 元	20 000 元/年④	0 元	0 元
	停车费	0 元	3 000 元/年⑤	0 元	0 元

注：① 正常起步费 12 元，含 3 km 车费，10 km 以内 2.4 元/km，10 km 以外 3.6 元/km；晚 11 点以后起步费 16 元，含 3 km 车费，10 km 内按 3.7 元/km，10 km 以外按 4.7 元/km。

② 可自驾，不包括里程费，油费自付，无会员费，但每次自驾需 5 000 元以上定金，若按月租赁，可降至 4 000 元/月，保险费 500 元/月。

③ 按购车费为 15 万元计。

④ 按购车费为 15 万元，牌照费 35 000 元，税费 15 000 元，10 年报废计。

⑤ 按自有车位每月缴付物业费 250 元计。

4.6.1 基于汽车购置需求的市场细分

图 4-19 显示的是第 1 次调查中反映出来的购车动机问题。对出行质量的提升是购车的主要动机，体现在出行更便捷（约 22%）和出行更加舒适及自由（约 25%）。三年以上驾龄和有车家庭的样本对出行便捷性的体会强于一般样本人群，说明汽车本身在出行方面的优越性。提高和扩大出行能力和范围以及满足私密性和个性化的要求等优点也较为突出，分别约为 15%和 13%，有两个比较特别之处是有车和有三年以上驾龄的样本与有购车计划样本之间的认识差距，约 13.5%的有购车计划者认为出行更安全，而只有 10%的有三年以上驾龄者认为出行更安全，同样约 11%的有购车计划者认为有车是一种社会地位的象征，而这一比例在有三年以上驾龄者中仅为 8%。从这方面来看，有购车计划者对汽车这种交通模式有初步了解，但是仍然存在一定的差距，这部分经验上的落差如果能通过汽车共享或短时的汽车租赁来加以丰富，也是抑制过多的人购车的主要推手。

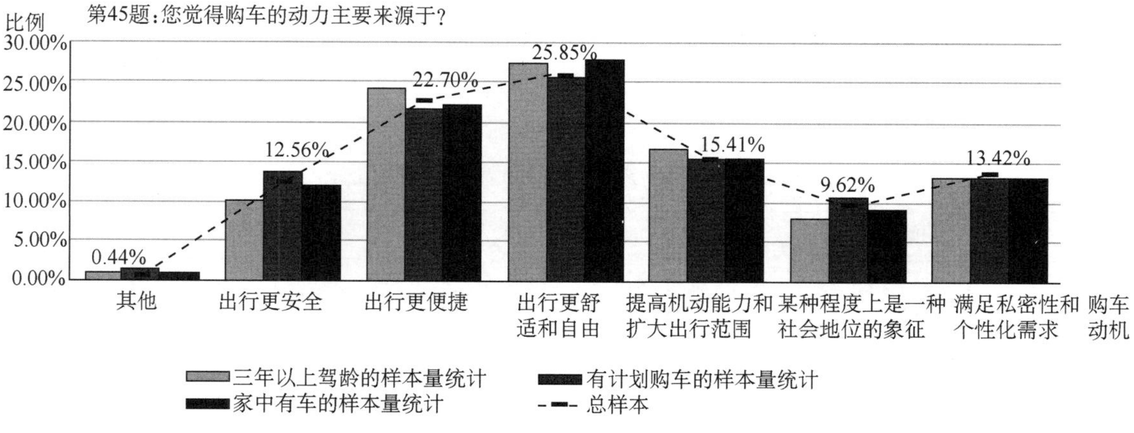

图 4-19 购置车辆的主要动机（第 1 次调查数据）

从表 4-19 可以看出汽车共享使用方便程度是主要的制约因素，其次为费用问题。其他一些制约因素基本和使用汽车的重合。从被调查者的备注信息中还反映出对共享车辆布点的具体设置、订车的详细流程及价格与服务的细则等非常关心。

表 4-19　　上海市居民认为的汽车共享主要制约因素(第 1 次调查数据)

选项	总样本	三年驾龄	家中有车	有购车计划
不如私家车的取用方便	19.63%	22.44%	21.40%	20.74%
需要到指定地点还车	15.42%	19.05%	16.63%	12.66%
汽车共享的费用仍然较高	9.21%	7.67%	8.46%	10.48%
拥有私家车可以随意装饰，体现车主个性	9.17%	10.71%	9.14%	9.17%
需要步行到取车地点取车	8.81%	8.23%	8.85%	8.84%
办理会员及取用手续不便	8.69%	8.79%	7.49%	8.73%
交通拥堵增加了共享汽车的使用时间导致费用增加	7.29%	4.74%	6.42%	7.75%
驾车出行时停车位难找	6.97%	4.51%	6.03%	5.35%
使用出租车更方便	5.45%	3.95%	5.74%	6.33%
拥有私家车是身价或社会地位的体现	4.61%	5.75%	4.96%	5.13%
没有开车出行的必要	2.40%	1.58%	2.33%	2.84%
选择不开车更利于环境保护	1.68%	1.58%	1.56%	1.53%
其他	0.64%	1.01%	0.97%	0.44%

总体来看，对于我国这样一个以无车族为主的国家来说，给予民众共享汽车的机会，大家还是普遍欢迎的，尽管近年来我国的北京、上海等大城市已在赫兹、安飞士以及 Zipcar 等国际汽车租赁公司的带动下，进行了实体汽车租赁和类似于汽车共享服务的试点，但全面推广共享汽车的现实基础尚不成熟。特别是近年来我国大部分城市的快速机动化进程使得原本依赖于自行车和步行发展的城市格局被打破，城市边界不断扩大，但是汽车共享归结起来还是汽车出行，很多城市还没有适当的道路条件来满足汽车出行。以上海为例，1982 年安吉和露香园街道，人口密度分别为 16.64 万人/km^2 和 15.80 万人/km^2，尽管这种格局现在已彻底改变，中心城人口密度不断下降外迁，甚至已减少到 5 万人/km^2，但是道路面积和道路密度由于历史原因仍然维持在原有水平，要在这样的条件下套用国外的经验在市中心地区发展汽车共享，就会受到停车位、道路等条件的限制。此外，我国城市化进程与他国有异，收入较高的居民更愿意居住在出行方便的市中心，而这部分人对汽车共享的需求不大。最后，汽车共享的使用者多为无车有驾照者，但这部分人对车的熟悉程度有待考证，若放开市场则有可能造成市中心交通事故率提高，导致严重的交通拥堵问题。

4.6.2　基于汽车租赁需求的市场细分

为了更加深入地了解汽车共享的类似模式，我们还对租赁汽车和合乘车进行了调查，以了解被调查者对自驾和出租车以外的用车经验及看法。所谓的租赁汽车是指通过租赁公司租借车辆，以固定时间和固定距离收取起步费用，超过部分按时间和距离综合计算增加费用的一种租赁模式。所谓的拼车是指有共同(临近)出发地点和达到地点的一群人，选择使用同一辆车出行，以节约成本。一般自发地发生在多个出行者的通勤(上下班)出行中，这些出行者往往有共同居住地和工作地。出行费用介于自驾车(不带停车费)和公交车之间。

图 4-20 显示了被调查者对租车和拼车的认识。90%的被调查者了解这两种模式，其中约 37%的人尝试过租车，约 47%的人尝试过拼车。因此，通过对租车和拼车这两种类似的汽车共享模式的了解，可以帮助我们从侧面了解汽车共享的用户特征。

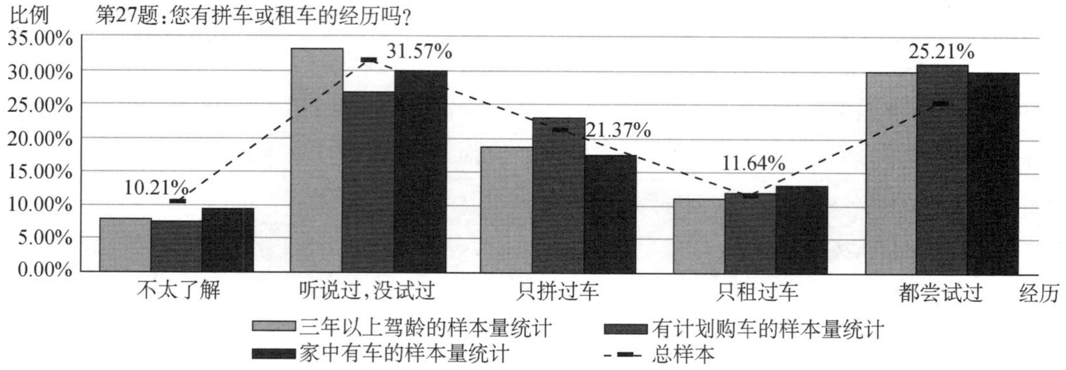

图 4-20　租车和拼车经历情况(第 1 次调查数据)

从图 4-21 可以看出，租车出行中近 32%用于旅行，约 20%用于休闲娱乐，约 12%用于探亲访友，这三种出行目的均是个人出行。选择使用租赁汽车用于购物、接送小孩等的比例较低，仅为 5%左右，上下班和上下学的比例也较低。和有三年以上驾龄的样本相比，有购车计划者选择租车用于旅游出行的比例较高，若仅为旅游出行需求而购车，可以被认为这种购车为非理性消费。

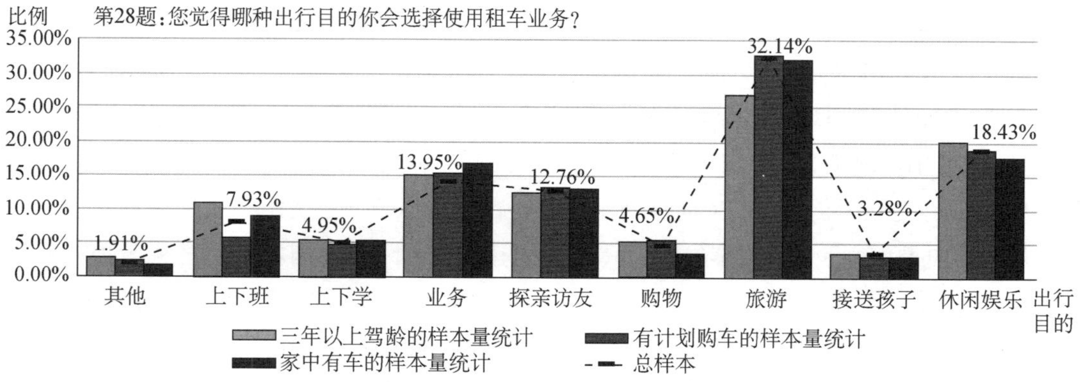

图 4-21　租车出行目的情况(第 1 次调查数据)

目前，汽车租赁市场分成集团业务和零担业务两块，集团业务以长期高档商务车租赁和公司员工班车外包为主，零担业务以带司机短期小型车辆租赁和旅游出行大巴租赁为主。因此，旅游休闲的需求是租赁车辆的主要原因。此外，从图 4-21 还可以看出，租车出行中业务用途约为 15%，这一点并不符合汽车租赁目前的市场状况。实际上，目前我国汽车租赁的主要用户还是来自业务部门，且租赁企业也更倾向于此，因为业务出行是持续、稳定的需求。业务出行除了市内的长租和短租业务外，还包括外地出差人员的租赁业务，而这部分的业务正是欧美等国的汽车租赁主营业务。和业务出行相比，旅游、休闲娱乐、探亲访友等往往呈离散型，节假日又过于集中，如上海清明扫墓和婚庆的租车需求就较大，但平峰时间过长，使得车辆的闲置时间过长，从而造成浪费。

总体上，汽车租赁市场并不成熟，部分城市汽车租赁市场未形成规范运行，且与出租车市场多有重合。部分城市由一家公司运作出租车和汽车租赁业务，发放统一的运营执照。由于汽车租赁的时间限制，其费用又高于出租车，因此无法与出租车形成价格优势，仅在特定的领域内占据优势，无法为居民服务。汽车共享的市场和租赁有所不同，即为社区提供中频度的会员制汽车使用，这就使得租赁的概念被延展了，汽车共享的网点更加分散，而目标人群则为当地居民。在这个意义上，汽车共享虽不同于汽车租赁，但其运营发展的尴尬可能会相似于汽车租赁。

目前，全球共有 5 000 家汽车租赁的运营企业每年的年收入达到 1 000 万美元。但是我国全国范围仅有合法的汽车租赁企业 400 家，运营车辆 10 万辆。这部分运能和运营机构大部分集中在大型城市，且规模分散。其中，北京在 2007 年年底的调查中显示其共有 2 万辆租赁汽车，240 家租赁公司。目前，我国汽车租赁行业主要的问题还是信用问题，因此大部分租赁公司为用户提供司机，这就无形中增加了租赁成本。但从调查中发现愿意使用自驾模式租赁汽车的需求仍然强劲，如图 4-22 所示，约 47%的被调查者愿意选择短期自驾这种租赁模式也就是国外最普遍的租赁方式，而约 22%的被调查者选择愿意使用长期自驾的方式租赁汽车，愿意带司机租赁的仅为 27%。此外，调查和实际的情况也表明，租赁过程中办理保证金手续烦琐、网络布点不足、时效性较差以及事故发生后的理赔程序和责任不清等也是用户面临的主要问题。

另外，从图 4-22 还可以看出短期自驾租赁模式的潜力，尽管目前的汽车租赁市场仍然以带司机的租赁为主，但随着劳动力成本的增加，以及汽车使用频率的提高，汽车共享这种汽车租赁的替代模式仍然存在较大潜力。

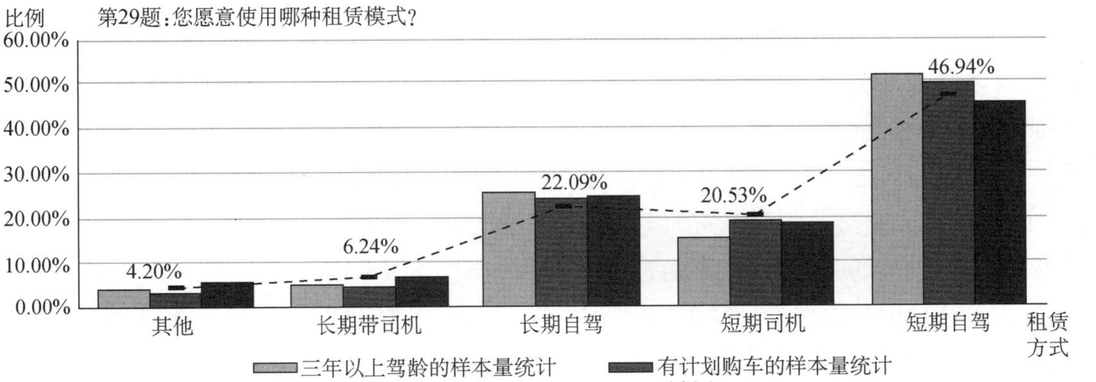

图 4-22　汽车租赁方式意愿(第 1 次调查数据)

从图 4-23 可见，拼车出行集中于上下班、旅游、休闲娱乐这些可以集体行动的活动中，其中选择上下班、上下学拼车的比例较高约 30%，休闲娱乐和旅游拼车的比例也分别约为 15%和 21%。

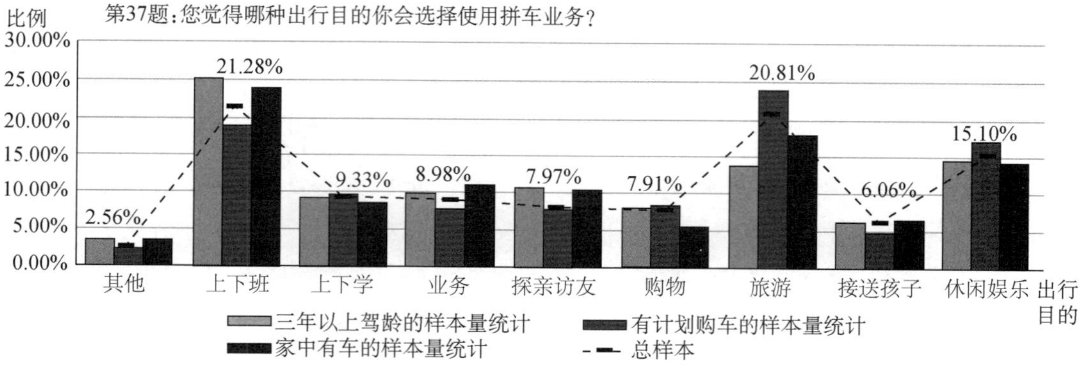

图 4-23　拼车出行目的(第 1 次调查数据)

拼车出行在欧美国家广泛采用。合乘车的使用者可以节省开支，而对政府管理来说也节约了社会成本、减少了单位排放和能源消耗。在美国，居民拥有高比例自驾车，平均 18%～20%的居民通勤出行依赖合乘车。因此，美国对合乘车的投入和研究也颇为丰富。

美国加州于 2000 年投入 23 亿美元建设全州的 925 条拼车出行车道，并制定合乘车过路过桥费减免、拥挤收费减免等政策引导合理出行，DKS Associates 预计这一投资金额将达 46 亿美元。合乘车道的大规模建设有利于减少出行时间和提高通道容量，但实际的运营结果并不理想。合乘车道的单车道容量可以在时速 90 km 时，从 1 600 辆/h 提高到 2 000 辆/h，但同时也增加了非通勤时间其他车道的负荷。此外，由于运营车辆需统一申请牌照的规定，且合乘车事故处理的责任难以界定，以营利为目的的合乘车仍然游离于法律边界。尽管如此，仍有部分网站和商业机构为合乘车的用户提供寻找路线和同伴的服务，但均有申明不承担行驶途中发生意外的责任。

拼车的问题则存在于责任和费用，责任不清是拼车主要的法律问题。在欧美等国合乘车的比例很高，通过合乘车专用车道、拥挤收费减免等手段鼓励合乘车。我们这里关注的是类似于汽车共享的拼车，因此更关注的是营运类型的合乘车。受制于我国的营运车辆牌照制度，无牌拼车业务尚未获得法律许可，这就给自发的拼车寻伴带来身份问题。此外，拼车过程本身是一种自愿的过程，不受法律约束，也没有给予保险的可能性，拼车过程中造成的事故责任难以认定。除了法律及责任问题之外，费用问题也是主要的制约因素，责任难以界定，费用同样难以界定，如果事先约定收费标准就变成了营运车辆，如果没有约定仅是支付油费也不能准确反映收费。拼车的过程也较为烦琐，若不是同一起点同一终点，则需要接送，其间产生的时间误差也是拼车的问题之一。因此，居住于同一小区，工作在同一地点的通勤拼车，一家人或朋友拼车出游则成为较受欢迎的拼车形式，但拼车要走得更远甚至以后成为未来交通管理的主要手段，还需要投入合乘车专用道等设施的建设，并制定一些合乘车优惠的政策来鼓励合乘和拼车。

汽车共享在某种意义上是拼车的一种泛化，但通过企业运作，多人共享车辆本身，而非多人共享出行的方式，避免了拼车中存在的部分问题，是一种较为优化和新型的交通模式。

通过对图 4-24 显示的结果做进一步的分析可以发现，汽车共享的主要出行目的也可以作为商业模式的导向性参考。根据本书第 1 次对上海市居民汽车共享出行目的偏好的调查结果显示，旅游占据了主要出行目的约 25%的比例，目的地缺乏公交以及上下班的比例也均接近 14%，购物的出行需求较低约为 8%，商务办公地比例约为 10%，社交或娱乐的比例约为 13%，接送小孩和病人的比例都在 5%左右，中转需求的比例较低约为 3.5%。

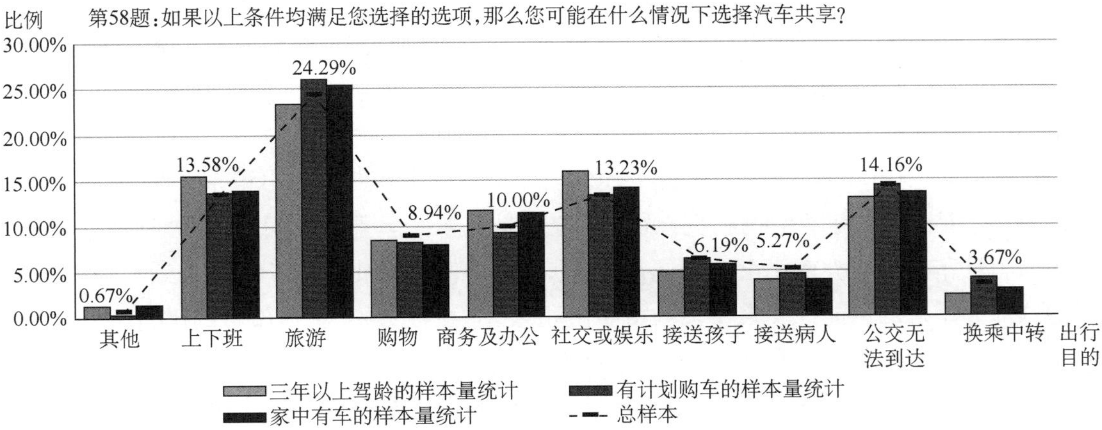

图 4-24　基于调查的上海市居民汽车共享出行目的偏好

从图 4-24 还可以知道，旅游仍然是人们选择汽车租赁和汽车共享的主要原因，而旅游的起点是家。当然如果仅以汽车共享来满足旅游出行的需求，那运营成本会过高，需求在周末和节假日的集中性又过大，从而造成平时的浪费。但在上海，购物、社交、接送孩子、病人等平时性的需求比例略超过 30%。当然另一块主要的市场来源于商务办公以及目的地缺乏公交网络的出行，调查中这一部分的需求比例与实际较为符合，超过 25%。值得指出的是，选择上下班出行的比例接近 15%，而这部分比例较高的原因主要源于人们对汽车共享的不熟悉，但也从另一个侧面反映出通勤汽车的出行需求仍然较高。这部分的数据进一步支持了居住社区可以作为主要的商业模式的观点，此外也可以在商业及办公地点设置停车位。

4.6.3　基于不同城市居民收入与交通特征的推广政策

本书针对上海地区进行的问卷调查，对我国推广汽车共享的价格及补贴政策进行了研究。但汽车共享本身的影响因素较多，与各个城市的交通特征和居民特征相关。北京、上海等大城市的人均收入较高，而某些城市的人均收入较低，因此价格水平、补贴政策等不能一刀切。但本书希望通过上海作为中国汽车共享的试验地，进而推广。通过对世界各大城市不同的出租车与汽车共享价格做比较，可以看出，同样距离的出租车出行，不同城市的费率是不同的。出租车费用表征了人力成本，从费用/收入的比例来看，基本的比例维持在 0.02%～

0.03%之间，新加坡和华盛顿的该比例甚至低于北京和上海。但出租车的费用还可以与自驾车相比，从自驾车的费用来看，发达国家的购置成本、用车成本等均低于我国。汽车共享要想在价格上形成优势，除了从人力成本上想办法节省外，还需要考虑服务水平等非客观因素。

4.6.4 基于出租车收费标准的合理定价体系

汽车共享可以减少汽车拥有的成本，特别是当每年的行驶里程较低时，这一优势更加突出。汽车共享的理念即是将个人低频率的汽车使用转化为高频率的短时共享，从而降低平均固定成本。但是运营的成本之高以及共享频率难以跟上也使得汽车共享运营企业难以降低单价。因此，汽车共享还很难在价格上非常吸引人们加入进来，这在经济水平较高的欧美尚且如此，在我国如果也采用北美甚至欧洲的价格则很难有竞争优势。同时，相比自己拥有车辆，选择汽车共享而放弃购车则会损失掉便利性，而这种便利性正是最难用价格来衡量的因素。

此外，对于无车的用户来说，快捷方便的公共交通系统和便宜的出租车系统为广大中国市民提供了足够的机动性，而这部分无车用户正是汽车共享主要的用户。相对已经购买车辆而因为汽车共享放弃或卖出车辆的这类用户，无车但选择使用汽车共享来满足其汽车出行的这部分用户的可能性要大得多。由于出租车在美国还算是非常昂贵的出行方式，当然出租车还存在诸如犯罪率高、预订烦琐等问题，使得其总体市场并不大。当然前面所说的昂贵是指相对自驾车来说的，一般出租车行驶同样的距离要花费 5 倍甚至更高于自驾所需的油费，而对于家庭拥有汽车率高达 90%的人来说，自然更倾向于自驾出行。我国出租车出行成本相对较低，约为美国的 1/4，且拥有车辆的比例较低，这就导致了一定程度上对出租车的依赖，甚至本地居民也乐衷于使用出租车上下班，而美国出租车的主要市场为城市中心外来人口。诸多差异可见我国出租车市场与欧美差别较大，而这一点之所以关键，是因为它是决定汽车共享能否在我国顺利开展的决定因素。举例来说，如果我们假设美国的汽车共享价格能够移植到我国(平均每小时使用的费用大概在 40 元)，那么大部分的出行需求将被价格便宜且无须会员牵绊的出租车所满足。当然，更加不同的是我国市民的出行方式仍然以非机动化出行为主，几乎 60%的居民出行以自行车和步行完成，上海、北京如此，我国其他大中城市的步行和自行车出行比例就更高了，而该比例在城市化和机动化进程加速前更加可观，当然这归因于我国大部分的城市规划和设计还是以步行和自行车方式为主的。

根据 Cervero 和 Douma 的研究，在汽车共享会员中，大概有 5%的出行使用汽车共享。这一比例类似于我国出租车的一般水平。由于汽车的使用对我国大部分市民来说还比较陌生，而对于汽车共享的概念更是知之甚少，因此如果汽车共享被引入国内，势必会导致市民有倾向地将其与出租车进行比较，尤其是在费率和使用的便捷程度方面。因此，有必要对出租车的基本费率和运营情况做一个横向比较，特别是大部分收入不高的市民会比较关心费率问题。

我国大部分城市的出租车定价分成日间和晚间两个系统，晚间的费率较高。平均每一公里的单价在 2.5 元。表 4-20 所列的是上海市出租车的单价水平。

表 4-20　　　　上海市出租车的单价水平

费率	中心城区出租车		郊区出租车
	白天	晚上(晚 11 点到早 5 点)	24 小时
基本费用/元	12	16	10
免费公里数/km	3	3	3
平均公里费率/(元·km^{-1})	2.4	3.6	2.4
超过 10 km 后的费率/(元·km^{-1})	3.6	4.7	2.4

(数据来源:上海市交通运输与港口管理局,2011。)

与欧美大城市相比,我国的出租车单价较低。以美国为例,纽约、华盛顿等大都市区均具备较完善的出租车系统且相对便宜,基本的费率折算成人民币为起步费 17 元,无免费公里数,每公里初始单价为 10 元,拥挤收费为额外的 3 元/min,若高峰小时出行则增加为 15 元/km,晚上出行则为 13 元/km。以这一价格来计算,出租车出行的平均成本是我国的 3～4 倍。一般来说,对出租车这种规模行业来说,大都市区的价格要低于一般城市,而美国由于没有对汽油征收额外的燃油税且停车费率较低,因此为欧洲等国出租车一般费率的近一半。相对而言,美国中小城市以及欧洲等地的出租车成本更高。

从表 4-20 还可以知道,上海郊区的出租车费用相对较低,而美国则相反。相比华盛顿和纽约这样的外来人口众多的大都市区,许多相对城市密度较低的城市区对出租车的需求较低,因此价格反而偏高。诸多迹象表明,美国的出租车市场仍然以人力资源作为主要收费标准,因此网络规模和单位时间出行次数和出行距离的多寡是决定价格的主要因素,而我国的出租车市场仍然以政府推动、企业运作、划分区域、权限管理的形式在运作,价格并不以简单的供需市场来加以判断。

出租车价格低廉,甚至可以与购车的成本相抗衡,是汽车共享在我国发展的主要难点。当然,外围郊县地区的出租车收费较低的定价模式也恰恰为汽车共享提供了市场空间,在运营密度较低但收费也相对不高的城市外围区域和郊县地区难以吸引出租车聚集,出租车的有效网络难以形成,但若能布置汽车共享于郊区轨道站点周边,则能有效拓展轨道站的辐射范围,为停车换乘(Park and Ride, P+R)做补充。因此,汽车共享需要的不是争夺已有的出租车市场,其亮点在于弥补已有出租车市场的盲点,完善出租车的服务范围,为广大郊区实施公共交通优先做好补充。

相比我国出租车根据不同地域的计费定价差异,欧美等国的汽车共享同样存在不同的定价系统以满足不同的用户市场,其最基本的定价原则有三个:①根据不同用户收取一定额度的会员费用(一般为 700 元/年);②根据时间和距离定价(一般为 40 元/小时,加上 2.5 元/km);③凭会员卡及预订密码取车,会员卡兼作信用卡,每月定期结算本月使用费用。当然不同企业之间的定价系统也颇为不同,以同在旧金山湾区运营的 Zipcar 和 City Carshare 为例,City Carshare 的定价系统类似于上海的出租车,多用多付,少用少付。从整体的价位水平来看,旧金山 City Carshare 的价格要整体高于我国的出租车价格,特别是短距离出行，其价格并无优势可言，但长距离的双程出行 City Carshare 具备一定的优势。此外，City Carshare 午夜至凌晨的运营单价非常低，甚至在该时段使用汽车共享往返的出行费用低于双程使用出租车的价格。Zipcar 的定价策略则是为客户提供 180 mile(约 288 km)的免费行驶里程，其基本小时定价(50 元/h)高于 City Carshare，因此在短时间内需要长距离出行的客户更愿意使用 Zipcar。图 4-25 显示的是上海出租车与美国三大汽车共享组织(Zipcar、City Carshare、Philly Carshare，其中 Philly Carshare 为费城的全城性汽车共享组织，价位低于旧金山的水平但定价结构与 City Carshare 类似)的基本时间-距离价格曲线。

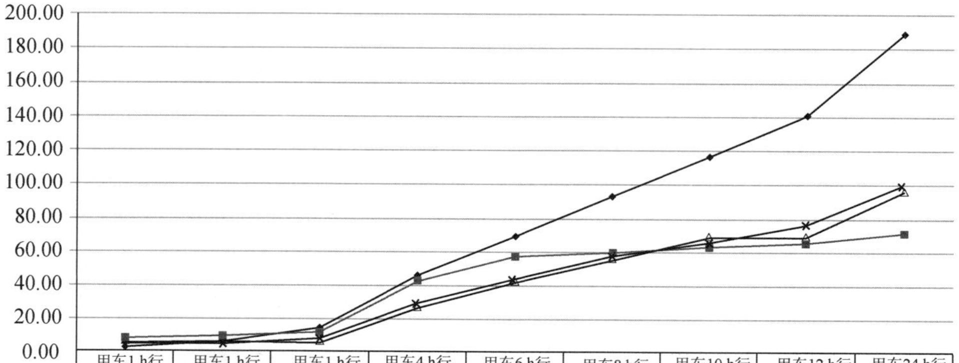

	用车1 h行程8 km	用车1 h行程16 km	用车1 h行程32 km	用车4 h行程96 km	用车6 h行程144 km	用车8 h行程192 km	用车10 h行程240 km	用车12 h行程288 km	用车24 h行程384 km
上海出租车	3.00	6.40	14.40	44.80	68.80	92.80	116.80	140.80	188.80
City Carshare	7.25	9.00	12.50	43.00	57.00	60.00	63.00	66.00	72.00
Zipcar	7.00	7.00	7.00	28.00	42.00	56.00	69.00	69.00	96.00
Philly Carshare	4.70	5.95	8.45	28.80	43.20	57.60	65.10	76.50	99.00

图 4-25　上海出租车与美国三大汽车共享组织基本时间-距离价格曲线(单位：美元)

从图 4-25 可知，Zipcar 的价格结构更加平稳，适合出行的低价区段更多，而 City Carshare 和 Philly Carshare 的定价结构类似，但 City Carshare 相对在长时间，特别是 10 h、240 km 以上的出行中更具优势，总体上二者的定价结构更加层次分明但略弱于 Zipcar。由于 City Carshare 的平均使用时间为 4 h，且长距离和长时间的出行与便捷低廉的汽车租赁难以竞争，因此实际的情况是 Zipcar 在争夺旧金山湾区新市场的同时，也抢占了许多 City Carshare 的老客户。Zipcar 是一家全球性的汽车共享企业，因此其规模和经济性使其对市场更加关注，不过远期是否还会提供免费行驶里程难以确定。汽车共享要在我国运营，关键之处也是要制定合理的价位以吸引用户。总体来看，和我国基本的出租车费率相比，汽车共享在远距离出行中的价格优势较为明显，但在行程 100 km 以下的出行中没有非常明显的价格优势，小于 35 km 的出行价格则高于出租车(这里所指的距离均是指双程距离)。

由于价格难以实际计算，以及人们对价格以外的因素的考量，本书将根据调查所得到的 SP 数据用于探寻用户对这些价位的感知程度，来寻找一个合理的定价区间，包括合理的费率水平以及适合发展的出行目的。在这个层面，需要解决以下两方面的问题：①尽管汽车共享在长距离出行方面具有价格优势，但是人们会仅仅因为价格就愿意选择汽车共享而放弃出租车吗？②与现存的诸多交通方式相比，特别是出租车，除了价格以外还有何种影响因素，这些因素能否通过价格转移来将其限定在合理的定价区间内？针对以上问题，上海汽车共享的调查中，被调查者需回答在现存交通方式和有汽车共享后的范围内对交通方式的选择。根据不同的费率，看被调查者是否会愿意选择汽车共享，这种意愿的程度如何，以此来明确基本的价格水平。我们还设置了不同的关于能源和排放问题的态度选项，以明确其基本的态度对选择的影响问题。此外，根据不同的选择，我们问及其是否会愿意使用出租车出行，若汽车共享可行是否也会选择汽车共享，以明确比较的对象。对合理定价的总体把握来源于两个方面的研究：①对出租车费率的比较；②对出租车行驶距离的分析

北美和欧洲汽车共享运营的实践表明，出租车的高价位和自驾车使用成本的低价位之间的差额是汽车共享的主要市场。此外，汽车共享的运作模式与汽车租赁颇为相似。因此，有必要分析我国的出租车市场和汽车租赁市场。我国出租车市场较为繁荣，如北京、上海等大型城市，均拥有 5 万辆以上的出租车。出租车在我国城市机动化进程中扮演了非常重要的角色。以上海为例，出租车的市场占有率在 5%左右，但由于其使用效率大大超过自驾车，且出行距离较自行车和步行高，因此其道路行驶里程占全方式的比例接近 40%。北京出租车数量为 65 000 辆，其占全方式的出行比例为 5.3%。在我国，其他中小城市同样发展迅速。19 世纪 80 年代，全国 96 座城市共有 65 000 辆出租车，而截至 2008 年年底，我国出租车总量已接近 100 万辆。

因此，汽车共享的最大竞争对手和运营难点正是成熟的出租车市场。但出租车市场的劣势近年来也开始逐渐显现。首先，人力成本随着工资和收入水平的提高将不断提高，特别是近年来房地产市场的升温，使得大型城市的生活成本不断提高，同时更高水平的医疗保障体系也势必带动人力成本的提高，因此出租车的价位有不断升高的趋势。其次，出租车为停站即行类型的公共交通方式，其不占用停车位，但行驶过程实际上消耗道路资源。出租车的空驶率一直居高不下，一般日行驶里程为 600 km 的出租车，其空驶率将达到 50%。这势必造成道路拥挤和无效行驶所产生的排放和能源消耗。因此，全国各主要城市政府已经充分认识到出租车问题的严重性，并纷纷制订政策措施来控制出租车的总量。以北京和上海为例，两个城市均设定了出租车牌照的总量值。因此，出租车虽然繁盛，但其总量仍然受限，且外围城区很难有充足的客流保证盈利，由此汽车共享可以在出租车难以实施的地区开辟新的市场作为发展的契机。

由于出租车和汽车共享的出行费用均与时间和距离相关，因此我们选择时间和距离作为尺度来衡量整体的价格变化，探寻汽车共享在价格方面的优势所在。对应于不同的拥堵时间(汽车共享将目的地等待时间也转化为拥堵时间)和行驶距离(以往返双程计，即横坐标距离值的两倍为双程出行距离，费用以双程出行距离计算)，图 4-25 展示了一个对汽车共享和出租车净价比较，其中汽车共享的价格参考美国 Zipcar 的普通用户计价标准，出租车的价格参考我国上海市市区日间出行的费率标准。图形分成 5 个尺度衡量，分别以汽车共享的时间计费标准(21 元/h、28 元/h、35 元/h、42 元/h 和 49 元/h)来比较各个时间和距离点汽车共享和出租车的费率水平。计算的基本共识为双程出租车价格减去 Zipcar 双程使用的价格，如果值为正，则表示 Zipcar 较为便宜，具有价格优势。

图 4-26 较为全面地展示了一个有竞争力的汽车共享定价的大体范围。当然，汽车共享

的选择还与服务水平、政府支持力度、使用者的环保意识等有关，但是价格是反映诸多因素的要点，如果定价太高，相比低廉的出租车，汽车共享将难以有价格上的竞争优势。一般来说，汽车共享要占据一定的价格优势，需要限制在一定时间和距离范围内，相对地，越往距离长和时间长的外围区域延伸，其价格将越有优势。图 4-26 以 5 种色块来表征汽车共享的竞争性范围。点区域表示在此时间和距离范围内，其 49 元/h 的价格具有竞争力，而斜线和点组成的区域则表示其 42 元/h 的价格具有竞争力，以此类推，汽车共享小时费率每下降 7 元，有效竞争的范围逐步增加，并加以特定标识。若不降低价格，汽车共享的价格将在长距离出行中占据优势，若汽车共享想要在 16 km 以内的价格区间具有竞争性，其价格应定在 35 元/h，1.0 元/km 左右。而这个距离的出行只占出租车出行距离的 5%不到(据深圳交通中心出租车实时信息数据得出)。

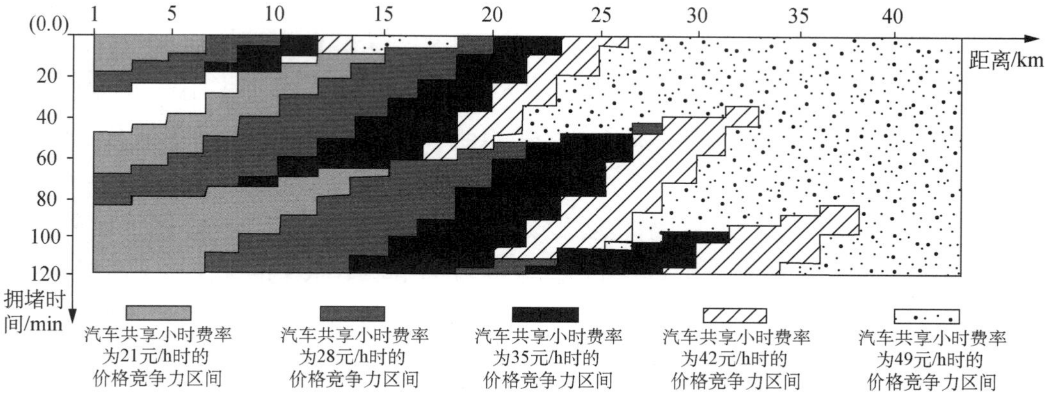

图 4-26　汽车共享与出租车净价比较

此外，从汽车共享本身对汽车拥有的替代作用来看，其接近于出租车。由于自驾车出行距离一般大于出租车，而出租车与自驾车之间的出行空隙是汽车共享的合理竞争范围。我国具有较丰富的出租车发展经验及相应数据，以此来探寻汽车共享市场将有利于实证性和比较性研究的拓展。根据过去的调查研究来看，使用出租车超过 10 km 的出行仅占整体出租车出行次数的 15%不到。如果我们要描绘行驶距离和比例的一条曲线，可以参考深圳交通中心对出租车的基本数据处理结果，87%的出租车出行中行驶距离低于 10 km，如果进一步分析，那么 96.7%的出租车出行中行驶距离低于 20 km。如果我们假设汽车共享可以开拓相当于目前 0.5%的出租车市场的客流，那么经过出行频率折减等因素，需在 5%目前市场的情况下占据价格优势。

根据图比例距离计算公式，我们代入最后的比例为 5%的分布函数如式(4-21)所示：

$$P(x)=\int_{x_0}^{+\infty}[(x+a)^{-b}\times e^{-\frac{x}{c}}]\,dx=5\% \tag{4-21}$$

其中，a，b，c 的值已知，分别为 0.37671，1.1437 和 10.596。将其代入式(4-21)后得到：

$$P(x)=\int_{x_0}^{+\infty}\left[(x+0.37671)^{-1.1437}\times e^{-\frac{x}{10.596}}\right]dx=5\% \tag{4-22}$$

计算可得 $x_0=14.5$，即 14.5 km 以上的出行距离对应的出租车出行次数所占比例为 5%。以此计算，其定价可维持在 35 元/h 以下。此外，根据美国的汽车共享出行时长和距离，可以得知其平均出行时间为 2 h，平均出行距离为 24 km，符合其基本的价格优势交叉范围。

4.6.5　基本市场规模与补贴力度

根据旧金山湾区的 City Carshare 研究报告，3/4 的用户家中无车，且 1/3 单独居住。大部分的会员属于中等收入，平均为 50 000 美元/年，会员平均年龄为 39.6 岁。会员的居住地存在明显特征，大部分为城市密集区，这些地区的停车位紧张且价格昂贵。由此可见，汽车共享为广大公共交通出行为主的人提供了一个拥有车和使用车的替代模式。而我国汽车拥有量超过 3500 万辆，驾照拥有量则超过 1.7 亿，这部分拥有驾照但没有车开的人群应该是汽车共享发展的主要市场。

汽车共享对购车计划的影响显著，39%的 Zipcar 用户放弃了购买车辆的计划，如果这一特性在我国也适用，那么必然能在一定程度上以非强制性的方式减少市民拥有车的需求，而这一部分无车但渴望有车使用的用户也正构成了汽车共享在我国发展的主要受众。在这个意义上，汽车共享对放缓过快增长的汽车拥有需求具有非常大的作用，从而在实质上减少了能源消耗和碳排放。如果以数据分析中的加入汽车共享比例来计算，未来的 8 000 万有驾照无汽车的人中就有 7.5%的人会因为汽车共享而放弃他们的购车计划，如此将会减少 600 万辆的汽车，而这部分汽车还是以各地市中心地区的用车需求为主。

汽车共享减少用车需求的作用分为两个方面，一方面其放缓的汽车保有量增长速度可以在一定程度上减少能源消耗，而这部分被汽车共享替代的汽车需求又可以支持汽车产业本身的发展，这部分被替代的车辆还可以在 3～5 年后重回市场，以充实我国的二手车市场，使得汽车产业链更加完善；另一方面，通勤交通公共交通化的未来，汽车的使用越来越往休闲离散型发展，其效率本身就难以保证，汽车共享对车辆拥有增长的降温作用还可以为我国城市化和机动化的进程铺平道路，减缓道路交通的拥堵、扩展停车场的效率、减少碳排放。本书的挑战正是如何验证这一假设，以及如何评价汽车共享市场的影响作用。调查中的重点正是其购车计划的变更情况，尽管这种变更属于个人行为，但综合起来却对我国整体的能源、环境战略影响深远，因此有必要对做出变更选择的群体进行群体特征描述，以明确其收入等个人属性，从而有利于今后的调控。

与此同时，要在我国推广汽车共享最大的挑战莫过于为较多的原本依靠单位能耗少、清洁低碳的公交出行的居民提供了机动化的选择可能性，这势必会给我国的能源消耗和污染排放增加一定的压力。不像欧美等国，我国的汽车拥有率还较低，以汽车共享减少已经存在的拥有量甚至减少排放的可能性几乎不存在。但汽车共享也在提高我国市民机动性的同时降低了使用车辆的门槛，从而一定程度上抑制了不必要的购车需求，其功效显著。因此，汽车共享最大的亮点应该是减缓或者消除预期的汽车拥有量增加所带来的交通拥堵、能源消耗、环境污染等危害。尽管这种交通方式提供的是一种共享的、高效率的模式，但研究汽车共享的能源和环境意义仍然是其启动的关键。本书提出的新能源型汽车共享在日本等地发展较快但并不成功，究其原因是将汽车共享和新能源车这两种模式整合使得问题复杂化，人们在选择时陌生感增强，不确定因素的增加也使得当地政府的扶持力度不够。

4.7 政府视角：基于理论模型的成本及能耗分析

4.7.1 汽车共享的停车补贴策略

1. 汽车共享的停车成本制约

对汽车共享的运营商来说，共享车辆停车点位置的选择、相关停车费用的政府支持以及车型的选择是其主要的运营关注点。其中，停车点位置的选择是决定其运营的关键要素，相关停车费用的补贴政策则是其价格竞争力的主要原因。停车费用减免之所以重要，是因为汽车共享大多在城市中心发展。以 Zipcar 为例，其在华盛顿、纽约、伦敦、旧金山、芝加哥、西雅图等大城市的停车场均布置在人口众多、公交便捷的市中心。

随着新一轮城市复兴的开始，市中心重新回归为商业办公的中心，人流、物流、商流集聚，为汽车共享带来了客源。此外，城市中心地区是相对密集开发的区域，且具备较好的公交系统，而停车费用高、交通拥堵等问题又使得这些地区的很多居民放弃了购车。Zipcar 以半径 2 km 在这些城市中心地区布设停车位，每个停车位设置 2～3 辆车，而每逢有居民区或加油站，便另外设置 2～3 辆车以供选择。

中心城区停车费用高，因此世界各国的汽车共享运营商和一些非营利组织都试图寻求当地政府和组织的支持，以获得停车折扣和运营许可，以及相应的优惠政策，如主题宣传、税收减免等。此外，汽车共享还存在保险以及与其他交通方式衔接等问题。因此，与公共及私人部门的合作还包括公共交通公司为其提供轨道站点附近的停车位、为其用户提供免费的公共交通到达方式。由于保险公司承担了大部分共享汽车的保险业务，解决了行车中的安全和责任问题，而运营许可和税收减免都可以通过停车补贴的形式发放，因此免费停车位和停车补贴已成为广大汽车共享企业争取政府支撑的主要手段。

停车费用的地域性差异较大，且费用计算的方法也不同，补贴的稳定性和规范性难以成型，因此不少国家的当地政府也采用转移成本补贴和行政补贴的形式来对停车费用进行减免。综合来讲，市中心的停车位设置费用较高，美国大城市（如纽约、华盛顿、芝加哥）的市中心和欧洲的情况类似。以旧金山为例，建设一个停车位的成本在 5 万美元左右，以 50 年的使用年限计算，每年的费用为 1 000 美元，而郊区部分露天停车位或路边停车位的费用可能仅为每年 50 美元。停车场的设置也有所不同，如设置于社区则会考虑停车的费率，而设置停车场则要考虑其周转率以计算长期成本，设置于加油站则需要考虑与加油站本身的运营关系，设置于轨道和公交站点周边则需要考虑与公共交通的配合。如美国的路边停车几乎免费，因此设置免费停车位或停车折扣的阻力就较小。

相对欧美等国，日本、新加坡等亚洲国家的城市中心地区人口密集度较高，商业和居住用地紧张，汽车共享之所以在引进之初采用的是站点车的形式，是因为在这些亚洲城市，以政府主导的汽车共享被用于弥补轨道交通和公共交通的功能不足，而公交站点为国家所有，因此可以为汽车共享提供减免甚至免费的停车设施。日本东京的操作模式同样值得借鉴。东京的汽车共享企业以推广电动汽车的形式来争取政府的支持。汽车共享主要面向广大市中心地区的商户和公司，这些公司大部分是业务出行量较小的公司，如果置办公司用车成本会过高，而汽车共享为这些公司提供了机动化的选择，满足了部分业务出行需求。由于东京市中心的停车费用高，因此取得政府支持并减免停车费才能生存下来。如此东京都市圈的汽车共享组织与当地政府以及汽车公司合作，共同宣传发展新能源车，并在多个地区设置电动车以供选择。电动共享汽车的单位小时费率较高，但行程公里费用较低，比较适合较长距离且时间短的市内出行。尽管东京的案例并不十分成功，但通过发挥汽车共享优势让政府企业认识到在环境和能源方面的优势将是其发展的动力之一。

2. 中国汽车共享停车模式探讨

我国大型城市的停车费用较高，主要原因是中心城区停车需求旺盛，而停车设施不足。从上海整体停车情况来看，截至 2019 年上海市私人汽车的数量已接近 440 万辆，中心城区总停车位只有 144 万个，远远无法满足 444 万辆机动车的停车需求。若汽车共享能在上海推广，市民可以通过汽车共享替代拥有，那么私人停车的需求将会下降，同时中心城的工作人员可以通过轨道、公交等方式从外围城区进入核心区，如有需要则可以通过汽车共享替代自驾出行，从而减少对公共停车的需求。汽车共享运营商在进行布点时需要将这部分缓解停车难的作用表述清楚，方能赢得支持和费用折减以降低成本，否则价格过高，与出租车形成过大差额将会使这部分需求转移，从而难以和出租车等形成价格优势。

4.7.2　单纯推广混合动力车和电动汽车的成本及能耗分析

发展纯电动、混合动力等车型对于缓解我国能源紧张问题、减少碳排放具有非常重要的意义。以上海为例，社会车辆的能源单耗远高于公共交通。2018 年，上海市总体能耗为 1.14 亿吨标准煤，其中交通总体能耗约为 3 415.7 万吨标准煤，约占总能耗的 30%。同时，2011—2018 年呈现一个上升的趋势，如表 4-21 所列。其中，铁路运输方面，总体能耗量保持在一个稳定的水平，航空能耗从 2011 年的 603.2 万吨标准煤上升到 2018 年的 1 126.6 万吨标准煤，增长近一倍，这与在沪的四家航空公司的航线扩展有关。同时，水运方面的能耗从 2011 年的 880.2 万吨标准煤上升到 2018 年的 1 001.1 万吨标准煤，主要的能耗增量是由于在沪的航运企业业务增长。相对来说，城市公共交通的能耗量随着轨道交通比例的提高而有所下降，但公路运输、社会客车的能耗量随着车辆增加和道路建设也在逐年上升。

表 4-21　　上海市客货运方式结构及总体能耗(2011—2018 年)　　单位:万吨标准煤

年份	铁路	航空	水运	公路及其他(不含公共交通)	城市公共交通	交通运输行业(合计)	社会客车(按照 2018 年单车能耗预估)	整体交通(推测合计)
2011	38.1	603.2	880.2	344.6	181.3	2 047.4	580	2 627.7
2012	39.1	605.6	901.4	362.9	178.6	2 087.6	460	2 547.6
2013	39.5	659.5	839.2	370.6	180.3	2 089.1	498	2 587.1
2014	40.1	684.3	799.7	378.5	181.8	2 084.4	537	2 621.4
2015	41.6	767.5	803.2	396.1	180.4	2 188.8	586	2 774.8
2016	38.8	879.2	914.8	388.2	179.6	2 400.6	634	3 034.6
2017	39.9	953.4	1 014.5	404.8	179.2	2 591.8	692	3 283.8
2018	56.1	1 126.6	1 001.1	326.4	159.5	2 669.7	746	3 415.7

说明:表 4-21 根据上海市交通节能减排研究中心发布的《上海绿色交通发展报告》,2019 年,全市交通能耗 3 415.5 万吨标准煤,占全市综合能耗 1.14 亿吨标准煤(工业 5 361 万吨标准煤,占 47%;钢铁 1 150 万吨标准煤,占 10.1%;石化 2 150 万吨标准煤,占 18.9%)的 30%,其中社会客车能耗 746 万吨标准煤,交通运输行业能耗 2 669.5 万吨标准煤。2011—2015 年及 2017 年数据来源于《上海绿色交通发展年度报告》,2016 年、2018 年为上海市城乡建设和交通发展研究院推算,社会客车以《2020 年上海市综合交通年度报告》公布的 746 万吨标准煤社会客车能耗,根据历年的民用汽车总量等比例推算。具体以统计局公布数据为准。其中,公路及其他能耗统计范围包括公路运输、仓储邮电和管道运输的能耗,2018 年的数据口径有所不同。以上数据最终以统计局的官方数据为准。

如表 4-22 所列,进一步对最新的数据进行细分可以发现,一方面,港口运输、铁路运输仍然是单耗较低的运输方式,因为随着总体客货运量的增加,其浮动较小;而航空运输和公路运输的单耗高,随着总体客货运量的增加,呈现增长态势。从增长的结构来看,航空运输的能耗增长不论在总量和比例上均为最高。

表 4-22　　上海市客货运方式结构及总体能耗

客货运方式	客货运规模(2019 年)	能耗情况(2018 年)	能耗情况(2017 年)
港口航运	旅客年到发量 228.1 万人次;货运年到发量 7.2 亿吨,4 330 万 TEU	1 001.1 万吨标准煤	单位周转量能耗 3.31 吨标准煤/百万吨公里,港口能耗 42.5 万吨标准煤
航空	旅客年到发量 12 179 万人次;货运年到发量 405.2 万吨	1 126.6 万吨标准煤	单位周转量能耗 4.23 吨标准煤/万吨公里,机场能耗 13.3 万吨标准煤,其中客运单耗为 4.66 吨标准煤/万吨公里,货运单耗为 2.09 吨标准煤/万吨公里
公路	旅客年到发量 6 334 万人次;货运年到发量 5.07 亿吨	326.4 万吨标准煤	
铁路	旅客年到发量 23 147 万人次;货运年到发量 1 054 万吨	56.1 万吨标准煤	单位周转量能耗约 3.88 吨标准煤/百万吨公里

（续表）

客货运方式	客货运规模(2019 年)	能耗情况(2018 年)	能耗情况(2017 年)
城市客运(公共交通)	轨道交通(含磁浮)线路 17 条,运营线路长度 704.9 km,日均客运量 1 064.2万乘次/日	159.5 万吨标准煤	轨道交通能耗 60.5 万吨标准煤
	公共汽(电)车线路 1 575 条,运营线路长度 8 997 km,日均客运量 571.2 万乘次/日		公共汽(电)车能耗 42.7 万吨标准煤
	巡游出租车共有 4 万辆,日均 154 万乘次/日,网络预约出租车工作日均上线车辆 7.9 万辆,日均客运量 170 万乘次/日		出租车能耗 76.0 万吨标准煤
社会客车	全市注册机动车 443.8 万辆,对外旅客年发送量 16 023 万人次,全市机动车周转量约 23 490 万 PCU(包含部分公路运输的市内部分)	746 万吨标准煤	

另一方面,城市扩张带来机动化模式的变化。2019 年年末,我国城市的建成区面积已达 6.03 万 km^2,相比 2000 年的 2.24 万 km^2,增长了 169%,我国城镇人口数量已达 8.48 亿人,相比 2000 年的 4.58 亿人,增长了 85%,人口城镇化的速度相比土地城镇化的速度较慢。汽车共享减缓了购车需求和用车需求,也有望减少整体的能源需求。2018 年,我国能源消耗量达 48.7 亿吨标准煤,相比 2000 年的 14.7 亿吨标准煤,增长了 231%。同期,私人汽车增长从 2000 年的 625 万辆,增加到 2019 年的 22 509 万辆。根据 2020 年中国统计年鉴,2018 年我国交通运输行业石油消耗总量达 2.27 亿吨标准煤,占石油总消耗量的 35.7%,私人小汽车的增长使得石油消耗从 2000 年的 2.26 亿吨标准煤增长到 2018 年的 6.37 亿吨标准煤,相应地,原油生产则从 2.32 亿吨标准煤增长到 2.73 亿吨标准煤,远低于需求的增长,使得原油缺口和对外依存度逐年增加。

汽车共享若能被广泛推广,就可以在未来全面降低机动车拥有量以及汽车进入家庭的速度的同时,成为社会化推进新能源汽车普及的一个重要手段和方式。

目前,有关新能源车的政策主要包括个人购车补贴、车辆购置税减免、牌照减免等。汽车共享由于运营时间和距离易于控制,因而具有比出租车更适合新能源车推广的条件。尽管总体汽车拥有量的增加使能源、环境压力加大,但通过新能源汽车共享的推广可以基本抵消由于汽车增长所带来的交通、能源、环境等方面的问题。但关键是推广量达到多大时可以抵消这些能源、环境问题。这便是本书研究的一个重要意义。若各地政府均能意识到汽车共享的重要作用并将其作为推广新能源车的手段,那么获得地方政府财政补贴从而加快推广则可以使得共享效用扩大,从而在根本上改观现存和未来将会产生的机动化问题。

目前,电动汽车的补贴力度约为每车 5 万元,折合 20 万元车价的 25%,但是纯电动车的造价仍然较高,以普通的 15 万元的比亚迪轿车为例,若为双模电动车,其价格会提高到 22

万元。因此，实际补贴并不能完全满足购车的差价需求。此外，电动汽车的距离限制以及充电过程的时间限制造成使用上的不便，这也是电动汽车进入家庭的阻碍之一。从图 4-27 可以看出，若仅补贴车价的 20%，只有约 10%的家庭愿意选择电动汽车。

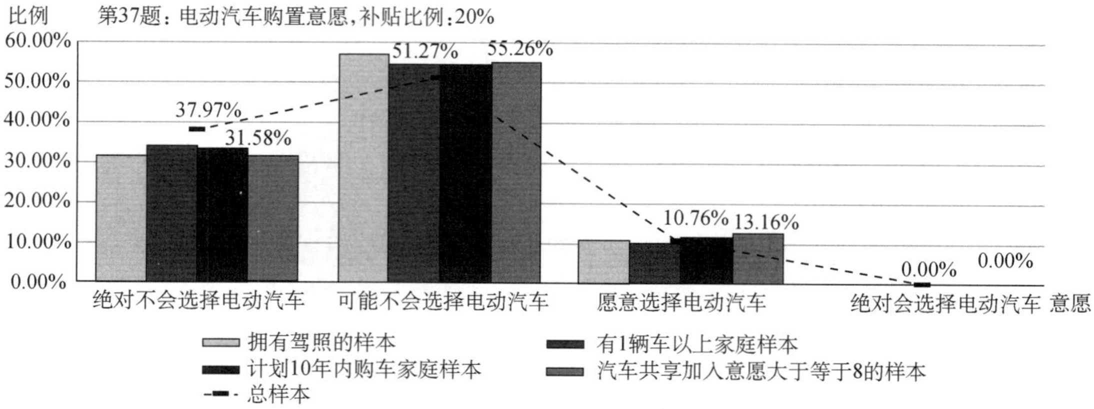

图 4-27　电动汽车补贴比例为车价 20%时的选择意愿

图 4-28 所示的是补贴车价的 40%时购置电动汽车的意愿。和图 4-27 相比，当补贴比例上升一倍后，加入电动汽车的意愿上升，并且占比超过 50%。但是通过模型我们可以大体计算出未来购车的需求，若仍以 8 000 万有照无车者为基数，假设有购车需求的比例达 61%，那么将有 5 年 4 900 万辆汽车的增长需求，其中 50%购置电动汽车，那么会有 2 450 万辆电动汽车进入市场，但是补贴比例为 40%，也就说以平均每车成本 20 万元计算，每辆车的补贴费用为 8 万元，整体补贴的成本为 2 万亿元。而从能耗的折减来看，推广电动汽车的能耗折减为一半，尽管电动汽车的推广可以全面摊薄发电成本，但这部分电力支出以及产生的相关能耗仍然较大。补贴与所获得的成效难以达到最优。

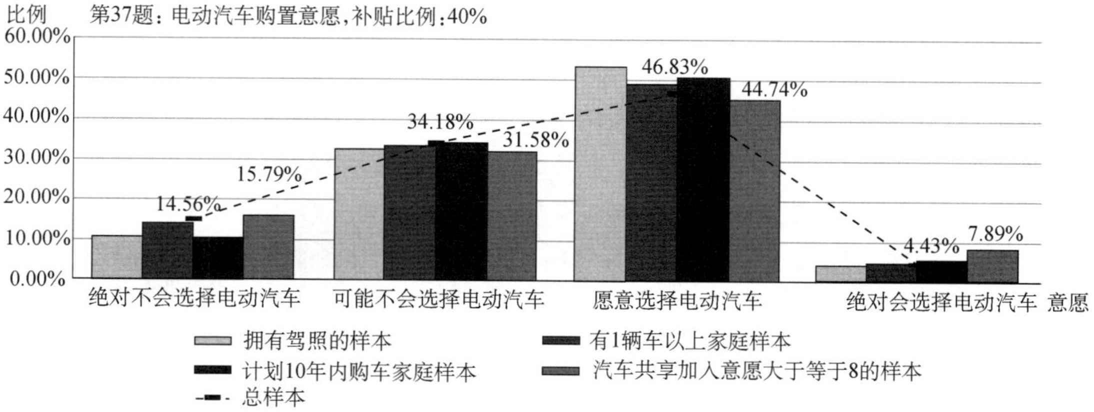

图 4-28　电动汽车补贴比例为车价 40%时的选择意愿

结合表 4-23 的梯度数据来看，补贴 40%的边际效应为增加愿意和绝对选择电动汽车 25 个百分点为最高，说明这 10%的补贴成本已经达到阶段性的最高。

表 4-23　　　　　　　　　　电动汽车补贴比例与选择意愿关系

补贴比例	绝不选择电动汽车	可能不选择电动汽车	愿意选择电动汽车	绝对选择电动汽车
20%	37.97%	51.27%	10.76%	0
30%	27.22%	47.46%	25.32%	0
40%	14.56%	34.17%	46.84%	4.43%
50%	12.66%	15.82%	56.33%	15.19%

从图 4-29 可以看到，当补贴 20%时，愿意选择混合动力汽车的比例远高于选择电动汽车，因此补贴混合动力汽车的方法也可以单纯维持现有比例。

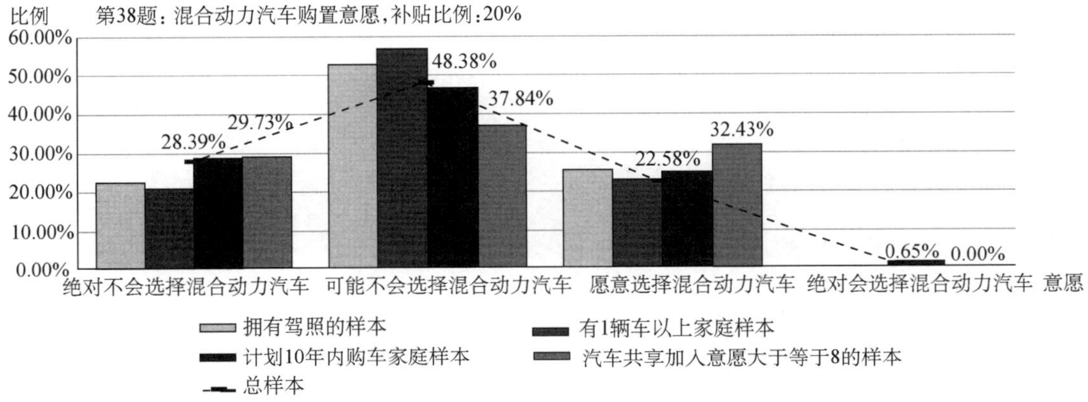

图 4-29　混合动力汽车补贴比例为车价 20%的选择意愿

从图 4-30 可以看出，有汽车共享加入意愿的样本对混合动力汽车和电动汽车的加入意愿高于一般水平。

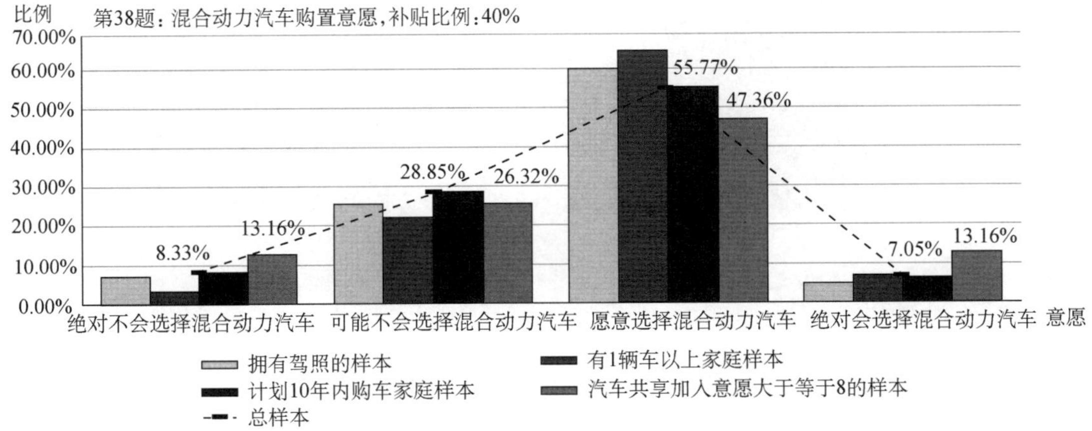

图 4-30　混合动力汽车补贴比例为车价 40%的选择意愿

如表 4-24 所列，通过考察混合动力汽车的补贴比例和选择意愿的关系，我们发现 40%的补贴比例仍然是效果最好的，因此如果以同样的方法推广混合动力汽车，由于其能耗折减的比例为普通轿车的 60%，若以 62%的选择比例计算，能耗折减的比例同样为 50%，但是补贴的成本上升为 2.5 万亿～3 万亿元。因此，简单的计算可以表明，补贴混合动力汽车的成效不如电动汽车。

表 4-24　混合动力汽车补贴比例与选择意愿关系

补贴比例	绝不选择混合动力汽车	可能不选择混合动力汽车	愿意选择混合动力汽车	绝对选择混合动力汽车
20%	28.39%	48.39%	22.58%	0.64%
30%	19.23%	43.59%	35.26%	1.92%
40%	8.33%	28.85%	55.77%	7.05%
50%	5.13%	12.82%	64.74%	17.31%

综合以上分析，如果简单地推广混合动力汽车或电动汽车，其社会补贴成本较高。我们可以适当地开源节流，而发展电动汽车和混合动力汽车便是开源，节流则可以采用汽车共享的替代拥有来全面降低汽车进入家庭的速度。

4.7.3　推广汽车共享的成本及能耗分析

从图 4-31 中可以看出，加入汽车共享后仍然会选择购车的比例高于用汽车共享替代购车的比例。其中，有车且有购车需求者坚持购车的比例达 60%，高于一般水平，说明改变家庭购置第二辆车需求的能力要弱于放弃购置第一辆车。有汽车共享加入意愿且有购车计划者的购车影响程度高于一般水平，即近一半的人愿意使用汽车共享而放弃购车。

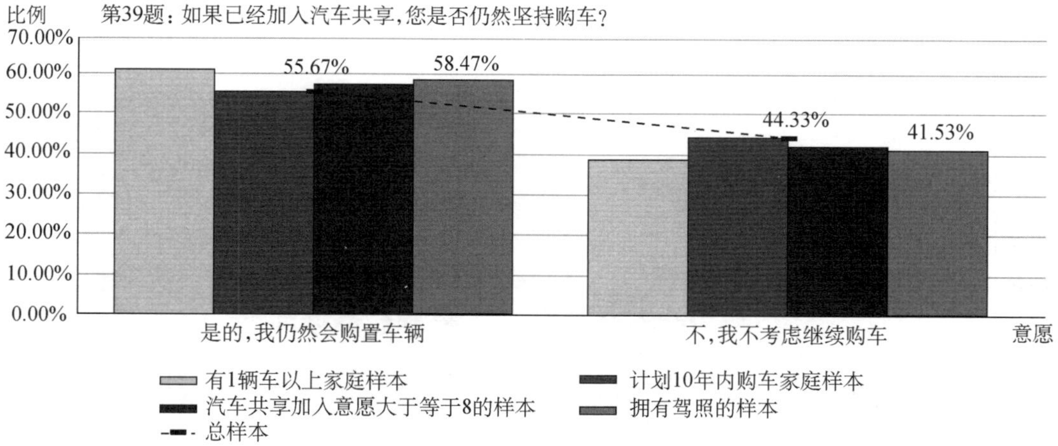

图 4-31　替代购车计划的可能性

此外，汽车共享的另一个重要作用便是减少已有车辆的拥有率，尽管作用并不明显，如图 4-32 所示，仅有 10%的人愿意因为汽车共享而放弃现有车辆，但其作用较大。结合已有车辆的使用成本、行驶里程以及废弃排放，我们通过 Logit 模型基本的市场规模可以计算出选择的比例，从而得出整体的能源和环境优势。

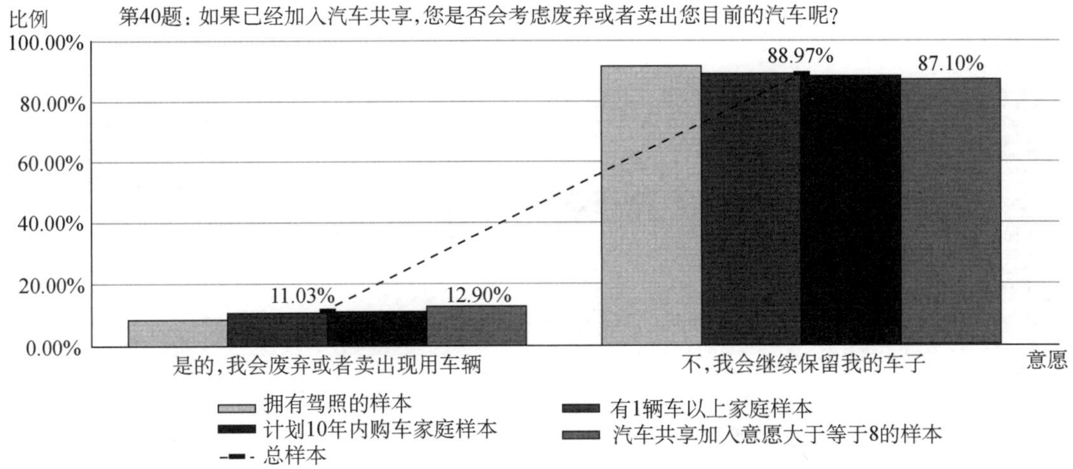

图 4-32　废弃现有车辆分析（有车家庭）

表 4-25 列出了第 2 次调查数据汽车共享的总效应，总样本 271 个，汽车共享的增加效应主要体现在无购车计划加入汽车共享和有购车计划加入汽车共享，其折减效应主要体现在因为加入汽车共享放弃购车以及废弃现有车辆。汽车共享的费用和行程根据每周使用的频率来确定，而已有车辆的用度和计划购车的用度则根据车辆型号、百公里油耗、购置价格、预计行驶公里数、预计年养护成本等综合计算得出。

表 4-25　　第 2 次调查数据汽车共享的总效应

总效应分析	行程/km	费用/元	二氧化碳排放/kg
样本总量	271	271	271
折减总量	−228 520	−1 465 185	−61 035
平均折减	−843	−5 407	−225
20 车平均折减	−16 860	−108 140	−4 500

从表 4-25 可以看出，汽车共享对整体社会的平均户机动化行程折减为 843 km/年，每户家庭的年平均养车费用折减 5 407 元，每年的二氧化碳排放量按户计折减 225 kg。若以共享车辆与会员比例 1∶20 为例，8 000 万辆需求可由 400 万辆共享车辆实现运营，单车运营成本补贴费用为 200 元/天（中心城停车费用），即 7.3 万元/年。实现每车社会总行程折减 1.686 万 km，社会总费用折减 10.8 万元，社会总排放折减 4 500 kg 二氧化碳。

图 4-30 零坐标轴以下的区域表示折减的公里总数，零坐标轴以上的区域表示增加的公里总数。从不同原行驶里程标段的折减分布来看，增加的部分主要集中在 1～8 000 km，这主要因为汽车共享的合理出行距离为 8 000 km，如果超过 8 000 km，从费用角度则购车的经济性要高于加入汽车共享。行车减少的部分较为分散，这部分的折减主要来自对计划购车的行驶预期和已有车辆的实际行驶的折减。

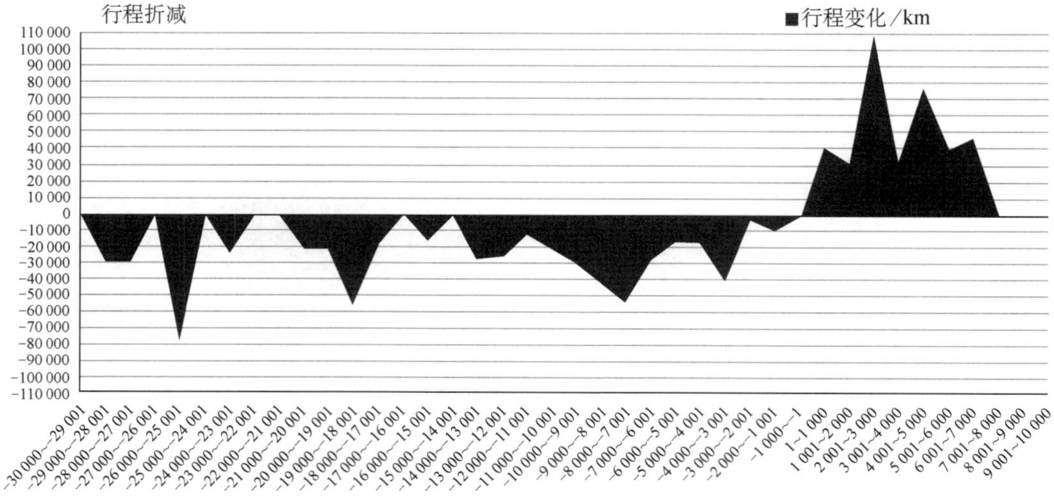

图 4-33 行程折减效应

费用折减的部分类似于行程折减,但费用折减还存在购车成本的计算,因此汽车共享的费用折减效用大于行程折减,从图 4-31 也可以简单看出坐标轴下侧的折减部分面积明显大于上部的增加面积。由于购车的平均成本折算后的年平均用车成本约为 3 万元,因此这部分的折减集中在 4 万元以下的部分。

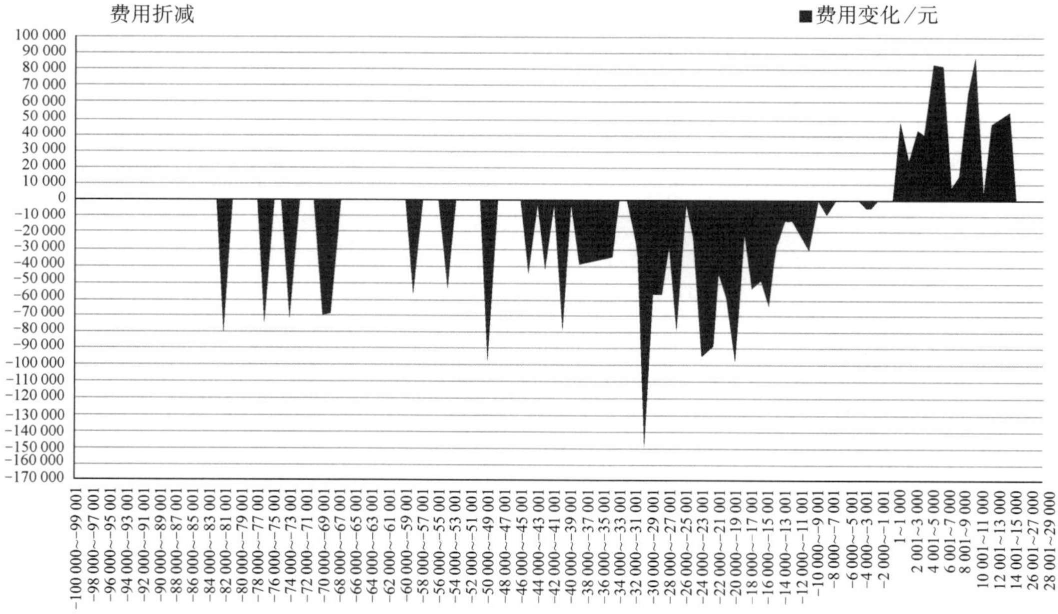

图 4-34 费用折减效应

从排放折减的效用图 4-35 来看,其折减效果没有行程折减和费用折减那么明显,主要是因为计算时考虑采用百公里油耗 10 L 这一标准,而如果汽车共享能采用混合动力汽车甚至电动汽车作为主力车型,那么排放的折减将非常巨大。此外,由于加入汽车共享而减少的家庭购车需求使得拥堵等问题得到了进一步缓解。相比单纯推广电动汽车和混合动力汽车，以电动车和混合动力汽车为主推车型的汽车共享将在节约财政补贴的基础上，大大缓解交通拥堵和交通能源问题。

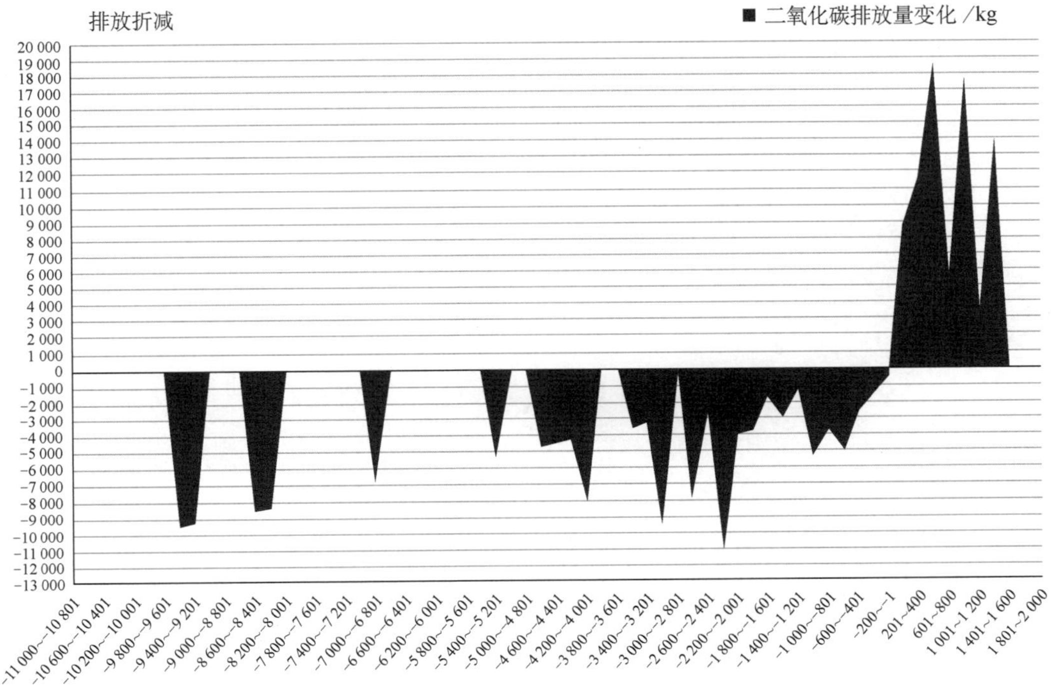

图 4-35　排放折减效用

4.8　本章小结

理论认为物质共享是公共政策应该关注的问题之一，汽车共享、汽车租赁、出租车等汽车交通模式相比单一的汽车拥有，更有利于实现汽车这种交通模式的最大效用，这些模式的市场规模是基于对使用者选择行为的效用而产生的选择集合。相比一般的交通出行研究来说，以出行链为基础的交通行为理论难以分析汽车交通这种复杂的交通模式。汽车购置和拥有的行为直接影响其使用的情况，故在研究汽车交通问题的同时，应该考虑使用者长期和短期交通行为的综合。

因此，有必要对是否发展汽车共享的必要性进行探讨，并分析个人选择汽车共享的影响因素以及不同市场规模产生的能源和环境效用。在明确基本的理论框架后，需要对方法论的体系进行分析，以确定影响因素，同时构建离散选择模型来分析不同影响因素的权重，并设计调查问题从而得到数据。

汽车共享的发展应该是一个在政府推动下，企业运作、个人参与的过程。理性个人选择效用最大化，即经济性、服务水平的提高增加市场的需求。政府则通过补贴来降低企业的运营费用，通过政策扶持降低运作门槛，加强合作，打开通道，企业得到信号便可进入市场。对企业而言，通过补贴和停车优惠政策等扩充车辆，增加布点，创造更好的服务指标，以扩大个人选择汽车共享的需求。经过一段时间的发展，企业获得利润，摆脱补贴约束，并兼并其他企业，整合出租车、租赁等类似业务，进一步促使人们选择汽车共享。这样就能切实发挥汽车共享替代汽车拥有的作用，从而进一步使得多方得益。

第5章 总结与展望

5.1 总结

本书基于消费者选择行为理论的相关知识，以上海为研究点，对我国推广汽车共享政策的相关问题进行了研究，旨在通过分析汽车共享对汽车购置以及相关替代模式的选择意愿及影响因素进行全面深入的分析，同时本书也试图突破消费者选择行为理论的研究范畴，融入服务水平等标准，对以经济性来分析、预测汽车拥有行为的传统理论进行了理论和方法论方面的补充。

本书立论的基础即是将公共部门政策引导和私人部门技术革新量化为影响消费市场的价格因素，根据消费者选择的最高效用理论，针对居民的汽车购置计划及未来可能通过汽车共享减少的购车需求进行基本的消费者选择偏好及意愿分析。本书集中对车辆购置数量和车型选择进行探讨，以替代效用理论为着眼点，对汽车拥有的替代模式的选择效用进行研究，试图通过两次调查收集的现实出行偏好(Revealed Preference: RP)选择数据和设定模式下的出行偏好(Stated Preference: SP)选择数据来构建效用模型，并在对选择的效用进行定量分析的基础上，从以下几个方面来进行政策分析：

(1) 政府通过补贴和政策引导企业进入汽车共享市场；

(2) 个人得益于政府补贴和企业的服务水平提高，从而转移购车需求；

(3) 企业通过个人需求的改变及时调整营销手段。

同时，运用统计分析的定量结果和模型数据的总体分析来明晰这三者之间的合作关系，在厘清政府、企业、个人三者之间关系的同时，提出可行的推广汽车共享的政策举措，并计算相应的行程折减和能耗折减，为政府制定政策提供依据。

通过统计、模型以及政策分析，本书的主要结论如下：

(1) 汽车共享的社会效应显著，若能广泛推广则可以全面降低未来机动车的拥有量以及汽车进入家庭的速度；

(2) 汽车共享目前在我国应用的背景尚不成熟，但前景乐观；

(3) 对环境、能源的全民意识尚未普及，因此对环境、能源等问题的关注并不是驱动人们选择汽车共享的主要原因；

(4) 经济性仍然是人们选择加入、使用汽车共享模式的主要动机。

5.2 对汽车共享发展前景的展望

对国人来说，共乘是再普通不过的事情了。公交、地铁甚至出租车都是共乘的典型形式，而且共享本身就是社会主义的精髓之一，居民邻里之间的物质共享也是中华民族的传统美德拥有悠久的历史。在物质条件并不充裕的19世纪80年代，随处可见的是邻里间自发组织起来观看电视节目，也经常会有互借食物和衣服，更普通的就是自行车的共享。而今，尽管物质条件丰富后的国人共享需求降低，但邻里朋友间仍然热衷于互通有无。汽车共享的潜在市场巨大，如果能大范围推广并被大众接受，特别是共享缺乏购买经济性的新能源车对合理化机动车出行需求、减少污染气体排放、缓解能源危机都有益处。如果照搬国外的经验模式是难以成功的。因此，对我国机动化发展以及未来构架的考察，是开展理论研究和实践应用的主要背景，其中汽车进入家庭、公共交通的网络化运营、长距离出行交通高速化以及出租车和汽车租赁发展四个方面的机动化背景尤为突出。

在平衡交通和可持续城市发展的问题上，中国不仅仅在扩张城市道路，而且也在大规模投入轻轨、地铁、快速公交以及磁悬浮的建设。北京和上海等大城市均出台了一系列提升能级的措施，以缓解经济发展和交通设施的矛盾，并着力减少交通拥堵。同时，国家碳达峰、碳中和愿景的提出和可持续交通发展白皮书的陆续出台，逐渐展现了国家在交通智慧低碳技术研发、改变交通工具用能结构、提升交通领域新基础设施建设等方面的重视。汽车交通是一种相对独立的出行模式，不仅提高了城市和农村地区居民的机动性，也缩短了城乡、工作地和休闲居所地的时间距离。但我国不能走美国等西方国家的大规模机动化之路，寻求汽车拥有模式的替代方式仍是可持续交通发展的一个重要领域。

鼓励拥有小汽车和鼓励公共交通发展的政策在权衡中不断推进，值得参考的是，东京目前家庭拥有车的比例在1.5左右，但通勤交通几乎完全依赖公交，因此鼓励拥有而限制使用有可能会成为解决大城市汽车过快增长的一个重要途径。汽车共享有助于实现低碳城市汽车总量的有序和稳步控制，推进汽车的清洁化改造，实现低碳城市中汽车的高效利用，并有望成为未来自动驾驶汽车技术的一种市场模式出口。

汽车共享作为公共交通和私人交通的整合模式，是现有交通系统的一种合理补充，如果潜在的市场规模可以被预测，那么我们将为汽车共享的推广做好第一步工作，在为运营商提供建议的同时，也给各地政府部门的决策人员提供不同方案选项，从而探讨如何赢得地方政府的支持。

5.3 本书的创新点

本书在对汽车共享的运营模式和相关文献进行较为详细的分析和总结的基础上，提出了研究的理论框架和方法论体系，通过效用函数参变量的定量统计分析和效用模型分析，以政府、企业、个人三者视角来寻求最优的推广政策，并对政策的能源消耗、碳排放效果进行了深入分析。本书的主要创新点有三个：

（1）根据不同的选择效用建立了购车行为及汽车共享加入意愿模型；

（2）构建了综合性的汽车共享行程和能耗排放分析框架；

（3）明确了汽车共享在我国特有交通发展阶段中的重要作用和相关政策手段。

5.4　不足与展望

本书主体部分源于2009年和2010年对上海市的两次汽车共享调查，数据较为早期，且相关的论述难免要和之前的政策进行对比，才能连贯顺畅，同时由于作者本人的能力所限，必定还有不少问题存在，故在此恳请各位读者斧正。

本书所述的汽车共享模式，其未来的前景值得期待，而本书基于消费者潜在行为的一些研究理论方法，也为汽车共享未来的发展，特别是低碳城市视角下的汽车共享发展政策方向给予了一定的数据支撑。

总体来看，汽车共享在我国的发展尚处于潜在发展阶段，因此需要对汽车共享的研究做更进一步较为深入的研究，后续的工作可以从以下几个方面努力：

（1）跟踪汽车共享的国内开展情况，并根据我国的交通特点，针对不同发展模式的社会效应进行长期比较和跟踪分析；

（2）延拓汽车共享的理念，将其应用到推广电动汽车和混合动力汽车的政策分析手段以及市场规模效应把握上来；

（3）对模型进行进一步深入梳理，构建全面综合的整体分析模型。

附录 A　汽车共享第 1 次调查问卷及统计结果

在进行理论研究之前，我们首先对上海市汽车共享潜在用户的群体特征和基本的市场定位进行了调查研究，即第一次全市范围调查，调查时间为 2009 年 6 月。问卷调查从理论构建、方法分析到实际实施，共经历了约 4 个月的时间，调查共分两个部分，第一个部分为问卷调查，第二个部分为各汽车租赁企业调研。问卷调查以网络调查为主，辅助采集 200 个基于轨道交通 9 号线乘客的纸质问卷调查。共回收问卷 1 311 份，其中有效问卷 1 254 份，我们根据年龄段、知识水平、收入等大体选取 833 份。在进行统计分析的同时，我们还对这 833 份问卷数据进行了细致的定性和定量化的分析，并采用统计学原理对数据进行了整理和分析，以便更加深入地比较我国发展汽车共享的基础以及和国外运营背景的差异。

被调查者首先看到一段关于汽车共享的基本介绍，接着问卷从个人的基本信息和出行状况、对汽车租赁的基本看法、对合乘车的基本看法以及对汽车共享的基本看法四个主要部分展开。问卷的设计旨在通过对个人和出行信息的调查来了解样本的特征，通过两种类似于汽车共享的出行模式来间接探索用户的特征，通过最后对汽车共享的收费、服务等特征的假设询问来了解潜在的市场。由于国内还没有典型的汽车共享组织出现，因此对汽车共享的接受程度和选择意愿进行调查时面临的难题在于无法确知其真实的想法和行动，这种调查方法被称为设定模式下的出行偏好(Stated Preference, SP)调查，即通过向被访问者提供一些假设条件下的可选方案，由其根据意愿加以选择。对各个因素的考察是站在对家庭车拥有情况、驾驶经验以及有购车计划家庭的分类基础之上的。

A. 1　问卷基本介绍及申明

“汽车共享”是上海市政府近期力图向国外学习，并试图开展的一种新的交通模式。“汽车共享”具有较高的经济、社会和环境效益，由于其在一定程度上是一种“准汽车拥有”模式，因此有利于抑制过快增长的购车需求，缓解交通拥堵。目前，全球已有 600 多座城市开展了“汽车共享”业务。

本次调查是为了了解上海市民对“汽车共享”的认识程度、接受和选择意愿，以调查其潜在的用户市场，并为未来发展提供依据。对不同的个人收入、年龄等的特性以及对各种交通方式使用偏好的调查，仅为了对用户的类别进行区分，您的相关个人信息我们将不做记录。您的回答将给我们很大的帮助，谢谢！

申明：本调查中所谓的“汽车共享”是一种以组织运营的形式开展，注册会员可随时通过网络、电话等形式预约车辆，并使用会员账号和单次密码取用车的新型汽车租赁业务。区别于配司机的汽车租赁和简单的拼车，汽车共享会员拥有私家车式的便捷，而免去购车的费用和责任(包括养路费、保险和养车费用等)，并按照每次的使用时间和行驶距离计费。取车点设置在居住小区、轨道站点和办公商务中心。另外，前文中已出现过的统计图在附录A中不再重复出现，可详见正文。

A.2　基本信息

1. 您了解“汽车共享”(Car sharing)吗？
   A. 非常了解
   B. 听说过，但不了解
   C. 从未听说过
2. 请问您从哪里得知本次调查？
   A. 问卷星宣传页面
   B. 家人朋友介绍
   C. 网上搜索到
3. 请问您的年龄：
   A. 20岁以下　　B. 20～25岁
   C. 26～35岁　　D. 36～45岁
   E. 46～50岁　　F. 50岁以上

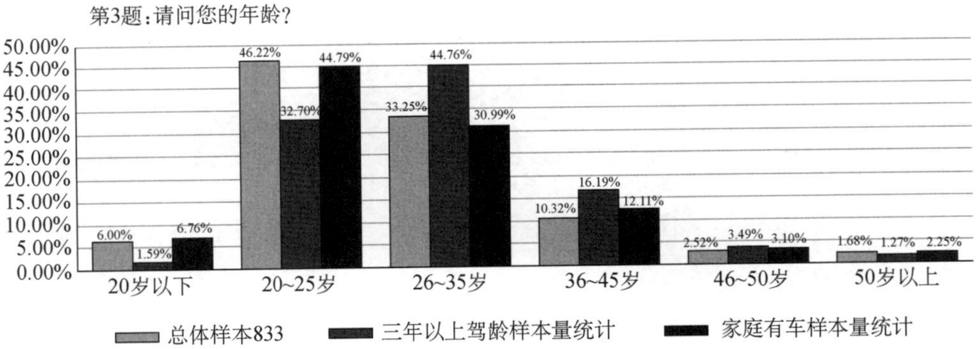

4. 请问您的性别：A. 男　B. 女(本题统计结果，$N=784$，40%女，60%男)。
5. 请问您的职业：
   A. 政府官员　　B. 企事业管理人员
   C. 政府公务人员　　D. 企事业职员
   E. 个体经营者　　F. 商业服务业人员
   G. 教师　　H. 生产及运输工人
   I. 学生　　J. 自由职业者
   K. 其他

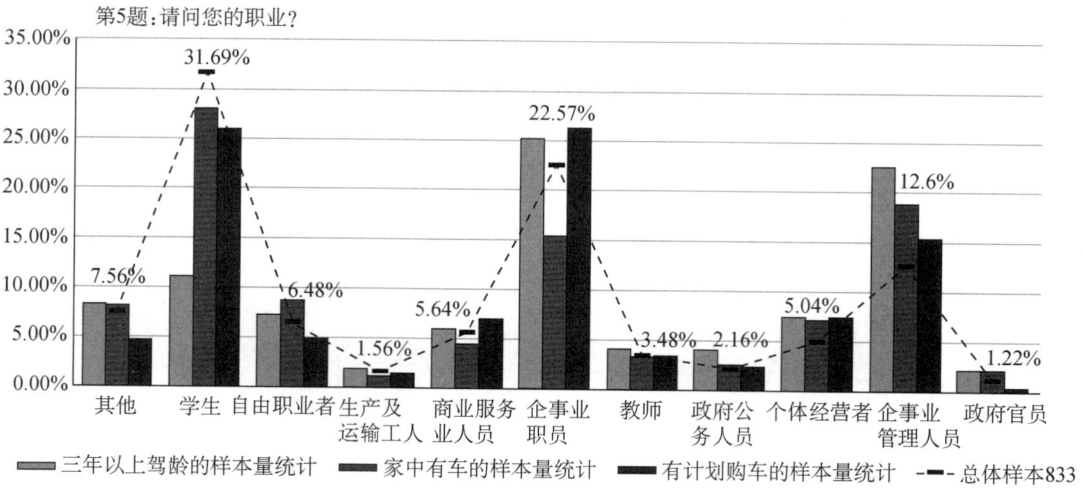

6. 请问您目前的学历：

A. 博士及以上　　B. 硕士　　C. 本科

D. 专科　　E. 高中　　F. 其他

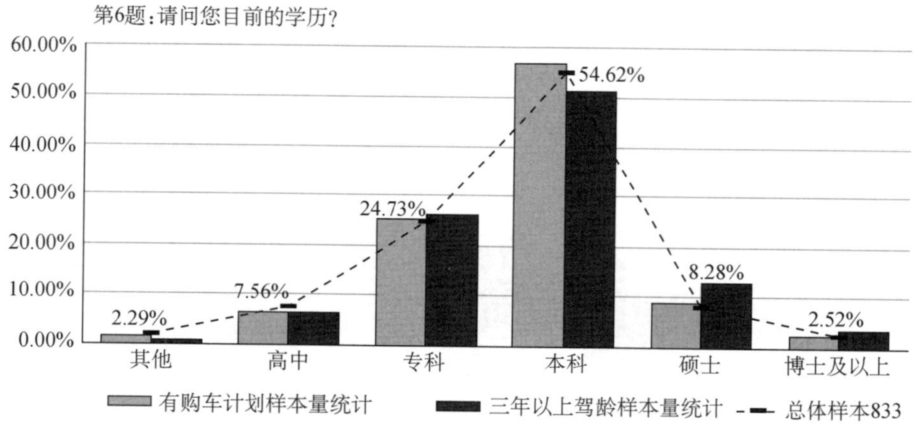

7. 请问您目前的收入情况(元/月)：

A. 1 000 以下　　B. 1 000～2 500　　C. 2 500～5 000

D. 5 000～10 000　　E. 10 000～20 000　　F. 20 000 以上

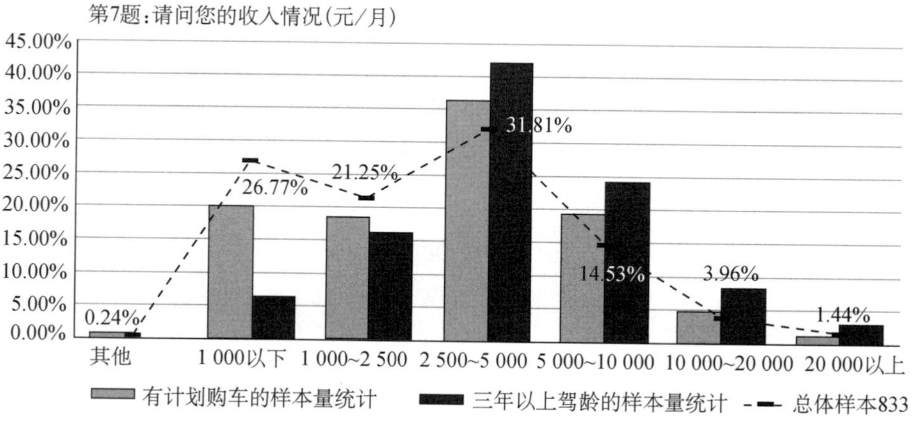

8. 您的居住地点在：

A. 内环线以内　　B. 内环与中环间　　C. 中环与外环间　　D. 外环线以外

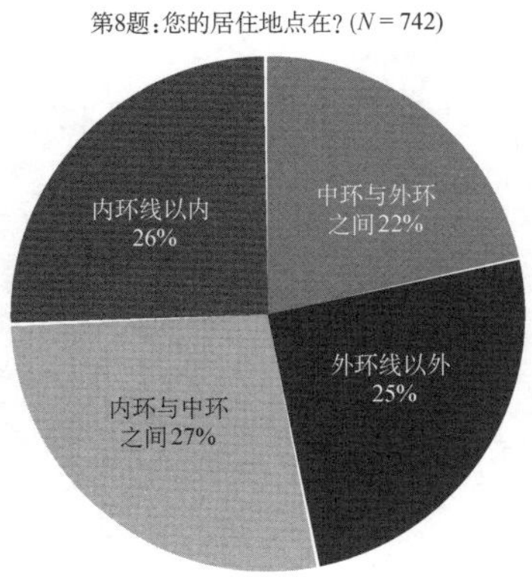

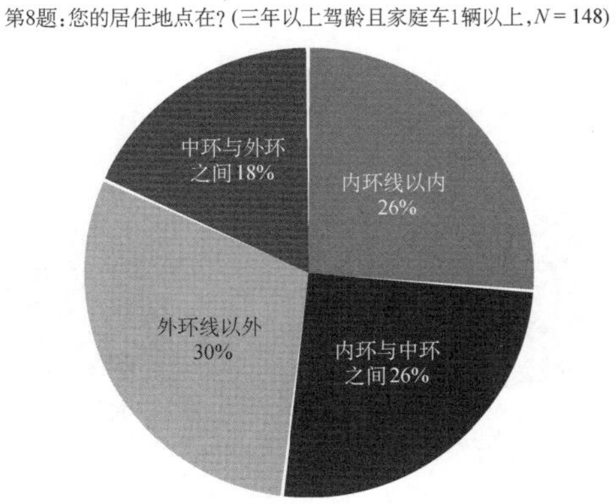

9. 请问您家庭中的成年人有：

A. 1 人　　B. 2 人　　C. 3 人
D. 4 人　　E. 5 人　　F. 6 人
G. 7 人　　H. 8 人　　I. 更多

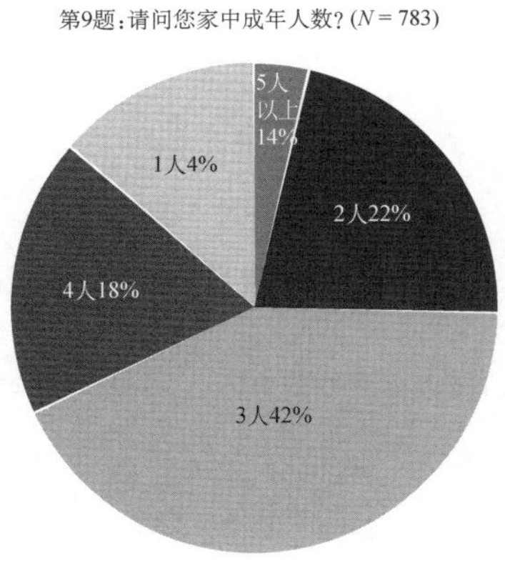

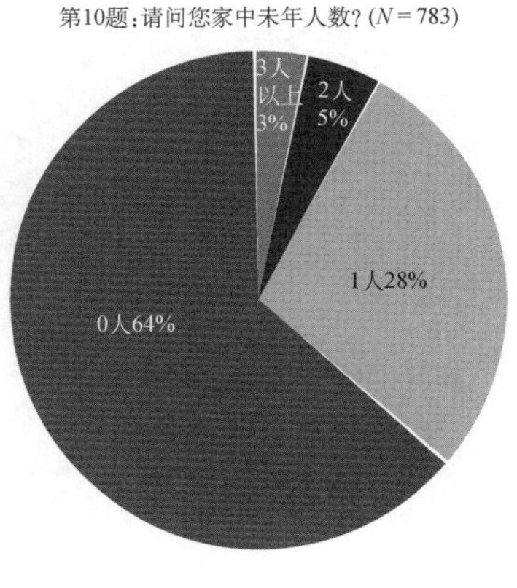

10. 请问您家庭中的未成年人有：

A. 1 人　　B. 2 人　　C. 3 人
D. 4 人　　E. 5 人　　F. 6 人
G. 7 人　　H. 8　　I. 更多

A. 3　出行情况信息

11. 您是否拥有驾照？

A. 有 3 年以上驾龄　　B. 有 3 年以下驾龄　　C. 正在考
C. 暂无申请计划　　D. (____年内)考驾照

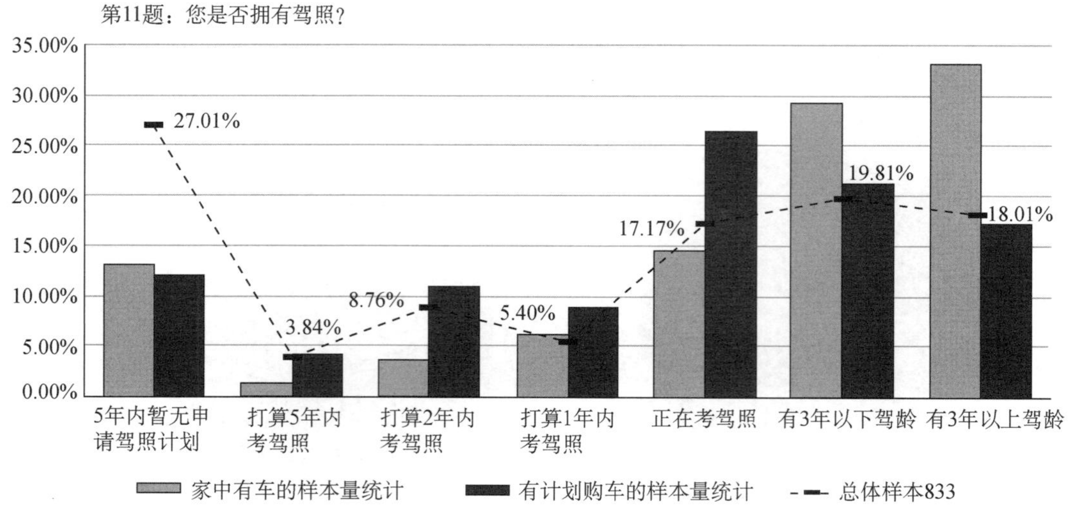

12. 您家庭拥有的车辆数(包括单位配车)：

A. 0(直接跳到第 18 题)　　B. 1　　C. 2　　D. 2 辆以上

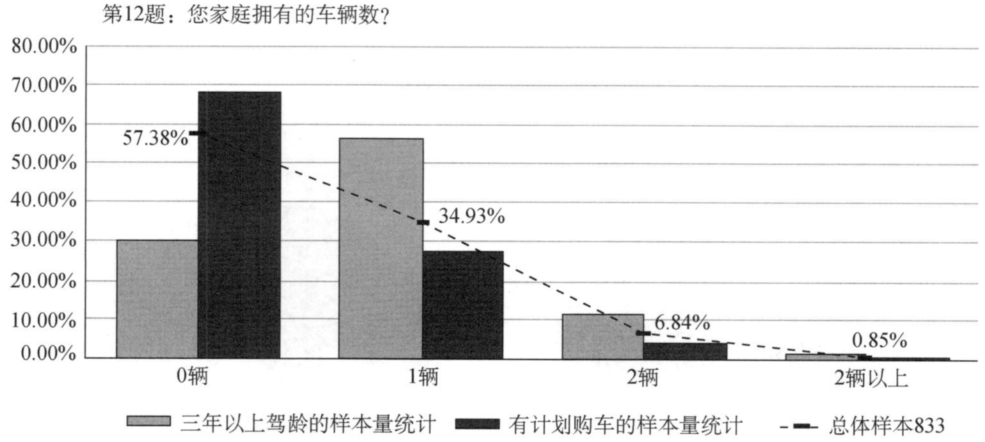

13. 您平均每月为您的车支出约：

A. 1 000 元以下　　B. 1 000～1 500 元

C. 1 500～2 000 元　　D. 2 000～2 500 元

E. 2 500 元以上

14. 您平均每月支出油费约为：

A. 400 元以下　　B. 400～600 元

C. 600～800 元　　D. 800～1 000 元

E. 1 000 元以上

15. 您平均每周使用车辆的频率：

A. 偶尔使用　　B. 周末使用

C. 业务使用　　D. 上下班使用

E. 频繁使用

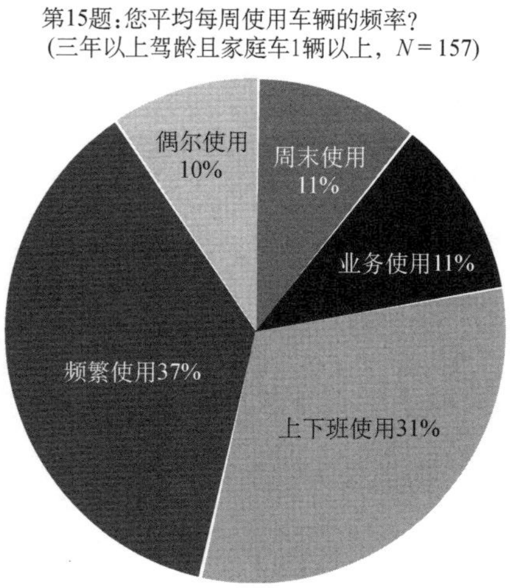

16. 您平均每天行驶的距离（工作日）：

A. 10 km 以下　　B. 10～20 km　　C. 20～30 km

D. 30～50 km　　E. 50 km 以上

17. 您平均每天行驶的距离（节假日）：

A. 10 km 以下　　B. 10～20 km　　C. 20～30 km

D. 30～50 km　　E. 50 km 以上

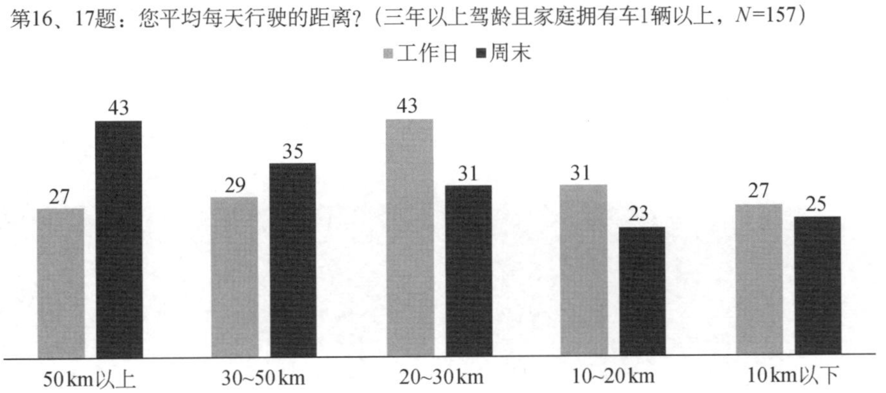

18. 您近期的购车计划：

A. 无购车计划　　B. 计划年内购车

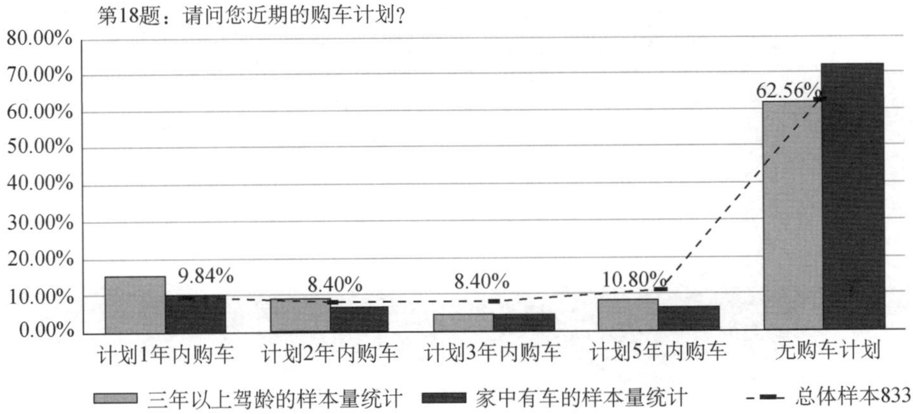

19. 您可承受的上下班最高的交通费用为（每天一次往返）：

A. 10 元

B. 20 元

C. 30 元

D. 50 元

E. 100 元

F. 更高

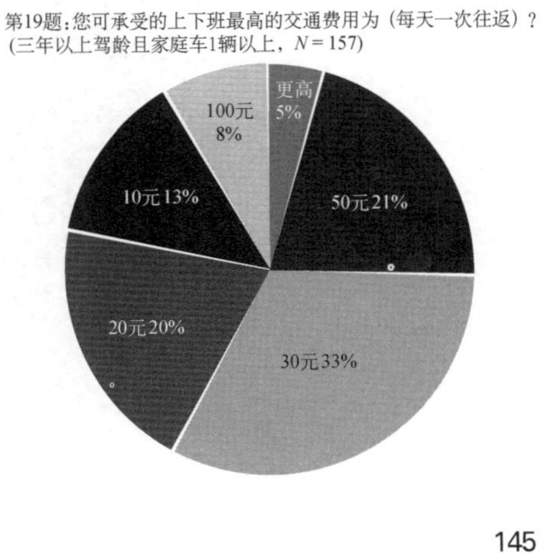

20. 您上下班(或上下学)使用哪些交通方式?(可以选择 1～3 项)

21. 您工作业务活动使用哪些交通方式?(可以选择 1～3 项)

22. 您探亲访友使用哪些交通方式?(可以选择 1～3 项)

23. 您购物使用哪些交通方式?(可以选择 1～3 项)

24. 您短途旅游使用哪些交通方式?(可以选择 1～3 项)

25. 您接送孩子使用哪些交通方式?(可以选择 1～3 项)

26. 您休闲娱乐使用哪些交通方式?(可以选择 1～3 项)

A. 自驾车(包括单位配车) B. 出租车 C. 租车 D. 拼车 E. 公司班车 F. 轨道
G. 公交 H. 摩托车 I. 电瓶车 J. 自行车 K. 步行 L. 其他

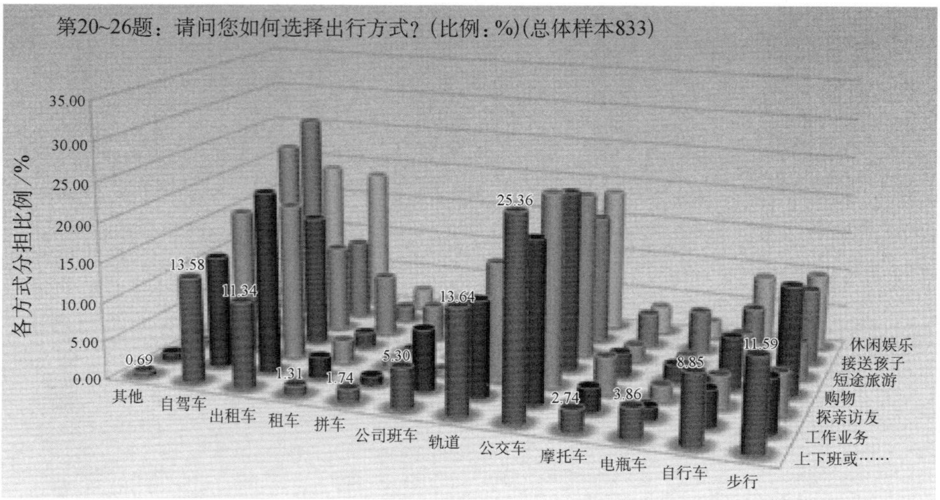

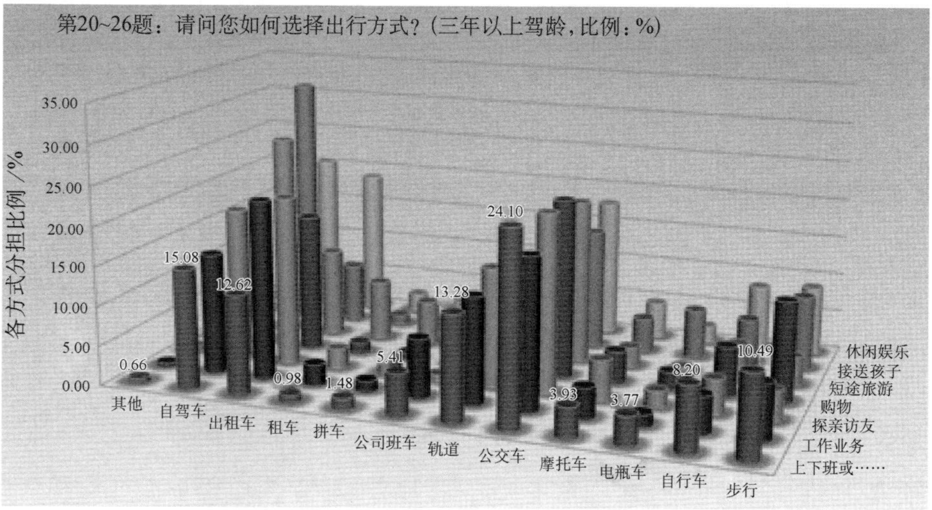

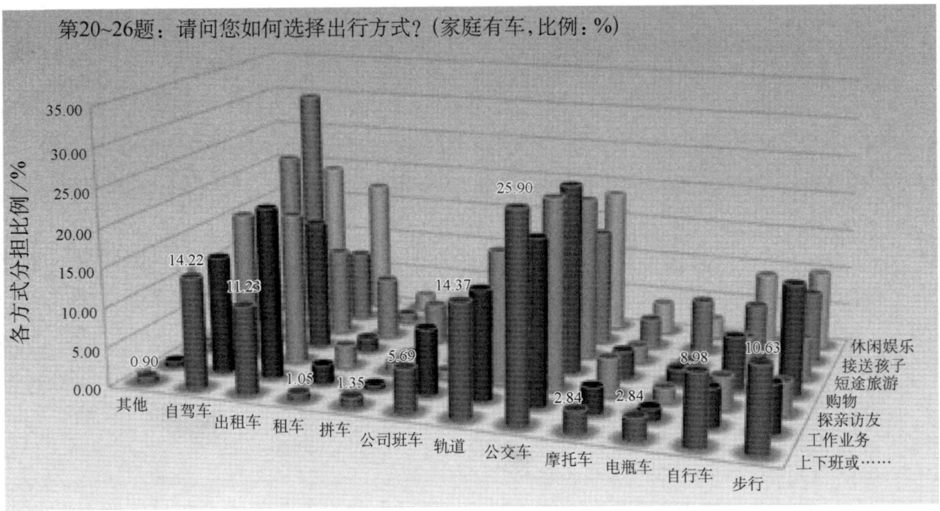

A. 4　租车和拼车意愿

所谓的租赁车辆是指通过租赁公司租借车辆，以固定时间和固定距离收取起步费用，超过部分按时间和距离综合计算以增加费用的一种租赁模式。目前，汽车租赁市场分成集团业务和零担业务两块，集团业务以长期高档商务车租赁和公司员工班车外包为主，零担业务以带司机短期小型车辆租赁和旅游出行大巴租赁为主。

所谓拼车是指有共同(临近)出发地点和达到地点的一群人，选择使用同一辆车出行，以节约成本。一般自发发生在有共同居住地和工作地的通勤(上下班)出行中。出行费用介于自驾车(不带停车费)和公交车之间。

27. 您有拼车或租车的经历吗？(此处拼车包括各类搭车、顺风车)

A. 都尝试过　　B. 拼过车
C. 租过车　　D. 听说过，但没尝试过
E. 不是特别了解

28. 您觉得哪种出行目的会让你选择使用租车业务？(最多选 5 种)

A. 上下班　　B. 上下学　　C. 业务　　D. 探亲访友
E. 购物　　F. 旅游　　G. 接送孩子　　H. 休闲/娱乐

29. 您愿意使用哪种租赁模式？(3 天内算短期)

A. 长期带司机　　B. 长期不带司机
C. 短期带司机　　D. 短期不带司机

30. 在多长的出行距离以及何种收费情况下，您会选择租赁汽车模式？

A. 50 km 以下　　B. 50～100 km
C. 100 km 以上(公里计费)　　D. 100 km 以上(超限油自费)

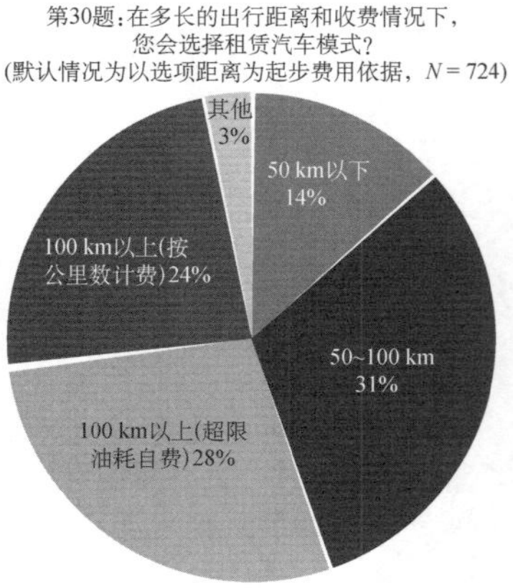

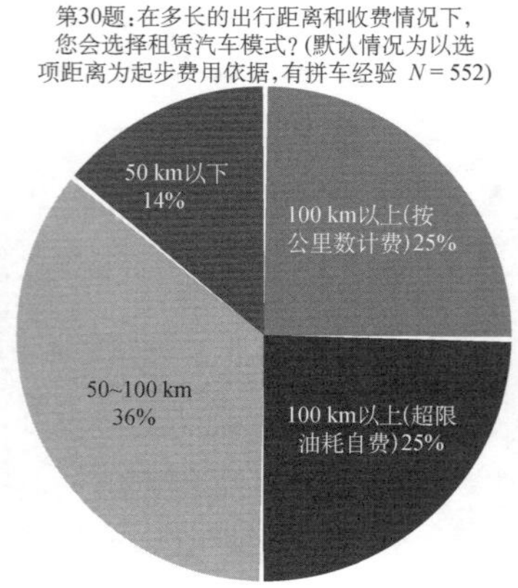

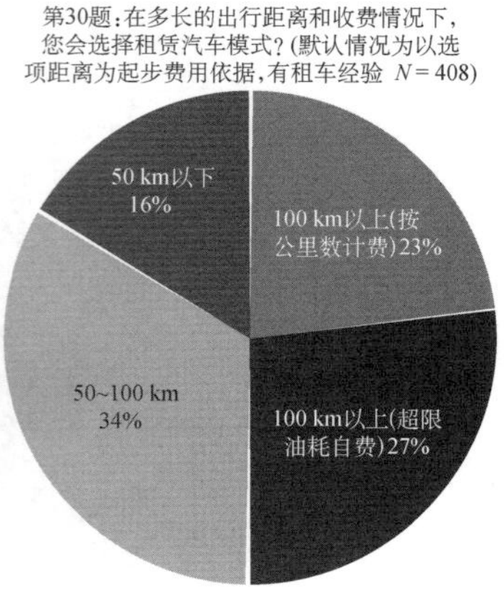

31. 您可接受的租赁车辆最高价格是多少？

A. 200 元以下　　B. 200～300 元　　C. 300～500 元

D. 500～700 元　　E. 700 元以上

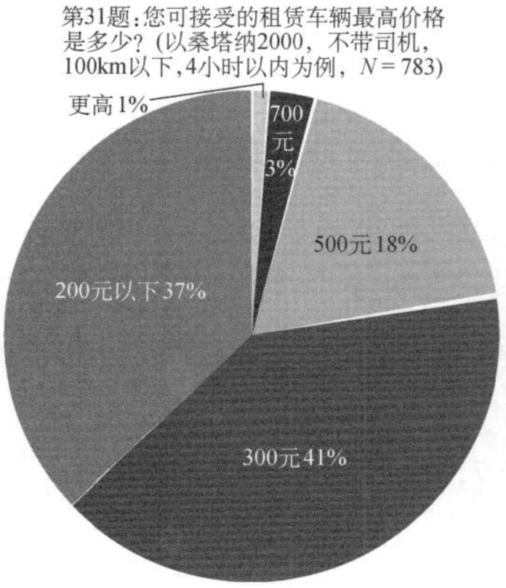

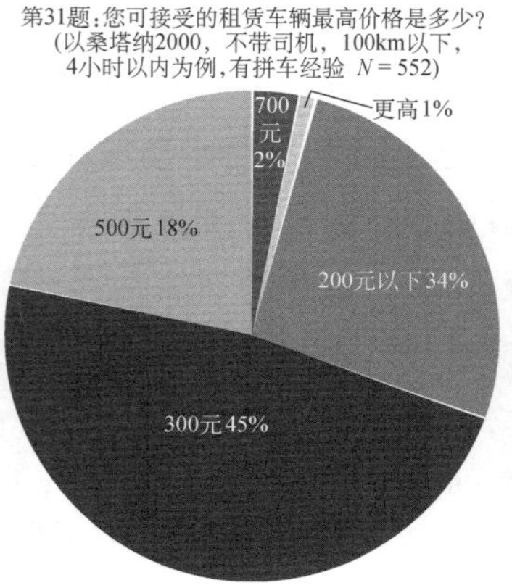

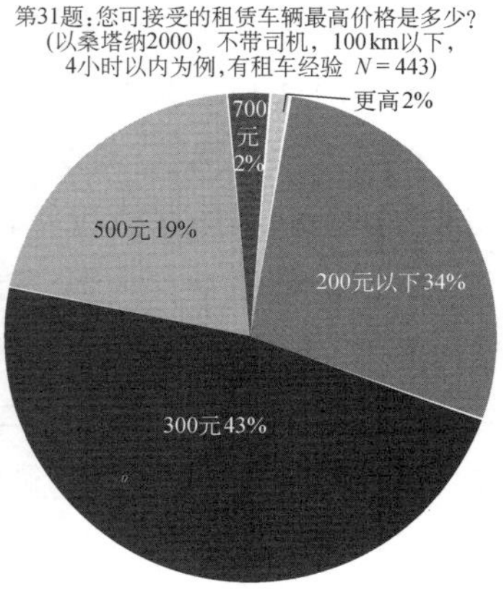

32. 您愿意通过何种方式预订租赁汽车？

A. 电话　　B. 互联网　　C. 短信

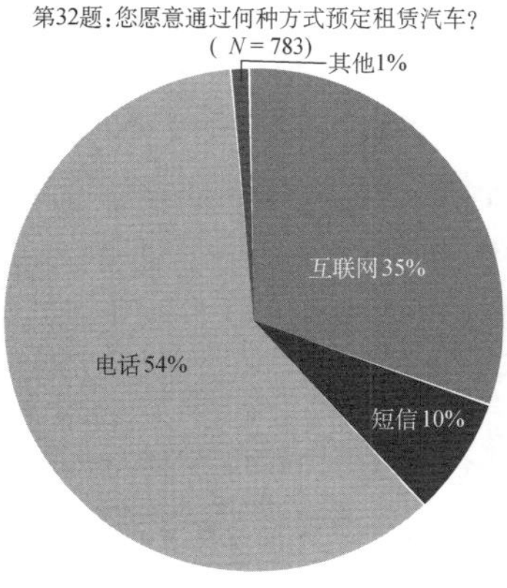

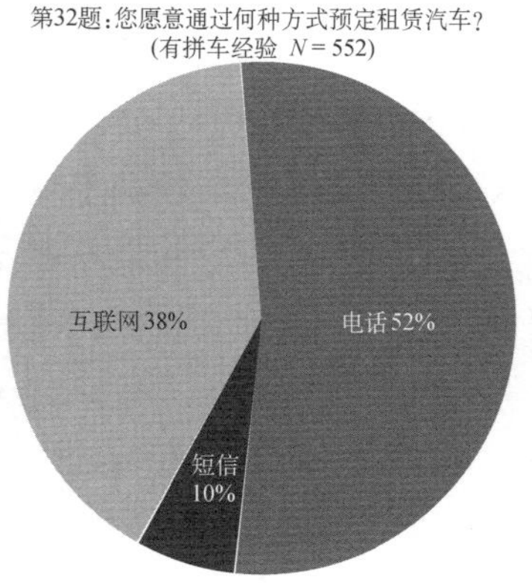

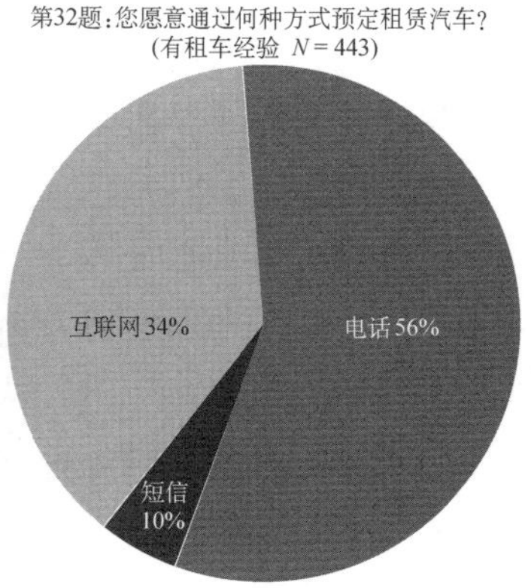

33. 您认为租赁汽车的费用：

A. 很高　　B. 较高　　C. 适中　　D. 较低

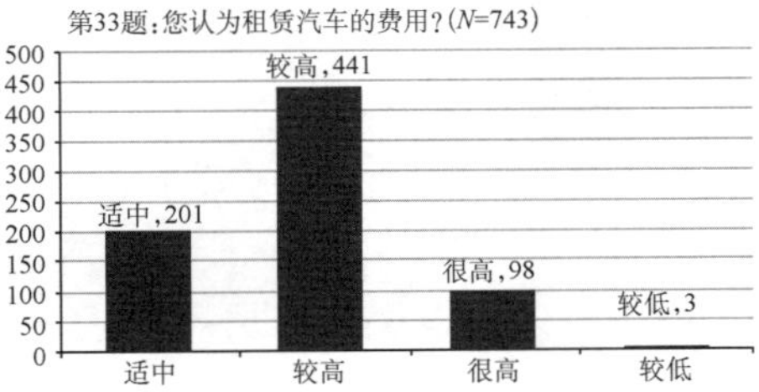

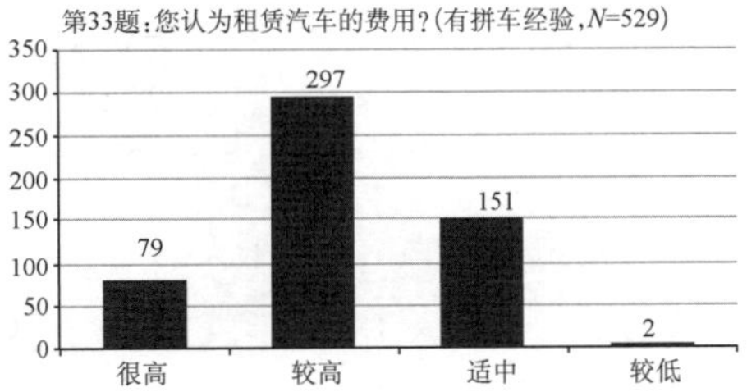

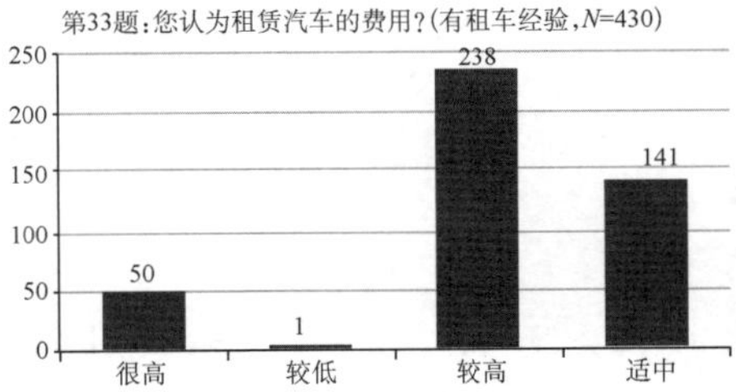

34. 您认为租赁汽车的手续：

A. 烦琐　　B. 较多　　C. 适中　　D. 方便　　E. 较高

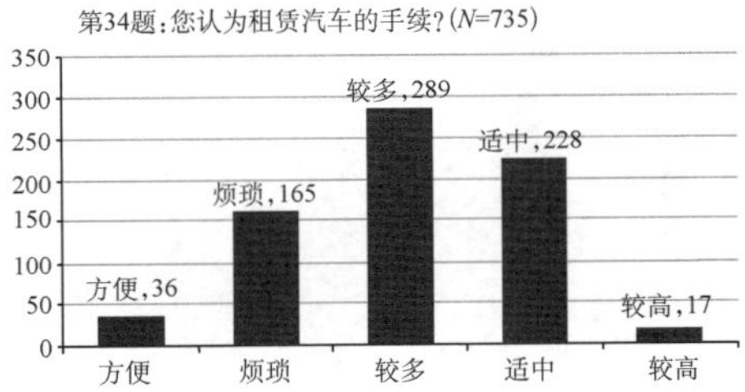

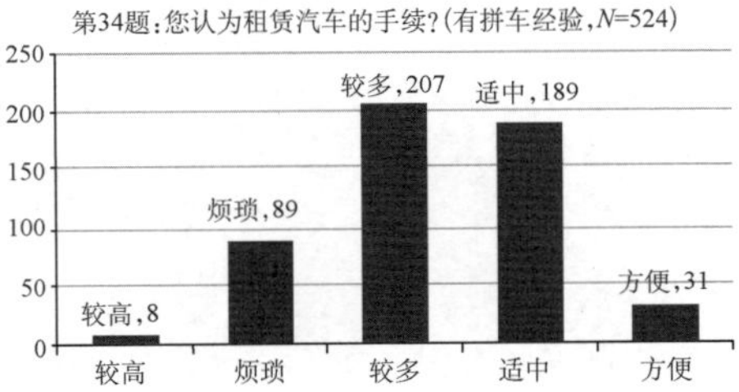

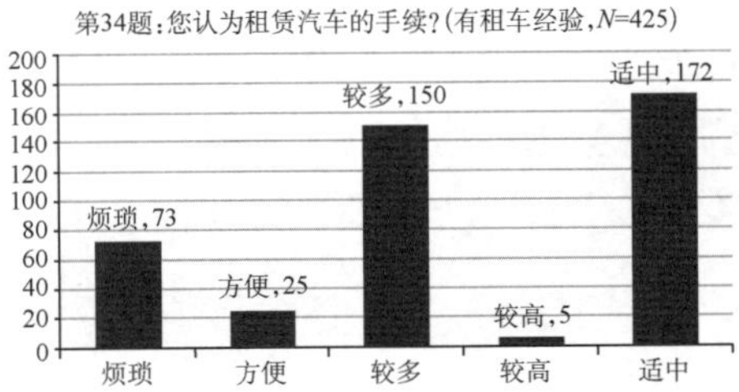

35. 您认为租赁汽车的取还车：

A. 不方便　　B. 还行　　C. 方便　　D. 不清楚

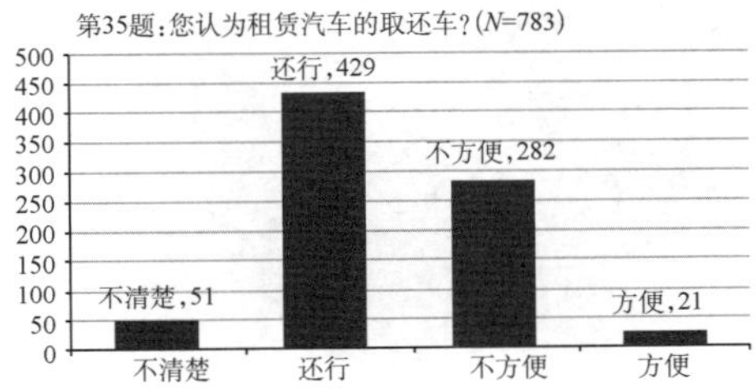

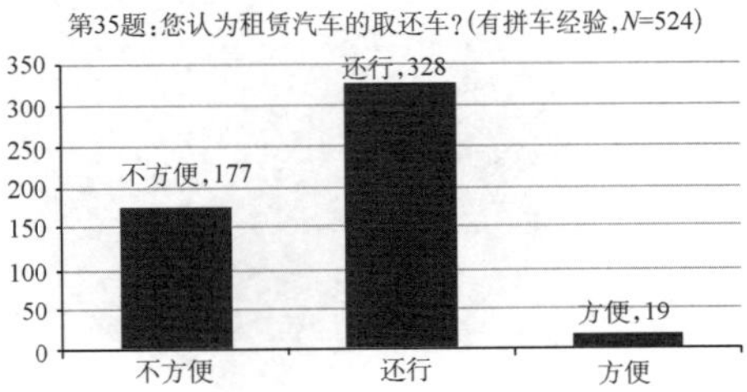

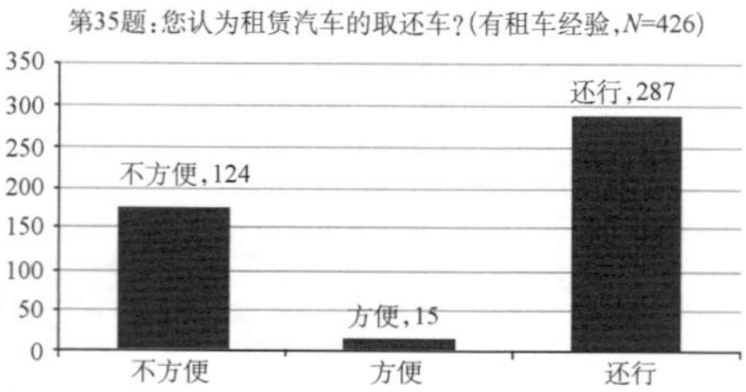

36. 您认为租赁汽车的预订期：

A. 很长　　B. 较长　　C. 适中　　D. 较短

E. 几乎不需要预订

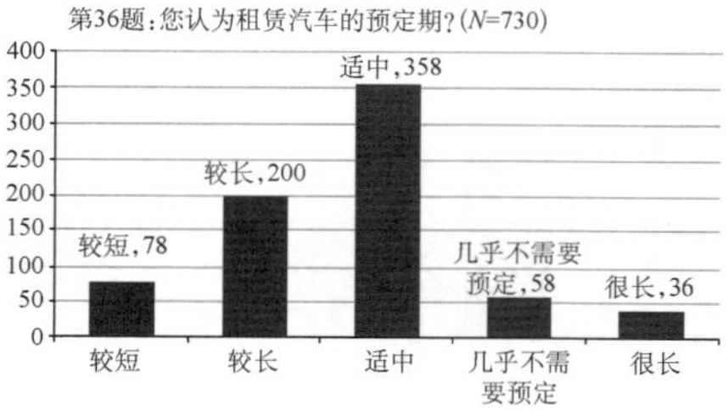

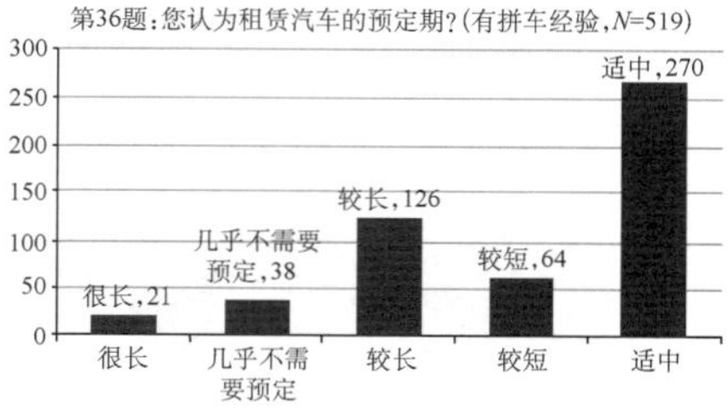

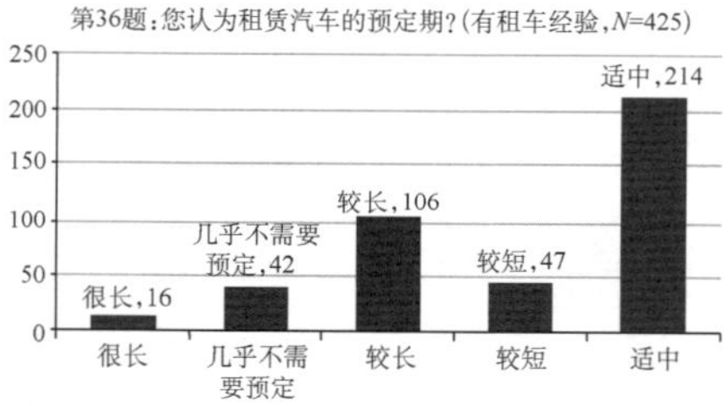

37. 您觉得哪种出行目的你会选择使用拼车业务？(最多选 5 种)

A. 上下班　　B. 上下学　　C. 业务　　D. 探亲访友

E. 购物　　F. 旅游　　G. 接送孩子　　H. 休闲/娱乐

38. 在多长的出行距离情况下，您会选择租赁汽车模式？

A. 10 km 以下　　B. 10～15 km　　C. 15～25 km　　D. 25 km 以上

E. 其他

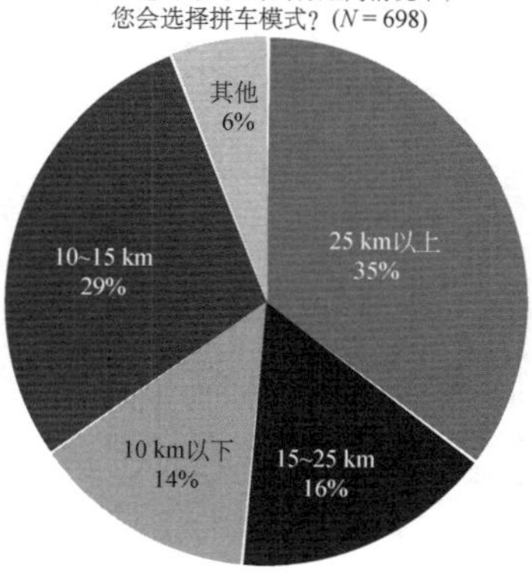

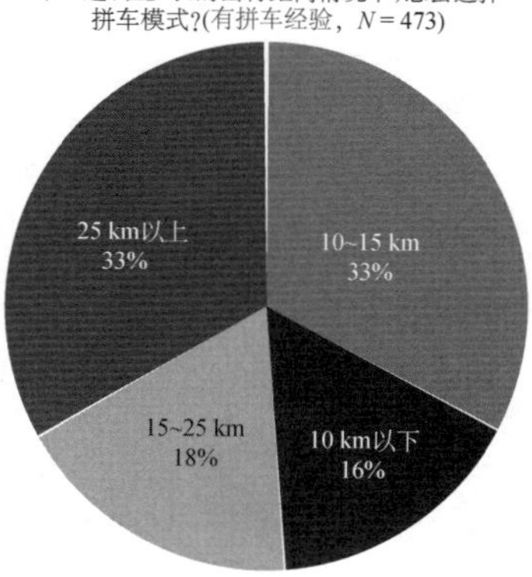

39. 您愿意通过何种方式寻找拼车伙伴？

A. 公司同事　　B. 互联网论坛　　C. 朋友介绍　　D. 其他

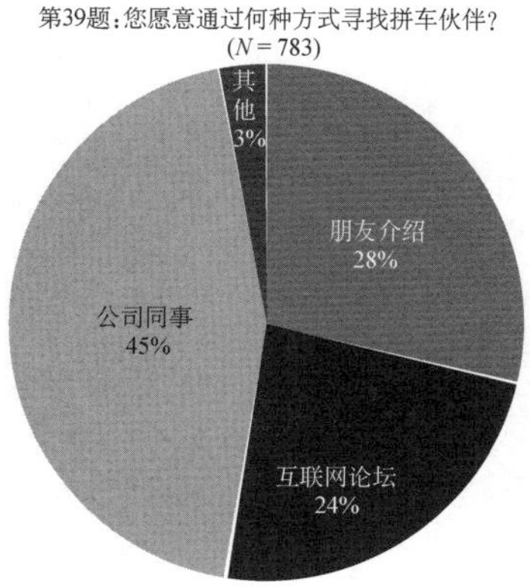

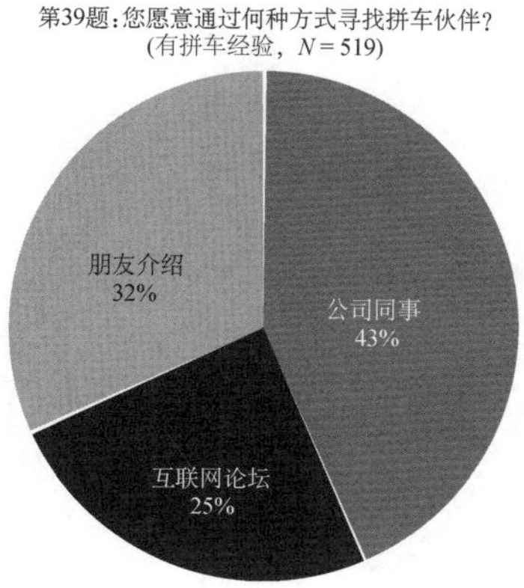

40. 您可以接受的最高拼车价格是多少？

A. 10 元　　B. 15 元　　C. 20 元　　D. 30 元　　E. 更高

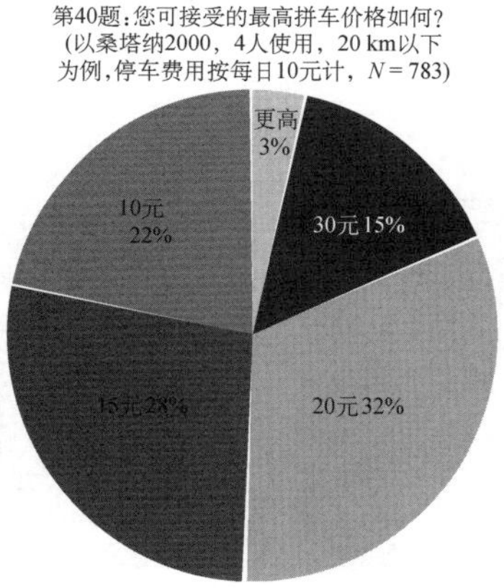

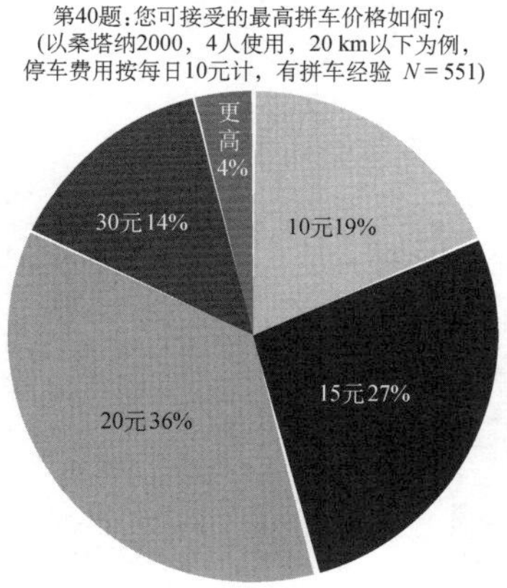

41. 您认为拼车费用：

A. 很高　　B. 较高　　C. 适中　　D. 较低

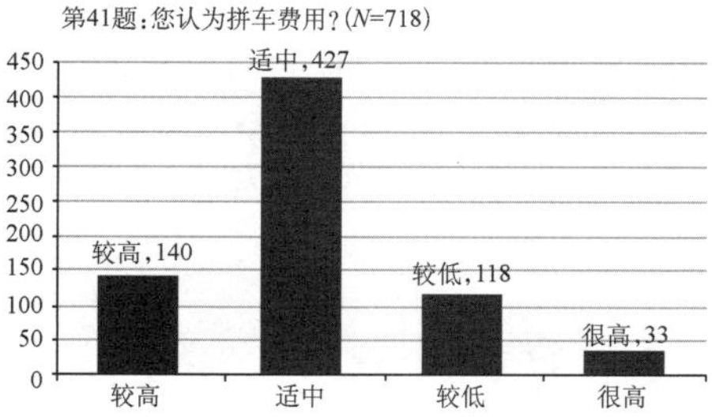

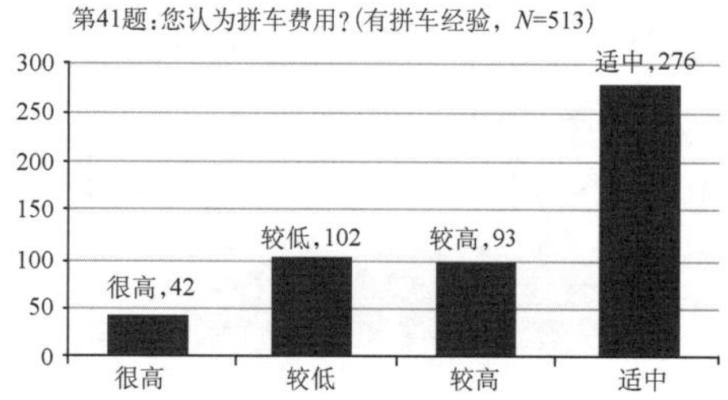

42. 您认为拼车征寻同路人：

A. 很难　　B. 较难　　C. 还行　　D. 容易

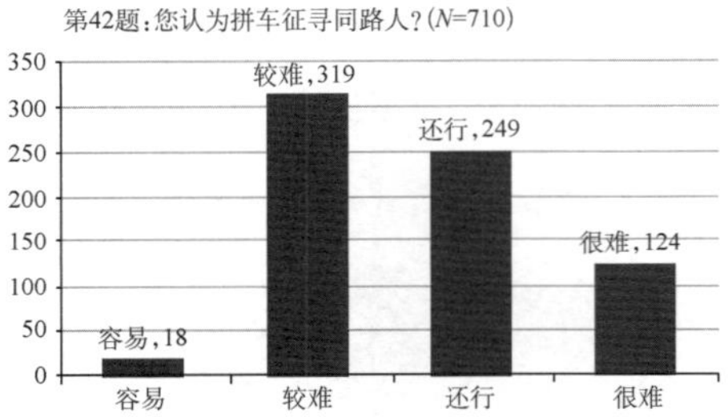

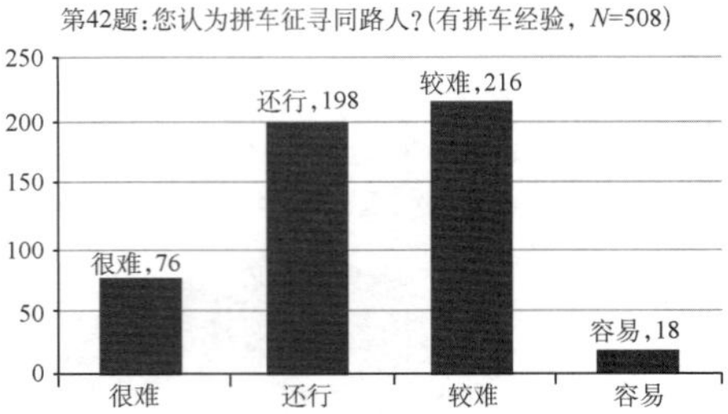

43. 您认为拼车出行时间：

A. 不能支配　　B. 可以稍做变动

C. 改动时间可商量　　D. 灵活变动

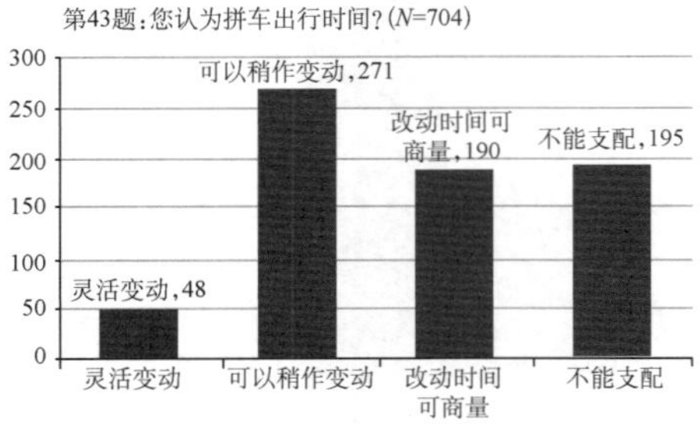

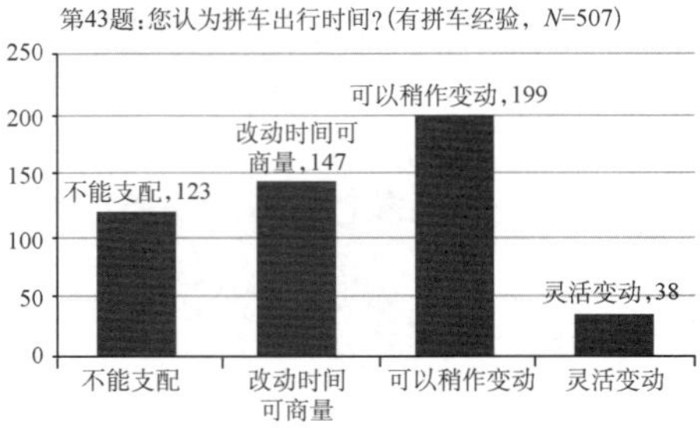

44. 您认为拼车安全问题：

A. 责任不清　　B. 事先约定　　C. 完全放心

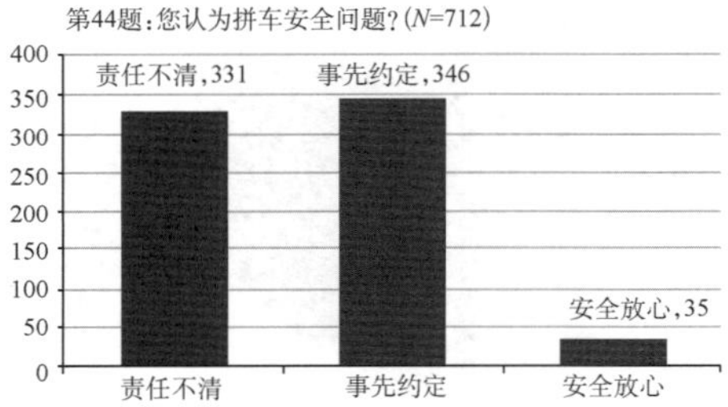

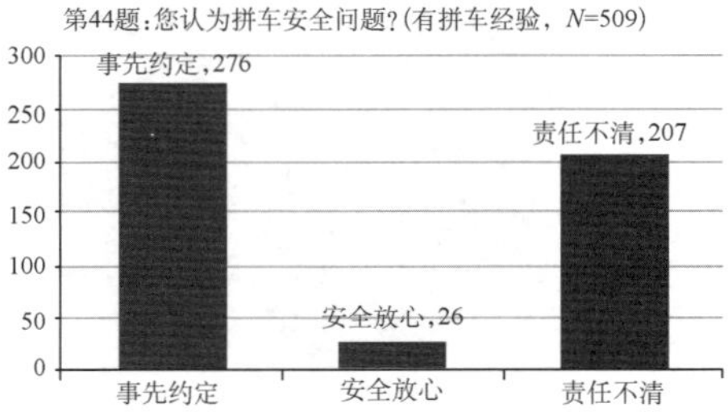

A.5 汽车共享模式接受意愿

“汽车共享”是一种以组织运营的形式开展，注册会员可随时通过网络、短信等形式预约车辆，并使用会员账号和单次密码取用车的新型汽车租赁业务。区别于配司机的汽车租赁和简单的拼车，汽车共享会员拥有私家车式的便捷，而免去购车的费用和责任（包括养路费、保险和养车费用等），并按照每次使用时间加行驶距离计费。

45. 您觉得购车的动力主要来源于？（请选5项）

A. 出行更加安全　　B. 出行更加便捷

C. 出行更加舒适和自由　　D. 提高机动能力和出行的范围

E. 一定程度上是一种社会地位的象征　　F. 满足私密性和个性化需求

46. 您觉得购车的主要制约因素是？（请选8项）

A. 停车困难且费用较高　　B. 交通拥堵

C. 公共交通便捷　　D. 通行限制(单双号,公交专用道等)
E. 步行及自行车便捷且利于健康　　F. 对环境造成污染
G. 养护及出行费用高　　H. 购车费用较高且车辆贬值较快
I. 汽车闲置时间长　　J. 牌照费较高
K. 驾驶压力大　　L. 不安全

47. 相比购车,您觉得吸引您选择使用汽车共享的因素主要是?
A. 享受拥有车的便捷　　B. 比租赁车辆费用降低
C. 省去养车及税险费的麻烦　　D. 可选多种车型
E. 利于环境保护　　F. 节约社会资源

48. 如果使用,那您可以接受的步行取车的时间是:
A. 3～5 min　　B. 5～10 min
C. 10～15 min　　D. 15 min 以上

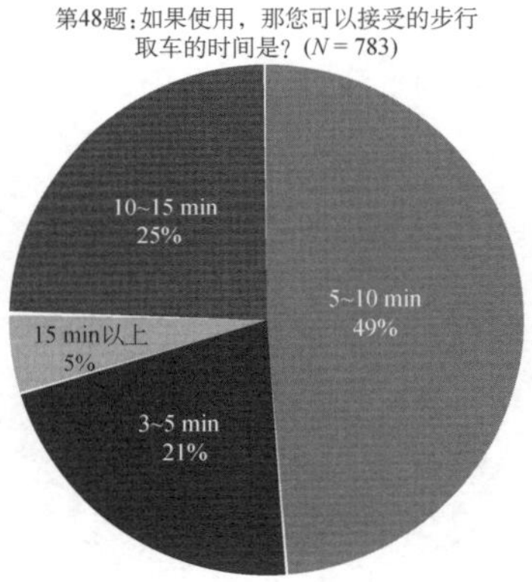

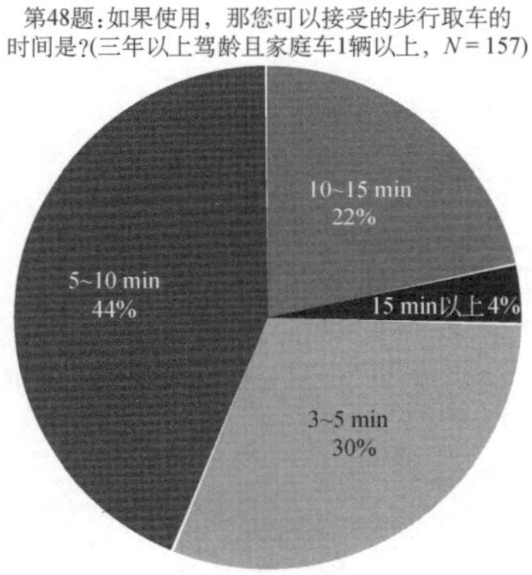

49. 如果使用,那您可以接受的步行取车的距离是:
A. 200 m　　B. 300 m　　C. 500 m
D. 700 m　　E. 1 000 m　　F. 1 000 m 以上

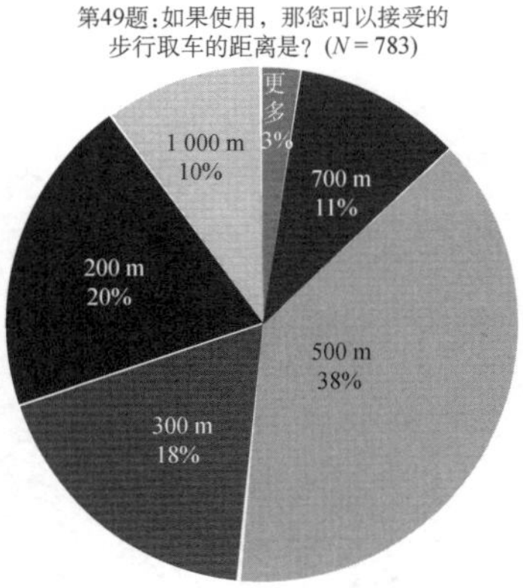

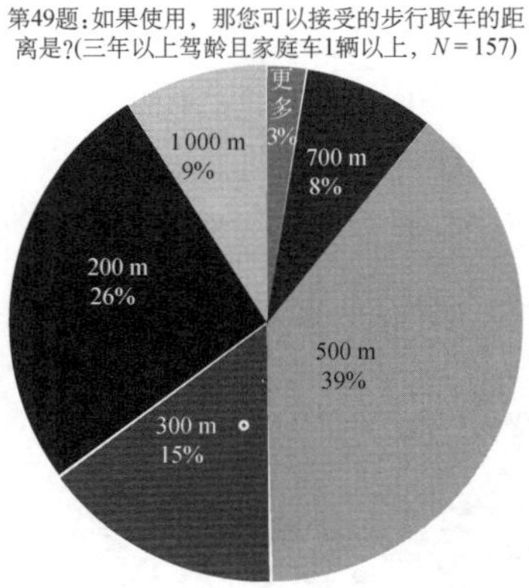

50. 如果使用,那您可以接受的汽车共享使用费用(每小时固定费用)为:
A. 10～13 元/h　　B. 13～16 元/h　　C. 16～20 元/h
D. 20～25 元/h　　F. 25 元/h 以上

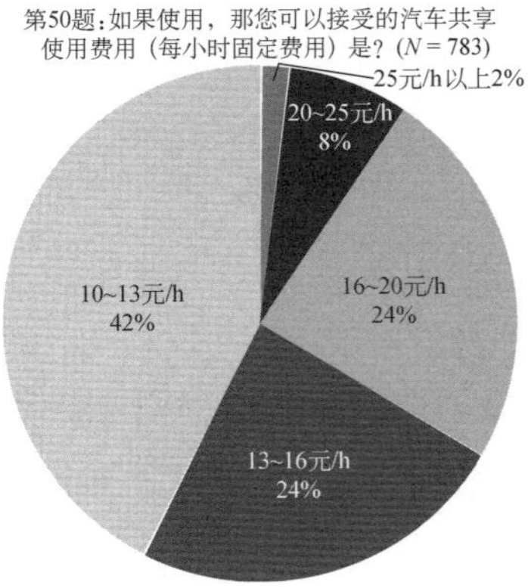

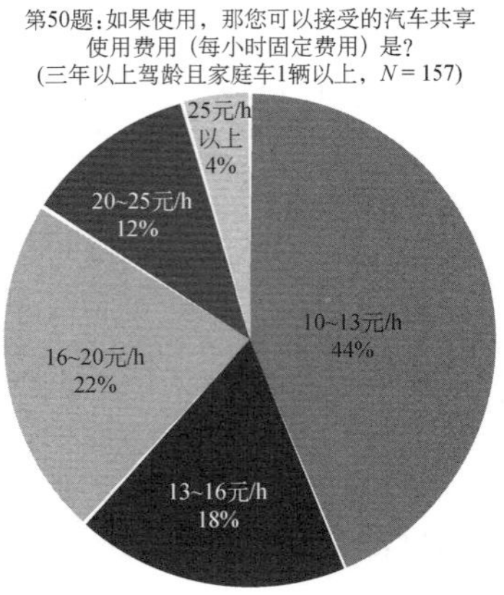

51. 如果使用，那您可以接受的汽车共享使用费用（固定费用外按公里的计价费用）为：

A. 0.6～0.7 元/km　　B. 0.7～1.0 元/km　　C. 1.0～1.2 元/km

D. 1.2～1.5 元/km　　F. 1.5 元/km 以上

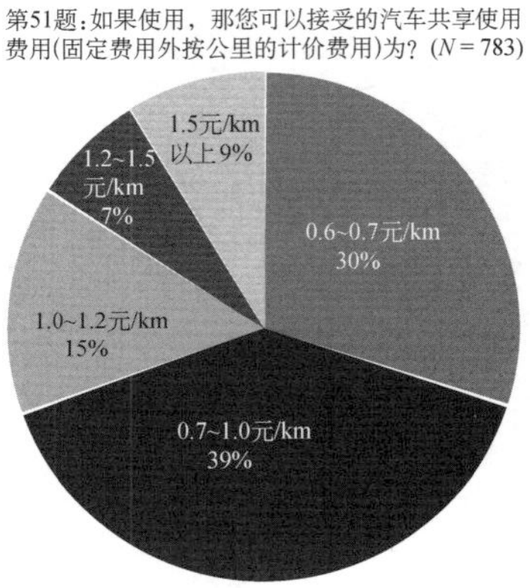

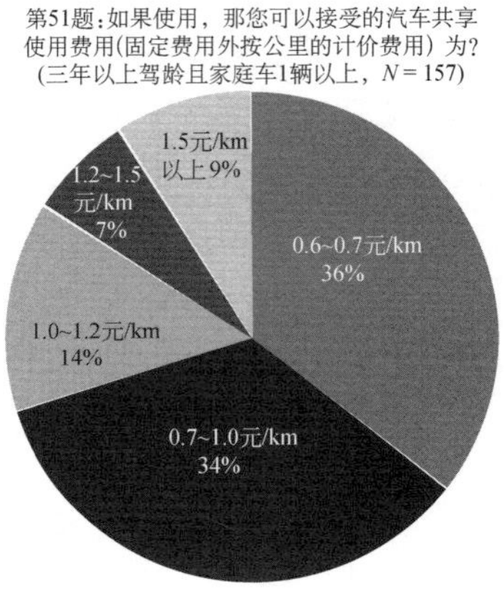

52. 如果使用，那您可以接受的汽车共享年使用费用为：

A. 1 000～2 000 元/年　　B. 2 000～3 000 元/年

C. 3 000～4 000 元/年　　D. 4 000～5 000 元/年

F. 5 000 元/年以上

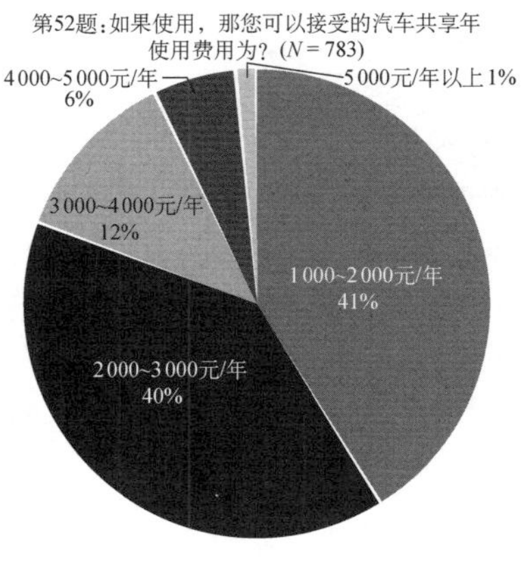

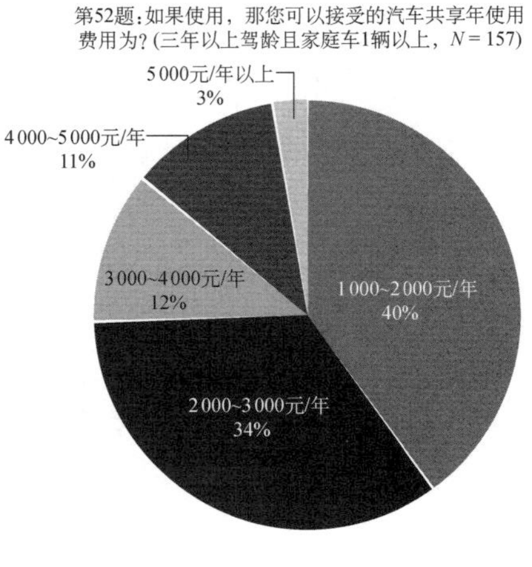

53. 如果使用，您认为汽车共享应该提供哪些基本服务？（请选 5 项）

A. 网络预订　　B. 短信预订　　C. 刷卡+密码即取

D. 多项可选保险　　E. 多车型可选　　F. 异地还车

G. 专用停车位

54. 如果使用，您认为汽车共享应该提供哪些附加服务？（请选 5 项）

A. 儿童座椅　　B. GPS 导航　　C. 陪驾教练

D. 新能源车　　E. 小型货车　　F. 娱乐设施

G. 送车上门　　H. 汽车内饰及外观颜色的个性化选择

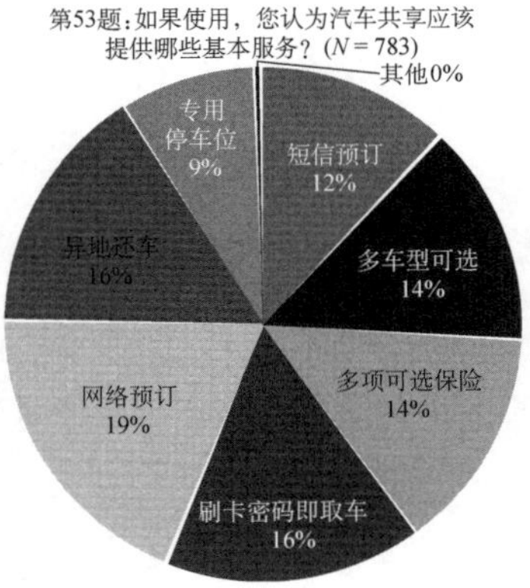

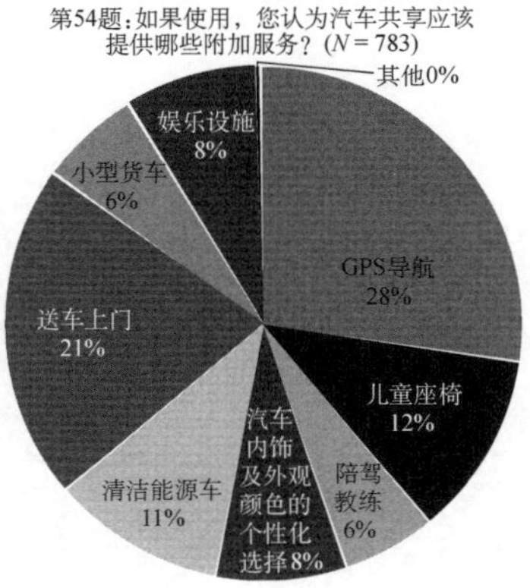

55. 如果使用，那您希望汽车共享提供给您的可选车型为（请选 5 项）：

A. 微型轿车　　B. 普通轿车

C. 高级轿车　　D. 10 座以下小型客车

E. 大客车　　F. 小型货车

G. 新能源车型　　G. 混合动力车

H. 越野车

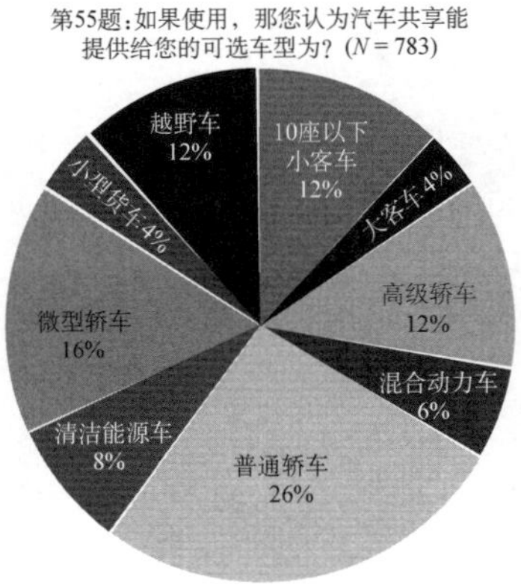

56. 如果使用，那您希望在何处取到共享汽车？

A. 居住社区附近　　B. 公司或学校附近　　C. 轨道站附近

D. 购物中心附近　　D. 商业办公中心

57. 您觉得在多长的出行距离情况下，会选择汽车共享？

A. 10 km 以下　B. 10～20 km　C. 20～30 km
D. 30～40 km　E. 40～50 km　F. 50～70 km
G. 70～100 km　H. 100 km 以上

58. 如果以上条件均满足您选择的选项，那么您可能在什么情况下选择汽车共享？

A. 上下班　B. 旅游　C. 购物
D. 商务及办公　E. 社交或娱乐活动　F. 接送孩子
G. 接送病人　H. 目的地缺乏公交网络　I. 其他交通方式的换乘中转

59. 如果以上条件均满足您选择的选项，您最希望将这种共享汽车作为(请选 3 项)：

A. 日常使用车　B. 偶发情况备用车
C. 异地用车　D. 特殊车型需求

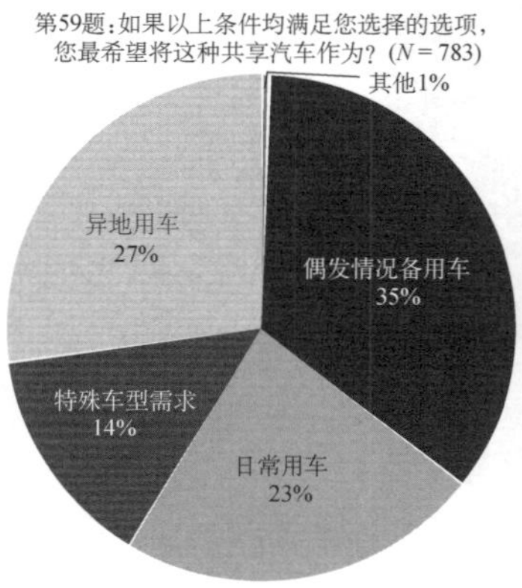

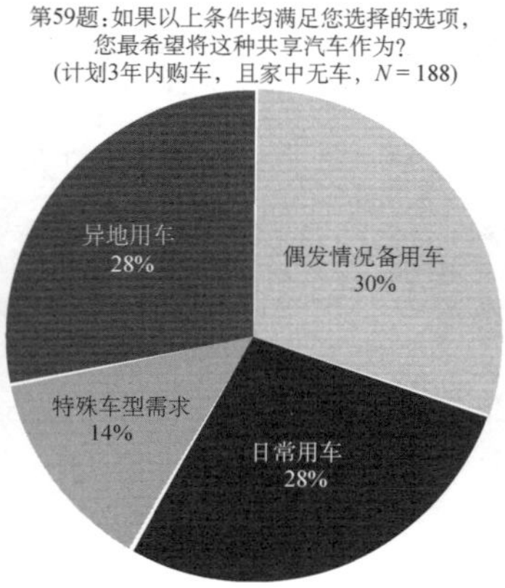

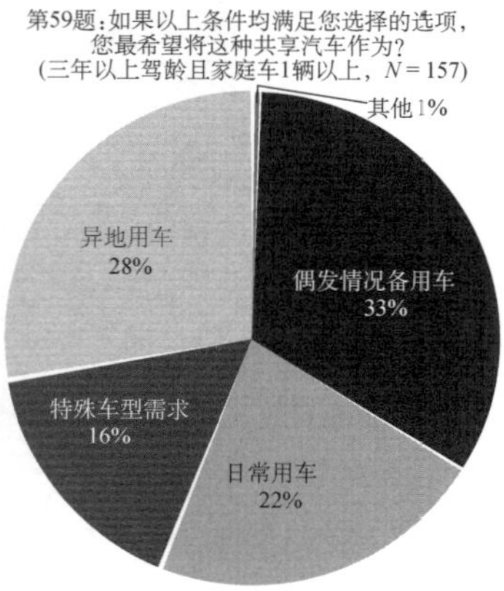

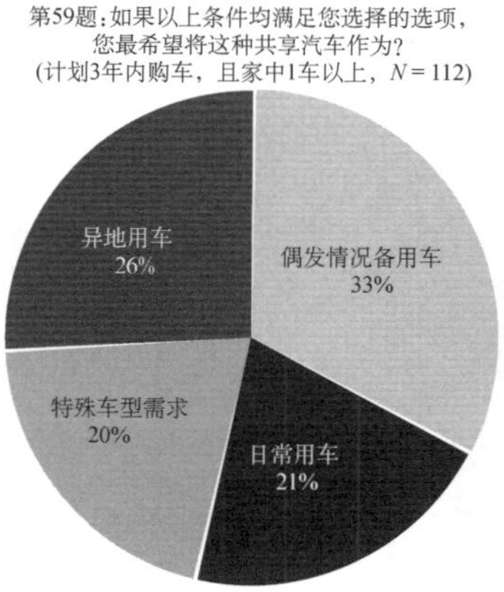

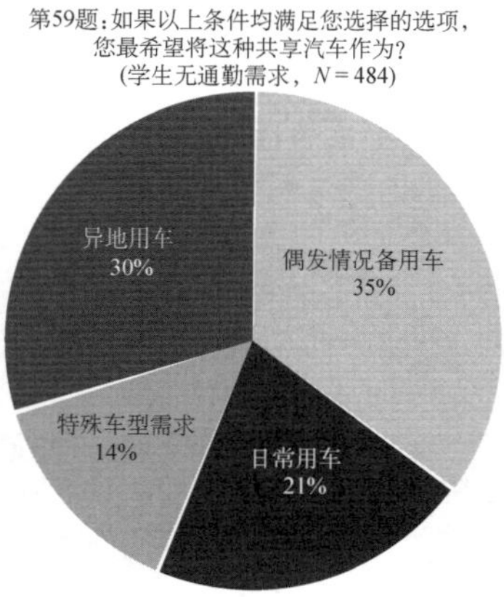

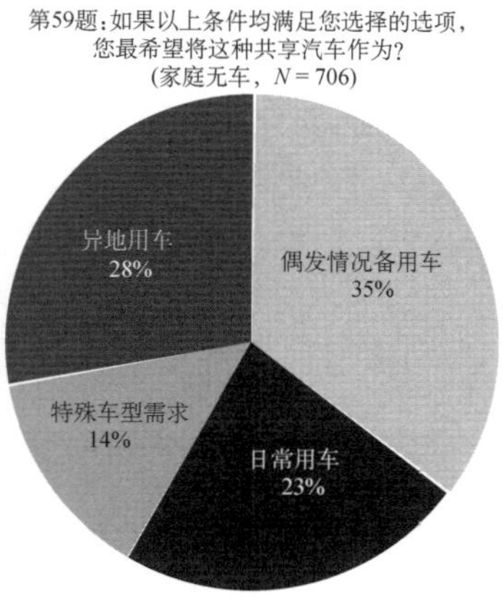

60. 如果您成为汽车共享的会员，您可能：

A. 保留所有私家车　B. 保留一辆私家车，卖出其他车辆
C. 卖出所有私家车(直接跳到第 64 题)　D. 待私家车报废后不再购车(直接跳到第 64 题)
E. 有车，但取消增购计划　F. 无车，取消购车计划(直接跳到第 64 题)
G. 无车，仍然计划购车

61. 您仍然保留私家车或仍计划购车的原因是(请选 3 项)：

第61题：您仍然保留私家车或仍计划购车的原因是？($N=533$)

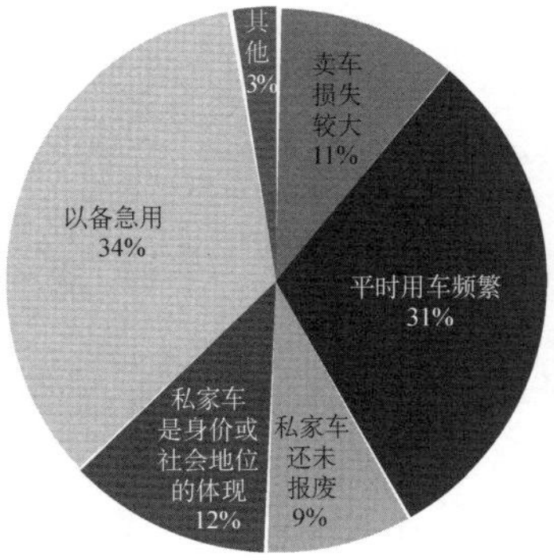

第61题：您仍然保留私家车或仍计划购车的原因是？(三年以上驾龄且家庭车1辆以上，$N=140$)

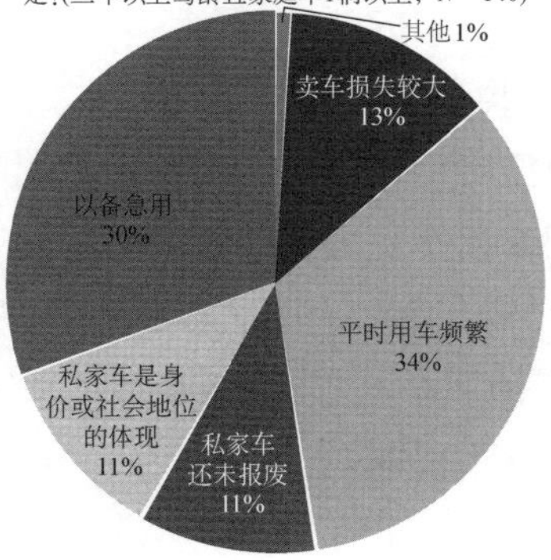

A. 以备急用　　B. 平时用车频繁　　C. 卖车损失较大
D. 私家车还未报废　　E. 私家车是身价或社会地位的体现

62. 您觉得如果使用汽车共享且费用合理，那么可能的使用频率会是：
A. 偶尔　　B. 2～3 次/月　　C. 1 次/周
D. 2～3 次/周　　E. 4～5 次/周　　F. 频繁

63. 假设您已接受汽车共享这种形式，您会怎样选择常用的交通方式？（请选 5 项）
A. 共享汽车　　B. 自驾车（包括单位配车）　C. 出租车
D. 租车　　E. 拼车　　F. 公司班车
G. 轨道　　H. 公交　　I. 摩托车
J. 电瓶车　　K. 自行车　　L. 步行
M. 其他

第63题：您假设您已接受汽车共享这种形式，您会怎样选择常用的交通方式？(最多5种，$N=783$)

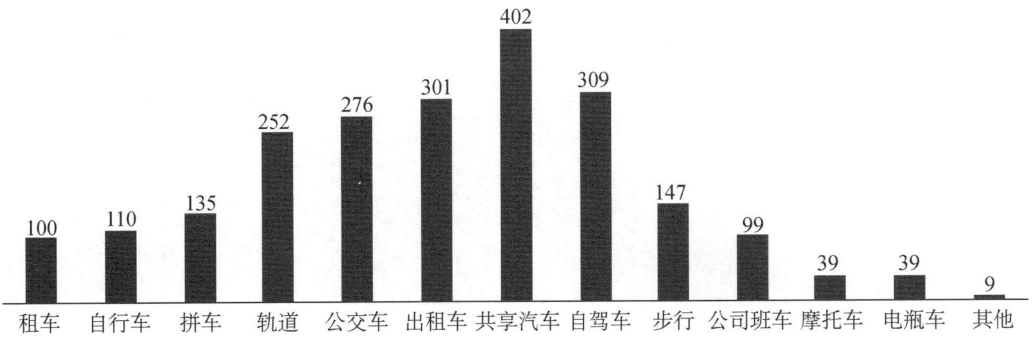

64. 您觉得影响您不选择汽车共享服务可能的原因主要是（请选 5 项）：
A. 不如私家车的取用方便
B. 拥有私家车才是身价或社会地位的体现
C. 拥有私家车可以随意装饰，体现车主的个性
D. 需要步行到取车地点取车
E. 需要到指定地点还车

F. 办理会员及取用手续不便

G. 驾车出行时停车位难找

H. 汽车共享的费用仍然较高

I. 交通拥堵增加了共享汽车的使用时间导致费用增加

J. 使用出租车更方便

K. 选择不开车是为了更有利于环保

L. 没有使用小汽车(包括共享汽车)出行的必要

M. 其他(请说明):________________

65. 您认为在国内开展汽车共享最需要解决的问题是什么?(请选 5 项)

A. 建立诚信体系　B. 完善交通系统　C. 普及驾驶技能

D. 政策支持及财政补贴　E. 制定行业规范　F. 更多停车位

G. 足够多的取还车网点

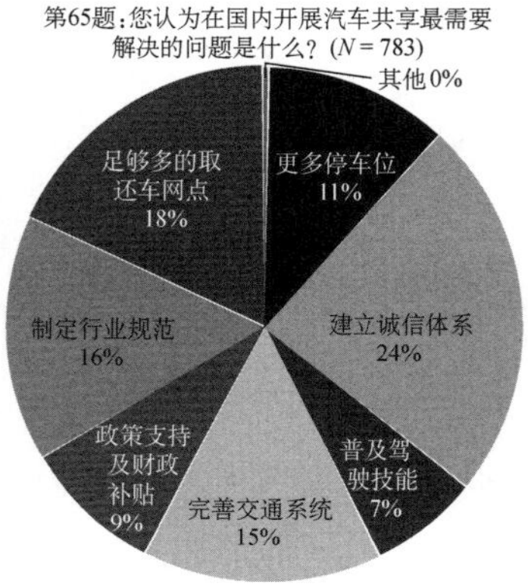

66. 您是否愿意尝试汽车共享?

A. 非常愿意　B. 愿意尝试

C. 不愿意　D. 其他(请说明):________

附录 B　汽车共享第 2 次调查问卷

感谢您参与我们问卷的调查！此部分我们会问一些关于您及您的家庭的基本信息，日常通勤（上下班或上下学）和购物的出行信息。

基本信息

1. 请问您是否持有汽车驾照？

□ 是　　□ 否

(1) 如果有驾照，您何时获得驾照________；

(2) 如果没有驾照，您是否计划参加驾驶培训和考试？

□ 是的，我正在参加培训并准备考试　　□ 是的，计划 6 个月内报名

□ 是的，计划 1 年内报名　　□ 是的，计划在 5 年内报名

□ 我尚未有计划参加考试

2. 请问您家中成年人和未成年人的构成？

持有驾照成年人数：________；没有驾照成年人数：________；未成年人数：________；

3. 请问步行到您家最近的地铁站需要多少时间？

□ 少于 2 min　　□ 2～5 min　　□ 5～10 min

□ 10～15 min　　□ 15～20 min　　□ 大于 20 min

4. 请问您平时有机会使用汽车吗？频率如何？

□ 6～7 天/周　　□ 4～5 天/周　　□ 2～3 天/周

□ 1 次/周　　□ 2 次/月　　□ 1 次/月

□ 少于 1 次/月　　□ 我没有机会使用汽车

5. 请问您的单位是否有以下交通补贴/优惠？如果有那么您觉得每月大概能拿到多少这样的补贴？（多选）

□ 日常公共交通出行补贴，(________)/月

□ 日常汽车出行费用补贴，(________)/月（包括油费、停车费和路桥费）

□ 使用单位车辆的权利

□ 购买汽车的补贴，一次性(________)

□ 我没有日常出行的补贴/优惠

□ 其他（请说明）：____________________

6. 请问您的性别是？

□ 男　　□ 女

7. 请问您目前的年龄是? ________________;

8. 请问您目前的最高学历是?

□ 小学　□ 初中　□ 高中或技校

□ 专科　□ 本科(在读)　□ 本科(毕业)

□ 研究生或更高　□ 其他, ________

9. 请问您家庭的年收入如何?

□ 小于1万元　□ 1万～2万元　□ 2万～3万元

□ 3万～4万元　□ 4万～5万元　□ 5万～7万元

□ 7万～10万元　□ 10万～15万元　□ 15万～30万元

□ 大于30万元

10. 请问您目前居住的房屋的拥有权是哪种情况?

□ 自有且付清贷款　□ 贷款购置　□ 租赁

□ 其他(请说明):________

11. 请您指出以下哪个选项最能准确描述您现在的工作状态和工作性质:

□ 机关企事业高级管理人员　□ 机关企事业管理人员

□ 机关企事业职员　□ 自由职业者

□ 兼职　□ 学生

□ 在家工作,无须出行,跳到情景出行意愿部分

□ 暂时没有工作,跳到情景出行意愿部分　□ 其他(请说明):________

12. 请问您一周有多少天需要上下班/上下学?

□ 7天　□ 6天　□ 5天

□ 4天　□ 3天　□ 2天

□ 1天

13. 请您描述一下您上下班/上下学出行中使用的交通方式以及每个阶段所需的时间。

交通方式	行程1	行程2	行程3
步行			
自行车			
轨道交通			
公交			
出租车			
汽车			

14. 请您预估一下从您家到单位的距离:

□ 0～500 m　□ 500～1 000 m　□ 1～1.5 km

□ 1.5～2 km　□ 2～2.5 km　□ 2.5～3 km

□ 3～3.5 km　□ 3.5～4 km　□ 4～4.5 km
□ 4.5～5 km　□ 5～6 km　□ 6～7 km
□ 7～8 km　□ 8～9 km　□ 9～10 km
□ 10～12 km　□ 12～14 km　□ 14～16 km
□ 16～18 km　□ 18～20 km　□ 20～25 km
□ 25～30 km　□ 30～40 km　□ 大于 40 km

情景出行意愿部分：假设加入汽车共享的会员费为 500 元每年，每次使用的计费标准为 20～50 元/h 不等，额外需支付 1 元/km 的燃油费用。那么请您根据您目前的出行情况对以下三个场景对各个出行模式加以选择，并指出您是否愿意以汽车共享替代目前的出行模式。

出行 1：假设您到超市购物，那么：

15. 请您描述一下您购物出行中使用的交通方式以及每个阶段所需的时间。

交通方式	行程 1	行程 2	行程 3
步行			
自行车			
轨道交通			
公交			
出租车			
汽车			

16. 请您预估一下从您家到超市的距离：

□ 0～200 m　□ 200～400 m　□ 400～600 m
□ 600～800 m　□ 800～1 000 m　□ 1～1.25 km
□ 1.25～1.5 km　□ 1.5～1.75 km　□ 1.75～2 km
□ 2～2.5 km　□ 2.5～3 km　□ 3～4 km
□ 4～5 km　□ 5～7 km　□ 7～10 km
□ 大于 10 km

17. 请问您一周去超市购物的次数一般是多少？

□ 多于 7 次　□ 7 次　□ 6 次
□ 5 次　□ 4 次　□ 3 次
□ 2 次　□ 1 次　□ 少于 1 次

18. 如果您家周边拥有汽车共享网点，且基本小时计费如下，那么请您选择在每个价格区段您使用汽车共享来替代目前出行方式的可能性倾向：

费率	绝对选择汽车共享	愿意选择汽车共享	可能不会 选择汽车共享	绝对不会 选择汽车共享
20 元/h	☐	☐	☐	☐
25 元/h	☐	☐	☐	☐
30 元/h	☐	☐	☐	☐
40 元/h	☐	☐	☐	☐
50 元/h	☐	☐	☐	☐

出行 2:假设您将去虹桥机场接机,到访的是一位认识的朋友,那么:

19. 如果乘坐出租车,请您预计一下单程从您家到虹桥机场的费用:________;

20. 请您描述一下您出行到虹桥机场,每个阶段的交通方式和出行的预计时间?

交通方式	行程 1	行程 2	行程 3
步行			
自行车			
轨道交通			
公交			
出租车			
汽车			

21. 如果您家周边拥有汽车共享网点,且基本小时计费如下,那么请您选择在每个价格区段您使用汽车共享来替代目前出行方式的可能性倾向:

费率	绝对选择 汽车共享	愿意选择 汽车共享	可能不会选择 汽车共享	绝对不会选择 汽车共享
20 元/h	☐	☐	☐	☐
25 元/h	☐	☐	☐	☐
30 元/h	☐	☐	☐	☐
40 元/h	☐	☐	☐	☐
50 元/h	☐	☐	☐	☐

出行 3:假设您计划周末全家到崇明岛出游,那么:

22. 请问您以前是否游览过崇明岛?

☐ 是的,去过　☐ 没有,不过有兴趣前往　☐ 没有,暂时没有兴趣前往

23. 如果不准岛外的私家车进入岛内公路系统,只能停在渡口和公交枢纽周边的停车场,请问您觉得您最可能选择的岛间出行方式是什么?(各个模式的出行费用和时间如下,如果使用汽车或者出租车,需要交纳 50 元的过桥费。)

☐ 汽车　☐ 出租车　☐ 地铁　☐ 公交　☐ 轮渡

单程岛间出行时间	单程岛间出行费用
50～60 min	(50＋50)元/车
50～60 min	(100＋50)元/车
80～100 min	20 元/人
90～120 min	15 元/人
90～150 min	12 元/人(可带自行车)

24. 如果您已经到达崇明岛，那么您觉得最可能选择哪种交通方式来游览全岛？

□ 出租车　　□ 公交　　□ 租赁自行车　　□ 步行

25. 如果汽车共享在上海市区和崇明岛内都设有网点，且费率如下所示，那么您在以下每个基本小时计费的基础上，列出每个价格区段您使用汽车共享来进行岛内出行的可能性倾向：

费率	绝对选择汽车共享	愿意选择汽车共享	可能不会选择汽车共享	绝对不会选择汽车共享
20 元/h	□	□	□	□
25 元/h	□	□	□	□
30 元/h	□	□	□	□
40 元/h	□	□	□	□
50 元/h	□	□	□	□

车辆拥有情况以及加入汽车共享的意向：以下问题回答的基础是假设最后上海汽车共享的价格是 28 元/h，外加 1 元/km 的燃油费。年会员费为 500 元。

26. 倾向性问题：请您指出对以下几种说法的看法？选择您同意或不同意的程度。

(a) 全球气候变暖已经发生　□ 完全同意　□ 同意　□ 不同意　□ 完全不同意

(b) 全球气候变暖是人类造成的　□ 完全同意　□ 同意　□ 不同意　□ 完全不同意

(c) 我国政府需承担更大的减缓全球气候变暖的责任　□ 完全同意　□ 同意　□ 不同意　□ 完全不同意

(d) 对我国来说，应对能源危机比减缓全球气候变暖更加迫切　□ 完全同意　□ 同意　□ 不同意　□ 完全不同意

(e) 在我的工作单位旁边很容易找到车位　□ 完全同意　□ 同意　□ 不同意　□ 完全不同意

(f) 我对上海的出租车车内清洁状况比较满意　□ 完全同意　□ 同意　□ 不同意　□ 完全不同意

(g) 开车时我很担心出事故　□ 完全同意　□ 同意　□ 不同意　□ 完全不同意

(h) 大部分上海的司机是经验丰富的　□ 完全同意　□ 同意　□ 不同意　□ 完全不同意

27. 如果给出 1～10 这十个数字表示程度梯度，1 代表绝对有兴趣加入汽车共享，10 代表绝对不会加入汽车共享，请指出您对是否有兴趣加入汽车共享的态度？

	1	2	3	4	5	6	7	8	9	10
500 元/年	□	□	□	□	□	□	□	□	□	□

28. 本题请帮助我们选出您对以下各要素的考虑，来量化这些影响您使用汽车共享不同指标的重要程度：

要素	不重要 1	2	3	4	5	6	7	8	9	10 非常重要
(a) 全市范围内的汽车共享网点分布数量	☐	☐	☐	☐	☐	☐	☐	☐	☐	☐
(b) 会员适用于上海以外城市的汽车共享服务	☐	☐	☐	☐	☐	☐	☐	☐	☐	☐
(c) 不同车型的可挑选数量	☐	☐	☐	☐	☐	☐	☐	☐	☐	☐
(d) 汽车共享的布点范围在步行 10 min 区域内	☐	☐	☐	☐	☐	☐	☐	☐	☐	☐
(e) 网上及时全面的信息发布和预订功能	☐	☐	☐	☐	☐	☐	☐	☐	☐	☐
(f) 汽车共享的布点位置周边公交发达	☐	☐	☐	☐	☐	☐	☐	☐	☐	☐
(g) 除网络预订外，提供电话预订功能	☐	☐	☐	☐	☐	☐	☐	☐	☐	☐
(h) 拓展单程出行业务，即还车至目的地非提车点	☐	☐	☐	☐	☐	☐	☐	☐	☐	☐
(i) 车载导航系统	☐	☐	☐	☐	☐	☐	☐	☐	☐	☐
(j) 车内清洁卫生	☐	☐	☐	☐	☐	☐	☐	☐	☐	☐
(k) 车型较大较宽敞	☐	☐	☐	☐	☐	☐	☐	☐	☐	☐

29. 请问您家中共有多少辆汽车？

☐ 0 辆(直接跳到 31 题)　☐ 1 辆　☐ 2 辆　☐ 3 辆

☐ 4 辆　☐ 大于 4 辆

30. 请您描述一下您家中自有车辆的基本情况：(列出 1～4 辆您家最经常使用的车辆)

车辆 1	(a) 生产商及生产年份：__________； (b) 型号及版本：__________； (c) 购置价格：__________； (d) 行驶里程：__________ km； (e) 预计的车的固定成本：__________ (包括保险，养护及停车费用)	车辆 2	(a) 生产商及生产年份：__________； (b) 型号及版本：__________； (c) 购置价格：__________； (d) 行驶里程：__________ km； (e) 预计的用车的固定成本：__________ ____(包括保险，养护及停车费用)
车辆 3	(a) 生产商及生产年份：__________； (b) 型号及版本：__________； (c) 购置价格：__________； (d) 行驶里程：__________ km； (e) 预计的用车的固定成本：__________ ____(包括保险，养护及停车费用)	车辆 4	(a) 生产商及生产年份：__________； (b) 型号及版本：__________； (c) 购置价格：__________； (d) 行驶里程：__________ km； (e) 预计的用车的固定成本：__________ ____(包括保险，养护及停车费用)

购置计划及汽车共享使用意愿

31. 假设您家近期需要购车，请问以下哪个价格区间最符合您预计可承受购置新车的价格？

☐ 少于 5 万元　☐ 5 万～7 万元　☐ 7 万～9 万元
☐ 9 万～11 万元　☐ 11 万～13 万元　☐ 13 万～15 万元
☐ 15 万～18 万元　☐ 18 万～21 万元　☐ 21 万～25 万元
☐ 25 万～30 万元　☐ 30 万～35 万元　☐ 35 万～40 万元
☐ 高于 40 万元

32. 假设您家近期需要购车，请问以下哪个区间最符合您使用新车的预计年行驶里程？

☐ 0～2 000 km　☐ 2 000～4 000 km　☐ 4 000～6 000 km
☐ 6 000～8 000 km　☐ 8 000～10 000 km　☐ 10 000～12 000 km
☐ 12 000～14 000 km　☐ 14 000～16 000 km　☐ 16 000～18 000 km
☐ 18 000～20 000 km　☐ 20 000～24 000 km　☐ 24 000～28 000 km
☐ 28 000～32 000 km　☐ 大于 32 000 km

33. 假设您家近期需要购车，请问以下哪个选项最符合您预计购置新车后的主要用途？

☐ 商务用途(生意，公司业务等)　☐ 仅通勤(上下班/上下学)
☐ 仅日常购物　☐ 通勤和购物
☐ 休闲娱乐

34. 假设您家近期需要购车，您觉得以下哪种车型最符合您家中的购置需求？

☐ 小型车　☐ 轿车　☐ 跑车
☐ 越野车　☐ 商务车　☐ 皮卡
☐ 其他(请说明)：________

35. 假设您家近期需要购车，您觉得您会选择哪种汽车？

☐ 电动汽车　☐ 混合动力车　☐ 汽油
☐ 天然气　☐ 柴油

36. 请问您家计划何时购置车辆？

☐ 计划 1 年内购车　☐ 计划 1～3 年购车
☐ 计划 3～5 年购车　☐ 计划 5～10 年购车
☐ 10 年内尚无购车计划

37. 若有电动汽车可供选择，其最远行程 200 km，自行充电满充需要 7 h，充电站满充需要 30 min，充电站分布较少，若国家实行价格补贴(假定电动车裸车价格高于同类汽油汽车价格的 40%)，那么请您选择在每个补贴比例下您购买电动车的可能性倾向：

补贴比例	绝不选择电动汽车	可能不会选择电动汽车	愿意选择电动汽车	绝对选择电动汽车
20%	☐	☐	☐	☐
30%	☐	☐	☐	☐

（续表）

补贴比例	绝不选择电动汽车	可能不会选择电动汽车	愿意选择电动汽车	绝对选择电动汽车
40%	□	□	□	□
50%	□	□	□	□

38. 若有混合动力汽车可供您选择，其能耗相当于同类汽油车的70%，但价格高于同类汽油车的50%，若国家实行价格补贴，那么请您在每个补贴比例下选择购买混合动力车的可能性倾向：

补贴比例	绝不选择混合动力汽车	可能不会选择混合动力汽车	愿意选择混合动力汽车	绝对选择混合动力汽车
20%	□	□	□	□
30%	□	□	□	□
40%	□	□	□	□
50%	□	□	□	□

39. 如果已经加入汽车共享，您是否仍然坚持购车？（若无购车计划请跳过此题）

□ 是的，我仍然会购置车辆　□ 不，我不考虑继续购车

□ 我并无购车计划

40. 如果已经加入汽车共享，您是否会考虑废弃或者卖出您目前的汽车呢？（根据自有车辆信息填写可能会废弃的车辆，若无车请跳过此题）

□ 是的，我会废弃（○ 车辆1　○ 车辆2　○ 车辆3　○ 车辆4）

□ 不，我会继续保留我的车子

□ 我目前没有汽车

41. 如果已经加入汽车共享，请问您觉得您的使用频率会如何？

□ 6～7次/周　□ 4～5次/周　□ 2～3次/周

□ 1次/周　□ 2次/月　□ 1次/月

□ 少于1次/月

42. 如果加入汽车共享，请问您觉得您的月使用距离大概会如何？

□ 少于20 km　□ 20～50 km　□ 50～100 km

□ 100～150 km　□ 150～200 km　□ 200～300 km

□ 300～400 km　□ 400～500 km　□ 500～600 km

□ 600～700 km　□ 700～800 km　□ 800～900 km

□ 900～1 000 km　□ 1 000～1 200 km　□ 1 200～1 400 km

□ 1 400～1 600 km　□ 1 600～1 800 km　□ 1 800～2 000 km

□ 大于2 000 km

43. 如果已经加入汽车共享，请问以下选项中哪个最符合您认为的汽车共享的最主要用途？

（单选）

☐ 日常购物　　☐ 紧急情况出行　　☐ 单位或者公司业务出行

☐ 个人业务出行　　☐ 社交娱乐　　☐ 周末家庭旅行

☐ 接送小孩　　☐ 通勤　　☐ 其他（请说明）：________

44. 如果已经加入汽车共享，请问以下选项中哪些最符合您认为的汽车共享的适合车型？

☐ 小型车　　☐ 轿车　　☐ 跑车

☐ 越野车　　☐ 商务车　　☐ 皮卡

☐ 其他（请说明）：________

45. 如果已经加入汽车共享，请问以下选项中哪些最符合您认为的汽车共享的燃料技术？

☐ 电动汽车　　☐ 混合动力车　　☐ 汽油

☐ 天然气　　☐ 柴油

您已经完成本问卷，再次感谢您的参与和支持！

请留下您的家庭地址，以便于我们与您进一步联系！

地址 1：上海市________区________路________号

地址 2：______________（小区）________楼________室

收件人：____

邮编：____

请调查人员在此填入本问卷的六位编号：☐☐☐☐☐☐

参 考 文 献

[1] 北京交通发展研究中心. 2007年北京交通发展年报[R].北京:北京交通发展研究中心,2007.

[2] 北京交通发展研究中心. 2020年北京交通发展年报[R].北京:北京交通发展研究中心,2020.

[3] 北京市统计局,国家统计局北京调查总队.北京市统计年鉴2009[M].北京:中国统计出版社,2009.

[4] 国家统计局.中国统计年鉴(2020)[R].北京:国家统计局,2020.

[5] 国务院新闻办公室.中国交通的可持续发展白皮书[N/OL].(2020-12-22)[2021-02-10].http://www.scio.gov.cn/m/zfbps/32832/Document/1695297/1695297.htm.

[6] 交通运输部.中共中央、国务院印发《交通强国建设纲要》[N/OL].(2019-09-19)[2020-12-15].https://baijiahao.baidu.com/s? id=1645102335613240312&wfr=spider&for=pc.

[7] 刘靓.普适计算环境下居民交通行为特征研究[D].上海:同济大学,2008.

[8] 上海市城乡建设和交通发展研究院. 2020年上海市综合交通发展报告[R].上海:上海市城乡建设和交通发展研究院,2020.

[9] 上海市人民政府.上海市城市交通白皮书[M].上海:上海人民出版社,2002.

[10] 上海市统计局.上海统计年鉴2009[M].北京:中国统计出版社,2009.

[11] 王铭艳.多模式网络下轨道交通与出租车的竞争与合作研究[D].上海:同济大学,2009.

[12] 汪鸣泉.基于消费者选择行为理论的汽车共享发展政策研究[D].上海:同济大学,2011.

[13] 新华社.继往开来,开启全球应对气候变化新征程[N/OL].[2020-12-13].https://baijiahao.baidu.com/s? id=1685908118977335990&wfr=spider&for=pc.

[14] 袁建.大型机场公交集疏运系统改进评价方法研究[D].上海:同济大学,2008.

[15] 佚名.国务院批复22城市地铁建设规划总投资8 820亿元[J].交通标准化,2010(2):50.

[16] 张天然.基于交通网络均衡理论的交通需求管理政策评价研究[D].上海:同济大学,2008.

[17] 中华人民共和国国家统计局.中国统计年鉴2009[M].北京:中国统计出版社,2009.

[18] 中华人民共和国铁道部.国家中长期铁路网规划(2008-2020)[R].中国,北京,2009.

[19] AUTOSHARE. About us[N/OL].https://www.prnewsonline.com/about,2008.

[20] AUTOSHARE. Is It For Me? [N/OL]. www.autoshare. com/isit. html, 2008.

[21] BARTH M J, SHAHEEN S A, FUKUDA T, et al. Carsharing and station cars in asia: an overview of japan and singapore[C]//Transportation Research Board 82nd Annual Meeting, Washington D. C., 2006.

[22] BARTH M, SHAHEEN S A. The potential for shared-use vehicle systems in china[R]. U. S., University of California, Davis, CA, UCD-ITS-RR-03-11, 2003.

[23] Beijing Transport Institute. Beijing Taxi and Income Statics[EB/OL]. [2020-10-24].http://www.bjtrc.org.cn/.

[24] Berlin Taxi Rate and Income[EB/OL]. [2020-09-22].http://www.statistik-berlin-brandenburg.de/.

[25] Bonsall P. Car Share and Car Clubs: potential impacts[R]. Institute for Transport Studies, University of Leeds. DTLR and the Motorists Forum Under contract No. PPAD/9/82/11, 2002.

[26] BOTTLES S L. Los Angeles and the automobile: the making of the modern city[M]. California: University of California Press, 1984.

[27] BRITTON E. Carsharing 2000: sustainable transport's missing link[J]. The Journal of World Transport Policy & Practice, 2000.

[28] BROWNSTONE D, BUNCHD S, GOLOB T F, et al. A transactions choice modal for forecasting demand for alternative-fuel vehicles[J]. Research in transportation economics, 4:87-129, 1996.

[29] CARPENTERS M, JONES P. Recent advances in travel demand analysis[M]. England:Grower, 1983.

[30] CERVERO R, GOLUB A, NEE B. City carshare: longer-term travel demand and car ownership impacts[J]. Transportation Research Record Journal of the Transportation Research Board, 2007, 1992(1):70-80.

[31] CERVERO R, CREEDMAN N, POHAN M, et al. City carshare: assessment of intermediate-term travel-behavior impacts[R]. University of California at Berkeley, Institute of Urban and Regional Development, 2002.

[32] CERVERO R. The Transit Metropolis: A global inquiry[M]. U. S., Washington D. C., Island Press, 1998.

[33] CERVERO R, Creedman N, PohanM, et al. City carshare: assessment of short-term travel-behavior impacts[R]. University of California at Berkeley, Institute of Urban and Regional Development, 2002.

[34] CERVERO R, TSAI YU-HSIN. San Francisco city carshare: travel demand trends and second-year impacts[R]. University of California at Berkeley, Institute of Urban and Regional Development, 2003.

[35] CERVERO R. Balanced transport and sustainable urbanism: enhancing mobility and accessibility through institutional, demand management, and land-use[R]. University of California Transportation Center, Working Papers, 2006.

[36] City CarShare. Bringing car-sharing to your community. San Francisco: City CarShare[EB/OL]. [2020-07-23]. http://www.citycarshare.org/download/CCS_BCCtYC_Long.pdf.

[37] City CarShare. City CarShare Vehicle Ownership Survey[R]. [S. l.] :[s. n.], 2002.

[38] COOPERG, HOWE D A, MYE P. Themissing link: an evaluation ofcarsharing Portland Inc. Portland, Oregon[R]. Portland:Department of Environmental Quality, 2000.

[39] Dazhong Car-rental Company. SHANGHAI(2010)[EB/OL]. [2020-02-16]. http://www.dzzcgs.com/.

[40] DOUMA F, GAUG R. Carsharing in the Twin Cities: measuring impacts on travel behavior and automobile ownership[C]//TRB 2009 Annual Meeting, Minnesota, University of Minnesota, 2009.

[41] Edoauto(2010)[EB/OL]. [2020-03-22].http://www.edoauto.com/.

[42] Energy Information Administration. Weekly retail gasoline and diesel prices[R]. Department of Energy, 2008.

[43] EnergyInformation Administration. China energy data, statistics and analysis-oil, gas, electricity, coal [R]. United States, 2009.

[44] FUKUDA T, KASHIMA S, FUKUDA A, et al. (2009), Analysis of car sharing application on consumer orientation and their modal selection in Bangkok[J]. Journal of the Eastern Asia Society for Transportation Studies, 2005, 6:1971-1986.

[45] GAKENHEIMER R. Urban mobility in the developing world[J] Transportation Research Part A: Policy and Practice, 1999, 33(7-8):671-689.

[46] GILBERTC C S. A duration modal of automobile ownership[J]. Transportation Research Part B: Methodological, 1992, 26(2):97-114.

[47] GOLOBT F, WISSEN L V. A joint household's travel distance generation and car ownership modal [J]. Transportation Research Part B: Methodological, 1989, 23(6):471-491.

[48] GOLOBT F. The dynamic of household travel time expenditures and car ownership decisions[J]. Transportation Research Part A: General, 1990, 24(6):443-463.

[49] HAMEDM M, MANNERING F L. Modeling travelers'post work activity involvement: toward a new methodology[J]. Transportation science, 1993, 27(4):381-394.

[50] HAYASHI Y, ROY J. Transport, Land-use and the Environment[M]. U. S. :Springer, 2013.

[51] HENSLEY R, KNUPFER S, PINNER D. Electrifying cars: how three industries will evolve? [J] Mackinsey Quaterly 2009(3).

[52] Higginbotham B. Carsharing: increasing rural transportation options in the great central valley [R]. California, Sustainable Communities Leadership Program Report, 2000.

[53] HIROYUKI O, SATOSHI F, YOSHIHIRO N, et al. Psychological analysis of acceptance of pro-environmental use of automobile: cases for carsharing and eco-car[J] Group Decision & Negotiation, 2009, 18(6):537-566.

[54] HOCHERMAN I, PRASHKER J, BEN-AKIVa M. Estimation and use of dynamic transaction models of automobile ownership[J]. Transportation research record, 1983:134-141.

[55] JONES P M, DIX M C, CLARKE M I, et al. Understanding travel behavior[M]. Aldershot:Gower, 1983.

[56] JONES P. Development in dynamic and activity-based approaches to travel analysis[M]. England: Avebury, 1990.

[57] KATZEV R. Carsharing Portland: review and analysis of its first year[R]. Oregon Department of Environmental Quality, 1999.

[58] KENWORTHY J R, LAUBE F B. Patterns of automobile dependence in cities: an international overview of key physical and economic dimensions with some implications for urban policy[J]. Transportation Research Part A: Policy and Practice, 1999, 33(7-8):691-723.

[59] KITAMURA R, GOLOB T F, YAMAMOTO T, et al. Accessibility and auto use in a motorized metropolis[C]//roceedings ofthe 79th annual meeting of the transportation research board, Washington, D. C., 2000.

[60] KITAMURA R, BUNCH D S. Heterogeneity and state dependence in household car ownership: a panel analysis using ordered-response profit modals with error components[M]//in KOSHI M. (ed.)

Transportation and Traffic Theory, Elsevier, 1990:477-496.

[61] KITAMURA R, FUJII S, YAMAMOTO T. The effectiveness of panels in detecting changes[C]//Proceedings of the 4th international conference on survey methods in transport, Steeple Aston, Oxford, 1996.

[62] KITAMURA R. Time-of-day characteristics of travel: An analysis of 1990 NPTS data[R]. In special reports on trip and vehicle attributes, 1990 NPTS report series, U. S. Department of transportation, Washington, D. C., 1995.

[63] KRAAN M. Modelling activity patterns with respect to limited time and money budgets. volume 1: travel behavior [C]//Proceedings of the 7th World Conference on Transport Research, World Transport Research, 1996.

[64] LANE C. PhillyCarShare: First-Year Social and Mobility Impacts of Carsharing in Philadelphia, Pennsylvania[J]. Transportation Research Record Journal of the Transportation Research Board 2005, 1927(1):158-166.

[65] London Taxi Rate and Income(2011)[EB/OL]. [2020-09-20].http://www.statistics.gov.uk/focuson/london/.

[66] Los Angeles department of statistic[EB/OL]. [2010-11-20]. http://www.city-data.com/city/Los-Angeles-California.html.

[67] Martin E W. New vehicle choice, fuel economy and vehicle incentives: an analysis of hybrid tax credits and the gasoline tax[D]. California, Institute of Transport Studies, University of California, Berkeley, 2009.

[68] MCFADDEN D. Conditional logit analysis of qualitative choice behavior [M]//In Frontiers in Econometrics, P. Zarembke, (ed.), New York:Academic Press, 1974:105-142.

[69] MCFADDEN D. The behavioral science of transportation[J]. Transport Policy, 2007, 14(4):269-274.

[70] MCFADDEN D. The choice throry approach to market research[J]. Marketing science, 1986, 5(4): 275-297.

[71] MILLARD-BALL A, MURRAY G, SCHURE J T, et al. Car-sharing: where and how it succeeds [R]. Transit Cooperative Research Program(TCRP) Report 108, 2005.

[72] MOKHTARIAN P L, SALOMON I. How derived is the demand for travel? Some conceptual and measurement considerations[J]. Transportation Research Part A: Policy and Practice, 2001, 35(8): 695-719.

[73] NAKAMURA H, ARIMURA M, KOBAYASHI Y. Urban transport and the environment, an international perspective[M]//in book: Urban Transport and the Environment, 2004.

[74] ORTEGA J. Car sharing in the United States: helping people transition from welfare to work and improving the quality of life of low-income families[R]. Washington D. C., Report For Community Transportation Association of America, 2000.

[75] Paris Taxi Rate and Income(2011)[EB/OL]. [2020-06-16].http://www.insee.fr/fr/insee-statistique-publique.

[76] PRICE J, DEMAIO P, HAMILTON C. Arlington carshare program:2006 Report[R]. Arlington

County Commuter Services, Division of Transportation, Department of Environmental Services, Arlington, Va, 2006.

[77] PRICE J, HAMILTON C. Arlington pilot carshare program: first-year report[R]. Arlington County Commuter Services, Division of Transportation, Department of Environmental Services, Arlington, Va, 2005.

[78] SASAKI K, MORIKAWA T, KAWAKAMI S. A discrete choice modal with taste heterogeneity using SP, RP and attribute importance ratings[C]//Proceedings of the 8th world conference on transport research, Vol. 3, Elsevier, 1999.

[79] SCHAFER A, VICTOR D G. The future mobility of the world population[J]. Transportation Research Part A: Policy and Practice, 34(3):171-205, 2000.

[80] SHAHEEN S A, COHEN A P, CHUNG M S. North American carsharing: 10year retrospective [J]. Transportation Research Record: Journal of the Transportation Research Board, 2009(2110): 25-44.

[81] SHAHEEN S A, COHEN A P. Growth in worldwide carsharing: an international comparison[J]. Transportation Research Record: Journal of the Transportation Research Board, 2007(1992):81-89.

[82] SHAHEEN S A, MARTIN E. Assessing early market potential for carsharing in China: case study of Beijing[R]. Institute of Transportation Studies, University of California, Davis, 2006.

[83] SHAHEEN S A, MARTIN E. Demand for carsharing systems in Beijing, China: an exploratory study [J]. International Journal of Sustainable Transportation, 2010, 4(1):41-55.

[84] SHAHEEN S A, NOVICK L. Framework for testing innovative transportation solutions: case study of carlink, a commuter carsharing program[R]. Institute of Transportation Studies, University of California, Berkeley, 2005.

[85] SHAHEEN S A, RODIER C. Travel effects of a suburban commuter carsharing service: carlink case study[J]. Transportation Research Record Journal of the Transportation Research Board, 2005, 1927 (1):182-188.

[86] SHAHEEN S A, WIPYEWSKI K, RODIER C, et al. CarlinkII: A Commuter Carsharing Pilot ProgramFinal Report[R]. Institute of Transportation Studies, UC Berkeley, 2004.

[87] SHAHEEN S A. Commuter-based carsharing: market niche potential[J]. Transportation Research Record: Journal of the Transportation Research Board, 2001:178-183.

[88] SHAHEEN S A. Dynamics in behavioral adaptation to a transportation innovation: a case study of carlink-a smart carsharing system[R]. University of California, Berkeley, 1999.

[89] Shanghai taxi and income statics(2011)[EB/OL]. [2020-08-20].http://www.scctpi.gov.cn/.

[90] TAI S H C. Relationship between the personal values and shopping orientation of Chinese consumers [J]. Asia Pacific Journal of Marketing and Logistics, 2008, 20(4):381-395.

[91] Tokyo Taxi Rate and Income(2011)[EB/OL]. [2020-08-20]. http://www.toukei.metro.tokyo.jp/tnenkan/tn-eindex.htm.

[92] TRAIN K E. Discrete choice methods with simulation[M]. Second Edition. California, Berkeley: Cambridge university press, 2009.

[93] TRAIN K. A structured logit model of auto ownership and mode choice[J]. Review of Economic

Studies，1980，47(2):357-370.

[94] TRAIN K. Qualitative choice analysis: theory，econometricsand an application to automobile demand [J] Journal of Transpotation Research A，1988，22(3):233-235.

[95] United States cities taxi rate and income(2011)[EB/OL]. [2020-10-20].http://www.census.gov/.

[96] WALB C，LOUDON W. (1986). Evaluation of the short-term auto rental(STAR) in San Francisco，CA. final report[R]. Cambridge Systematic，Cambridge，1986.

[97] WHEELER J O. Cities in the telecommunications age[M]. New York:Routledge，2000.

[98] YAMAMOTO T，KITAMURA R. An analysis of household vehicle holding durations considering intended holding durations[J]. Transportation Research Part A: Policy and Practice，2000，34(5): 339-351.

[99] Zipcar. Zipcarcustomer survey shows car-sharing leads to car shedding[EB/OL]. [2020-11-26]. www.zipcar.com/press/releases/press-21.